관점들
03

혁명의 한가운데로의 여행

VOYAGE AU CŒUR D'UNE RÉVOLUTION

가난과 싸우는 소액금융

La microfinance contre la pauvreté

파스칼 드 리마 책임 편집 | 이현웅 옮김

올력

혁명의 한가운데로의 여행: 가난과 싸우는 소액금융 (관점들 03)

엮은이 | 파스칼 드 리마

옮긴이 | 이현웅

펴낸이 | 강동호

펴낸곳 | 도서출판 울력

1판 1쇄 | 2012년 3월 5일

등록번호 | 제 10-1949호(2000. 4. 10)

주소 | 152-889 서울시 구로구 고척로 4길 15-67 (오류동)

전화 | (02) 2614-4054

FAX | (02) 2614-4055

E-mail | ulyuck@hanmail.net

값 | 17,000원

ISBN 978-89-89485-89-6 93320

"사람들은 가난한 사람들이 보증을 갖고 있지 않기 때문에 그들에게 금융 서비스를 제공할 수 없다고 단언한다. 하지만 이는 인간에게 날개가 없기 때문에 하늘을 날 수 없다고 말하는 것과 같다. 인간은 훌륭한 혁신가가 될 수 있는 고유한 능력을 갖고 있다. 따라서 이 혁신적인 동물이 보증을 토대로 하지 않는 금융 시스템을 만들어 낼 수 없다고 주장하는 건 분명 그의 창의성에 대한 모독이다."

무하마드 유누스 교수, 방글라데시, 1978.

"그 경계의 안쪽에 있는 기관들이 아주 부유한 사람들에게만 대출하며 매우 큰 손실을 경험하는 동안, 소액금융기관들이 보증을 제시하는 사람들의 경계를 넘어서까지 효과적으로 대출 서비스를 시행할 수 있었다는 건 우리 시대 개발 정책의 가장 놀라운 결실이다."

폴 모슬리 교수, 영국, 1995.

차 례

일러두기

1. 이 책은 Pascal de Lima가 책임 편집하고 플라넷 피낭스의 연구원들이 공동 집필한 ***Voyage au cœur d'une révolution: La microfinance contre la pauvreté*** (JC Lattès, 2007)를 완역한 것이다.
2. 이 책은 원서의 체제를 따랐다. 본문 중에 단락마다 행을 나눈 것도 원서 그대로이다. 본문의 각주는 원주이며, 옮긴이의 주는 본문 중에 포함되어 있으며, 옮긴이의 것임을 표시하였다.
3. 본문에서 책과 잡지 등은 『 』로 표시하였고, 논문이나 기사, 그리고 짧은 글들은 「 」로 표시하였다.
4. 원서에서 불어로 표시된 국제기구나 단체 이름 중 일부는 영어로 고쳐 표시하였다. 그리고 이 책에 나오는 세계 각국의 소액금융기관들은 가능하면 각국 언어에 따라 우리말로 표기하려고 하였다.

무하마드 유누스의 서문

2005년에 전 세계는 유엔이 후원하는 "국제 소액대출의 해"에 축하를 보냈다. 우리에게도 "소액대출의 해"를 축하할 만한 특별한 이유가 있었다. 왜냐하면 우리가 1997년에 워싱턴에서 열린 '제1차 소액대출 정상 회의'에서 2005년에는 1억의 가난한 가구들에게 소액대출 서비스를 제공할 거라고 선언한 이후부터, 이 분야가 매우 크게 발전했기 때문이다. 1997년에는 전 세계 인구 중 750만 명만이 소액대출을 이용할 수 있었고, 그중 500만 명이 방글라데시 사람들이었다. 그런데 2005년 말까지 전 세계 1억 1,300만 가구들이 이 금융 서비스를 이용할 수 있었다. 얼마나 큰 발전인가!

2006년은 소액대출의 새로운 시기가 시작되는 해였다. 우리는 이후 10년 동안 전 세계에서 최하위층의 가난한 사람들까지도 이 금융 서비스를 이용할 수 있도록 만들기로 결정했다. 소액대출 서비스를 이용할 수 없는 사람들이 없어야 한다. 오늘날 소액대출과 관련한 기본적인 문제들은 모두 해결됐다. 앞으로는 이 소액대출이 가난을 빠르게 근절시키는 데 효과적인 도구가 되도록 법적 환경을 마련하고, 감사기관을 설치하고, 여성들을 개발 계획에 동참시키고, 방법론을 조정하는 일이

남았다.

아시아는 세계에서 가장 가난한 사람들이 모여 사는 대륙이다. 그래서 소액대출을 이용한 가난한 사람들 중 88%가 아시아에 산다는 건 전혀 놀라운 일이 아니다. 8%는 아프리카에, 4%는 남아메리카에 살고 있다. 우리의 새로운 계획은 남아메리카와 아프리카에서 이 서비스를 널리 보급하는 작업을 가속화하고, 아시아에서는 가장 가난한 계층의 사람들까지도 그걸 이용할 수 있도록 노력을 배가하는 것이다.

그라민 은행Grameen Bank은 방글라데시에서 아주 가난한 가구들에 대해 소액대출 서비스를 제공한다. 현재 방글라데시에서 6백만 명 이상의 사람이 그라민 은행의 이 서비스를 이용하고 있고, 그중 96%가 여성이다. 그라민 은행은 거리에서 구걸하는 사람들을 지원하는 프로그램도 마련했다. 이 프로그램으로 소액의 돈을 대출받는 7만 1천 명의 사람들이 행상을 할 수 있게 될 전망이다. 나아가, 그라민 은행은 차용인들의 가족이 교육 혜택을 받을 수 있도록 도와, 가난한 가구의 아이들이 학교에 등록할 수 있게 됐다. 또한 그라민 은행은 우수한 학생들에게 장학금을 지급했고, 의대와 기술학교와 대학교의 학생들에게도 대출 서비스를 시행했다. 이미 1만 명이 넘는 학생들이 학생 대출로 혜택을 받았다.

2006년 노벨평화상 수상자,

그라민 은행의 설립자 겸 플라넷 피낭스 명예위원회 공동의장

2006년 5월 방글라데시에서

얀 아르튀스-베르트랑*의 헌사

자크,

당신이 왜 경제에 대해 전혀 모르는 사진작가인 제게 소액금융에 관한 책의 헌사를 써 줄 것을 부탁했는지 모르겠습니다. 아마도 언젠가 당신에게 무하마드 유누스가 제게는 성인聖人 같은 사람이고 인간의 모델이라고 말했기 때문일까요?

저는 금융에 대해 아는 바가 전혀 없지만, 인간에 대해서는 말할 수 있습니다. 저는 우리를 좀 더 잘 이해하기 위해 20년 동안 세계를 여행했습니다. 제가 그 시간을 모두 하늘에서만 보낸 건 아닙니다. 저는 많은 사람들을 만났고, 결국에는 이 만남들이 제게 가장 강한 인상들을 남겼을 것입니다.

---

* 1946년에 파리에서 태어난 베르트랑은 프랑스에서 가장 유명한 사진작가 중 한 사람이다. 저널리스트와 기자로도 활동했던 그는 21세기에 들어와서는 아주 활발한 환경운동을 펼쳤다. 그는 주로 상공에서 사진 작품을 많이 찍었는데, 특히 유네스코의 후원으로 찍은 사진집 『하늘에서 본 지구 *La Terre vue du ciel*』(1999)는 24개 국어로 번역되어 300만 부 이상이 판매되었다. 그는 이 책 이외에도 상공에서 여러 국가의 자연 모습을 찍은 작품을 시리즈로 내놓았고, 그중에는 '한국' 편도 있다: 옮긴이.

예를 들어, 다음과 같은 만남이 있었습니다. 몇 해 전에 저는 헬리콥터가 고장 나서, 말리의 아주 작은 마을에 있는 어떤 집에서 하루를 보냈습니다. 그 집에서는 한 가족이 염소를 치며 살아가고 있었습니다. 주민이 서로 도우며 살아가는 전통이 있는 고장에서 대개 그렇듯, 그 집의 사람들도 저를 친구처럼 맞아주었습니다. 저는 프랑스에 있는 제 집을 그림으로 그려 보여 주거나, 헬리콥터가 어떻게 작동하는지 설명하며 그들과 함께 하루를 보냈습니다. 하지만 저는 대부분의 시간 동안 그들의 얘기를 들었습니다.

그들이 가진 재산이라고는 코란 한 권이 전부였습니다. 그들은 유일한 가구인 나무 상자에 그것을 보물처럼 간직하고 있었습니다. 이렇게 가난하게 사는데도 불구하고, 그들은 제 식사를 위해 염소를 한 마리 죽였습니다. 그들이 마련해 준 식사는 진실한 선물이었습니다. 그날이 저물 무렵에, 그들은 저의 가족이 되었습니다. 밤이 오고 모두가 불 가까이에 모여 앉았을 때, 남자는 제게 자신의 바람과 야망을 말했습니다. 그것들은 단지 몇 글자로 요약할 수 있는 것이었습니다. 즉, "가족을 먹여 살리는 것"이 그가 말한 바람과 야망의 전부였습니다. 그는 가뭄이 들었던 몇 해 동안 어떻게 NGO에 간곡히 부탁해서 씨앗을 얻어 냈는지도 제게 말해 주었습니다. 하지만 그는 동정을 구하거나 어떤 것도 요구하지 않으면서, 제게 그 모든 걸 진실하게 얘기했습니다.

다른 많은 만남들처럼, 이 만남은 제게 충격을 주었고, 제 세계관을 바꾸어 놓았습니다. '앎'이란 하나의 사건입니다. 그런데 아마도 제가 진정한 앎을 갖기 위해서는, 한 인간이 제 눈을 바라보며 그만의 언어로 진실을 얘기하는 일이 필요했을 겁니다.

마침내 저는 지상의 어디에나 사람들이 동일한 목적과 바람을 갖고 있다는 걸 알게 됐습니다. 그러니까, 넓은 의미에서 말하면, 모두가 "명예롭게" 살아가고 싶어 한다는 걸 말입니다.

물론 제 작업의 목적은 사진을 통해 우리 세계의 문제를 설명하는 겁니다. 그러나 제 작업의 또 다른 목적은, 아니 특히, 종종 아무런 영예 없이 현장에서 일하는 여자와 남자들에 대해 얘기를 하는 겁니다… 저는 바로 그들 때문에 인류가 앞으로 나아간다고 생각하고 싶습니다.

제 생각에, 소액금융은 20세기의 가장 위대한 창조물 중 하나입니다. 왜냐하면 그것은 모든 사람에게 기회를 주기 때문입니다. 소액금융은 자신의 철학을 가질 권리, 시도할 권리, 성공할 권리가 부자들에게만 있다는 우리의 일반적인 생각에 반대합니다.

저는 소액금융이 아름다운 사상일 뿐 아니라, 발전하고 있는 사상이라는 것도 언급해야겠습니다. 자크, 당신은 제게 그것이 이미 1억 3천만 명의 사람들이 가난을 벗어나는 데 도움을 주었다고 설명해 주었습니다. 또한 그 수가 미래에는 훨씬 더 많을 거라고 확신시켜 주었습니다. 저는 당신이 의장을 맡은 플라넷 피낭스가 이 일에 큰 기여를 한다는 걸 압니다.

안녕히 계십시오.

자크 아탈리*의 헌사

오늘날, 10억 명의 사람들이 하루에 (극빈의 문턱으로 인식되는) 1달러 미만의 돈으로 살아가고, 하루에 2달러 미만의 돈으로 살아가는 사람들의 수는 약 30억 명이다. 후자의 경우는 현재 보편적으로 볼 수 있는 가난이다.

가난과 싸우고 그것을 근절시키려는 개발(앞으로 이 책에는 '개발' 이라는 표현이 자주 등장한다. '개발도상국,' '개발원조,' '개발 정책' 같은 표현에서처럼, 이 '개발' 은 개발도상국이나 제3, 4세계의 국가들이 가난을 벗어나기 위해 들이는 노력을 말한다. '개발원조' 는 거의 대부분 선진국이 그 국가들에게 경제적·자금적·기술적으로 지원하는 정책을 의미한다: 옮긴이)의 주역들은 새로운 방법을 찾고 있다. 소액금융도 그 방법 중 하나다. 소액금융의 지지자들은 가난한 사람들이 금

---

* 1943년 알제리에서 출생. 1970년대 중반부터 대학에서 교편을 잡은 경제학자 자크 아탈리는 이후 꾸준한 저술 활동으로 학계의 주목을 받아온 동시에, 공적인 활동을 통해 프랑스 내외의 정치와 경제 분야에도 많은 기여를 했다. 1979년에 기아 퇴치를 위한 NGO를 설립하는 데 참여했고, 미테랑 정부 때에는 대통령 고문과 유럽부흥개발은행 초대 의장을 지냈다. 1998년에는 소액금융을 연구하고 그 활동을 지원하는 기관인 플라넷 피낭스를 창립하면서 더 적극적으로 사회활동을 펴기 시작했다. 지금까지 플라넷 피낭스 의장을 맡고 있는 것 이외에, 사르코지 정부 아래서 경제발전 연구위원회 의장을 맡아 매우 유명한 〈아탈리 보고서〉를 작성하기도 했다.

융기관을 이용할 수 없기 때문에 더욱 가난해진다고 말한다. 가난한 사람들은 자주 은행을 찾지만, 은행은 그들이 충족할 수 없는 (신원 확인을 위한 서류, 친인척에 관한 서류, 보증, 최소 예치금 같은) 요구 조건을 제시한다. 그래서 가난한 사람들은 은행권 바깥에 놓이게 된다. 종종, 다수의 서민들이 "은행은 부자에게만 돈을 빌려준다"는 말로 요약해서 표현하는 것이 바로 이런 상황이다. 가난한 사람들은 가난과 더욱 가중되는 속박 상태에서 벗어나기 위해 그들에게 맞는 금융 서비스를 필요로 한다. 그들은 땅, 가게, 차, 재봉틀 등을 사는 데 필요한 자금을 구할 수 없다. 따라서 소액대출은 가난한 사람들이 소득 창출 활동을 보다 쉽게 할 수 있도록 소액의 돈을 빌려준다.

소액금융은 그라민 은행의 창시자이자 2006년 노벨평화상 수상자인 무하마드 유누수에 의해 전 세계적으로 대중화되었다. 그리고 오늘날 거의 대부분의 사람들이 소액금융을 개발의 가장 중요한 도구로 인식한다.

소액금융은 아름다운 사상일 뿐 아니라, 아주 특수한 능력을 요하는 복잡하고 전문적인 금융 기술이다. 우리는 소액금융을 여러 가지 방법으로 실행할 수 있다. 그리고 아무도 그것이 지닌 놀라운 가능성을 쉽게 예측할 수 없다. 소액금융기관은 빈곤 계층이 모든 종류의 금융 서비스를 이용하도록, 소액대출 이외에도 소액 예금과 소액 보험 상품을 만드는 데 노력을 기울였다. 이런 금융 서비스들과 더불어, 소액금융기관은 영세사업자(이 책에서 '영세사업자'라고 하면 대부분 중소기업보다 규모가 작은 기업을 경영하는 기업인이나 자영업자를 가리킨다. 직원 수가 아주 적기 때문에, 이런 사람들은 종종 1~2명의 직원만 두기도 하고, 직원을 전혀 두지 않는 경우도 아주 많다: 옮긴이)의 능력과 지식을 보다 강화하기 위해 직업교육 같은 보충적인 서비스를 개발한다.

현재, 소액금융과 관련해 많은 논의가 이뤄지고 있다. 그럼에도 불구하고, 국제적인 공공 출자 기관이나 민간 출자 기관들이 이 분야에 거의 돈을 투자하지 않고 있다는 사실을 주목할 필요가 있다. 소액금융이 사람들이 던지는 화려한 찬사 속에서 오히려 사라질 수 있다는 사실도 주목해야 한다. 나아가, 소액금융은 몇몇 국가에서는 아주 크게 발전했지만, 지금도 많은 국가에서는 거의 개발되지 않은 상태다.

2005년 말 현재, 소액대출 이용자 수는 1억 2천만에서 1억 3천만 명 사이에 이르고, 소액예금자 수는 3억 명 이상이다. 이는 매우 높은 수치이긴 하지만, 오늘날 전 세계의 사람들 중 소액금융을 이용하는 사람은 일부일 뿐이다. 소액금융이 현재의 발전 속도로 가난한 인구 수를 줄이는 데 기여할 수 있을지는 확실하지 않다. 극빈을 줄일 수 있을지는 더욱 불확실하다. 결론적으로 말하면, 소액금융이 지속적으로 발전하도록 만드는 것이 최우선의 과제다.

따라서 아직도 상당한 노력을 기울여야 한다. 각 국가는 빈곤 계층에 적합한 동시에 국내 환경에 맞는 법을 마련해야 한다. 이를 위해서는 사전에 국제사회가 새로운 협정을 맺을 필요가 있다. 무엇보다, 정부가 도움을 줄 수 있는 한 가지 방법이 있다. 시장이 소액대출의 이자율을 결정하도록 만들고, 나아가 시장이 그 이자율을 감소시키도록 만드는 일의 중요성을 인식하는 것이다. 정치인들은 소액금융 활동이 올바르게 실천되도록 법안을 마련해야 한다. 다른 한편으로, 소액금융기관이 적합한 서비스를 제공하고 영세사업자가 수익을 낳는 활동을 계속 발전시킬 수 있기 위해서는, 국가는 정치적으로 안정되어 있어야 하고 동시에 금융 서비스와 관련한 인프라를 갖추어야 한다.

일단 이런 조건들이 실현되면, 소액금융은 기능과 규모 면에서 발전을 경험하고, 주요한 경제 부문이 되면서, 금융 섹터의 한 요소가 될 수 있을 것이다. 소액금융이 목표로 하는 수혜자의 수는 수십억 명이다. 동시에, 소액금융은 이 수혜자들을 통해 수십억 개의 안정된 일자리를 창출하려 한다. 결국, 민간 금융 섹터는, 만일 가난한 사람들을 합당하게 대한다면, 그들이 수익성 있는 시장을 형성할 수 있다는 사실을 완전히 이해하게 될 것이다. 각국 정부도 현재 소액대출의 주요 수혜자인 여성들이 미래에 민주주의의 주역이 될 거라는 사실을 이해하게 될 것이다.

플라넷 피낭스는 이 프로젝트에서 이기기 위해 작업하고 있다. 우리는 이 혁명에 참여하는 사람들을 금전적으로 지원하고, 그들에게 조언하고, 그들을 교육하고, 그들에게 지지를 보낸다. 아직 갈 길은 멀지만, 우리의 역할은 앞으로 점차 커지고 매우 다양해질 것이다. 우리는 현재 모로코에서 불안정한 경제 상황에 처한 젊은이들을 경제활동에 편입시키고 있다. 또한 방글라데시의 은행들을 소액금융 섹터로 진입시키고 있다. 팔레스타인에서는 소액금융기관의 활동을 강화하기 위해 주력하고 있다. 그런데 우리는 이런 목적들을 달성하기 위해 은행가, 보험업자, 컨설턴트, 회계감사원, 사업가의 역량을 갖추도록 노력하고 있고, 다른 한편으로는 효율성을 높이기 위해 그런 전문가들과 긴밀하게 협력하고 있다. 우리는 지금 여러 사람들과 함께 새로운 NGO을 만드는 중이다. 이 NGO는 기업처럼 경영될 테지만, 그 목적은 가난을 근절시킨다는 공동의 이익을 실현하는 데 있다.

우리는 이러한 프로젝트를 사람들에게 이해시킬 수 있는 책이 출판되길 원했다. 이 책은 세계 전역에서 일하는 플라넷 피낭스의 여러 연구가들이 공동 집필하고, 드 리마de Lima 씨가 편집 책임을 맡은 것이다. 이 책이 학생, 기부자, 투자자, 노동자, 그리고 무엇보다 시민인 여러분이 자신의 위치를 발견하는 데 도움을 줄 수 있기를 바란다.

서론

오늘날 소액금융은 전례 없는 열정을 경험하고 있다. 여기에는 근본적인 4가지 이유가 있다.

첫째는 가난과의 싸움이 불가피한 것으로 제시되었기 때문이다. 많은 개발도상국들이 기근과 만연한 가난을 경험하고 있다. 그 국가들에는 급여를 지급하는 일자리가 없고 실효성 있는 사회 보장 제도가 없기 때문에, 어쩔 수 없이 수공업 활동에 종사해야 하는 사람들이 수없이 많다. 그나마 이런 일을 한다 해도, 그들은 가족의 생계를 겨우 이어나갈 뿐이다. 세계 인구 중 80%가 금융 서비스를 이용하지 못하고 있다. 이와 대조적으로, 수익이 있는 영세기업을 경영하는 사람들의 수는 5억 명이나 된다. 2006년 '소액대출 정상 회의Microcredit Summit' 보고서의 통계에 따르면, 아주 가난한 사람들 중 8,190만 명만이 소액금융 서비스를 이용하고 있다. 이는 소액금융에 대해 잠재적으로 높은 수요가 존재한다는 걸 가리킨다. 하지만 동시에, 여전히 많은 수의 가난한 사람들이 금융권 바깥에 있다는 사실을 가리킨다.

그럼에도 불구하고 발전은 이뤄졌고, 따라서 계속 희망적인 태도를 갖는 게 필요하다. 실제로 2006년 '소액대출 정상 회의' 보고서에 따르면, 극빈 계층 중 소액금융의 혜택을 받는 사람의 수가 2004년 말 현재 6,660만 명에서 2005년 말 현재 8,190만 명으로 증가하여 23%의 상승률을 기록하였다. 같은 보고서에 따르면, 현재 3,133개의 소액대출 기관에 113,261,000명의 고객이 있다. 이 수치는 중요하다. 왜냐하면 가구당 5명의 구성원이 있다고 가정하면, 그 수치는 적어도 4억 1천만 명 이상의 사람들이 소액대출의 직접적 영향을 받고 있다는 걸 나타내기 때문이다.

이어서 성공한 결과들이 있다. 방글라데시의 그라민 은행의 경우가 가장 많이 인용된다. 1970년대 초, 무하마드 유누스는 십여 명의 가난한 사람들에게 50달러만을 대출하는 것으로 사업을 시작했다. 20년 후, 그라민 은행의 창구를 찾는 사람들의 수는 전국적으로 매일 200만 명이 넘게 되었다. 그라민의 성공은 다음의 사실을 분명하게 보여 준다. 즉, 관료주의적 기관은 통화량 중심의 폐쇄적인 경제 정책을 따르고, 종종 현실을 직시하지 않는다. 이때, 이론, 양식, 경청하는 태도, 고객과의 인접성을 모두 중요시하는 기관이 더 능률적이고 효율적인 결과를 낳는다. 이런 지적만으로 충분치 않다. 소액금융이 성공을 거둘 수 있었던 다른 이유는 제도권 내의 금융 섹터와 경제적으로 불안정한 고객 사이의 문화적 단절에 대해 해결책을 찾을 수 있었기 때문이다. 소액금융은 실용적 접근법을 택했다. 그래서 채무불이행 위험 방지를 원칙으로 운영되는 은행들이 실패하거나 진입하기를 거부했던 영역에서 시장을 만드는 데 성공할 수 있었다.

일반적으로, 소액금융은 상업 은행이 가난한 사람들에게 금융 서비스를 제공하길 거부하게 만드는 장애들에 대해 해결책을 찾으려 한다.

상업 은행의 경우, 첫 번째로는 영세사업자가 요구하는 대출금의 액수
가 문제이다. 이 액수는 상업 은행이 의미 있게 순이익을 늘릴 만큼 큰
액수는 아니다. 두 번째로는 가난한 사람들이 예금을 개설할 때나(이때
종종 대출 서비스가 같이 시행된다), 은행이 그들의 서류를 분석할 때 생겨
나는 비용이 있다. 소액의 돈을 대출할 경우, "거래비용"이 높아지기
때문에 이자율은 필연적으로 높아질 수밖에 없다. 때로 이 이자율은
법적 이자율보다도 높아진다. 그 결과, 종종 예기치 않은 채무불이행
의 위험이 발생하고, 차용인은 은행에 대해 신용을 잃는다. 그리고 이런
과정이 반복되기 때문에 상업 은행은 가난한 사람들에게 대출을 하려
하지 않는다. 소액금융기관은 이런 문제들과 관련한 해결책을 찾는다.

이런 위험과 더불어, 빈곤층의 기반을 더욱 약화시키는 인구적 · 정
치적 위험을 언급할 필요가 있다. 우선 인구적 위험에 대해 말하면, 유
럽연합 소속 25개국은 2001년부터 2050년 사이에 인구가 4억 5천만
명에서 4억 명으로 11% 감소하게 된다고 한다. 반면, 같은 시기에, 지
중해 이남 25개국의 인구는 121% 증가해 13억 명에 이를 것이다. 100
년 사이에 인구 비율이 역전되는 것이다. 1950년에는 15개국의 유럽
연합이 지중해 이남의 이웃 국가들에 비해 인구가 2배 이상 많았다. 하
지만 1세기 후 그 인구가 1/3 이상 적어질 것이다.[1] 이상적인 해결책은
영세사업자들로 하여금 현지 금융 자본을 이용할 수 있게 만드는 것이
다. 이렇게 한다면 개발의 문제를 해결하는 일이 가능해질 것이다. 또
한 이러한 현지 개발 정책을 통해, 이민자가 선진국으로 끊임없이 유
입되는 문제에 대해 자연스런 방지책을 낳을 수 있다.

---

1. Jean-Claude Chasteland et Jean-Claude Chesnay, 「1946년부터 2050년까지의 세계 인구
La Population mondiale, 1946~2050」, in *Futuribles*, octobre 2003.

정치적 위험에 대해 말하면, 정치적 불안정, 테러리즘, 쿠데타가 있다. 가난한 국가에서 안정적인 금융 시스템이 만들어지지 않는 건 이런 위험들 때문이다. 나아가, 이런 위험들 때문에 그곳의 무정부 상태와 부패가 지속된다. 21세기가 시작될 때, 마리아 노바크Maria Nowak는 다음과 같이 말했다. "테러리즘과 세계적 자본주의의 폭력이 아주 큰 정치적 위험이다. [⋯] 자본주의를 조정하는 경우와 마찬가지로, 테러리즘과의 싸움은 세계적 차원에서 이뤄내야 한다. 각 국가는 새로운 구조의 정부를 만들고, 가난을 퇴치하기 위한 진정한 사회운동이 정착되도록 만들어야 한다. 21세기의 개발의 목표를 실현하기 위해서는, 가능하다면 그 목표를 넘어 더 나아가기 위해서는 이러한 일이 필요하다."[2] 그런데 소액금융과 기업 창출 활동은 정치적 안정이 실현되는 기회를 제공한다. 그것들의 존재 때문에, 일관된 개발 정책을 마련하는 일이 절대적으로 요구된다.

그러나 소액금융이 실패한 경우들도 있다. 아니, 상당히 많다. 이 때문에 당연히 문제는 복잡해진다. 하지만 모든 창조적인 활동과 마찬가지로, 위험을 감수하는 모든 활동에는 실패의 가능성이 있다. 다른 기업들처럼 소액금융기관도 실패할 수 있다. 콜롬비아의 코르포솔CorpoSol이 그 사례이고, 소액금융도 예외는 아니다. 야심적인 성장 목표에 의해 고무되고, 선진국들로부터 상당한 지원금을 받은 소액대출 NGO인 코르포솔은 빠르게 성장했다. 하지만 이 NGO는 성장하면서 금융 상품의 성격에 적절치 않은 변화를 가했고, 그 결과 은행과 고객 간의 관계가 악화되었다. 나아가, 코르포솔은 양적인 목표만을 추구할 경우 질적인 문제가 무시된다는 사실을 보여 준다. 코르포솔은 소액금

---

2. Maria Nowak, 『부자에게만 돈을 빌려준다(빌려주는 것은 아니다)*On ne prête (Pas) qu'aux riches*』, Édition JC Lattès, janvier 2005.

융기관의 영속성의 문제, 그리고 변화에 저항하는 문제와 관련된 어려움을 보여 준다. 하지만 경제적 생존 능력을 갖추고 개발을 활성화할 조직을 만들기 위해서, 변화는 불가피하다.

코르포솔은 소액금융 활동에 내재한 어려움을 현실적으로 증명한다. 불행히도, 현재 소액금융이 해결해야 할 어려움은 아직까지도 상당히 많다. 우선, 소액금융기관의 정책이 세계은행의 구조조정 정책과 얼마나 조화를 이룰 것인가 하는 문제가 있다. 세계은행은 소액금융 활동을 지지하지만, 실효성이 매우 의심스러운 구조조정 정책을 계속 실행하고 있다. 그 실효성에 관한 의문은 특히 조지프 스티글리츠 Joseph Stiglitz의 『거대한 환멸 *La grande désillusion*』[3]에 잘 나타나 있는데, 저자 자신이 세계은행에서 일한 바 있다. 그런데 소액대출에 대해서도 세계은행의 구조조정 정책에서와 같은 질문이 제기된다. 세계은행과 마찬가지로, 소액대출이 가난한 사람들에게 과채무를 지우고 경제적 목적으로 그들을 착취하는 것이 아닌가 하는 것이다.

이런 이유 때문에 우리는 다음과 같은 질문을 하게 된다. 소액대출의 높은 수준의 이자율이 정당화될 수 있을까? 다른 말로 표현하면, 가난한 사람들이 과채무를 지게 될 위험이 많은가? 이 질문에 대해 우리는 세 가지 답을 제시할 수 있다.

우선, 이자율은 위험, 대출금의 정도(소액이 대출될 경우 이자율은 더 높아진다), 영업 및 서류 분석 비용을 고려하여 결정된다. 또한 각국의 이자율 상한제도, 소액금융기관의 영업 능력, (사회적 목적과 영리적 목적

---

3. Joseph E. Stiglitz, 『거대한 환멸 *La grande désillusion*』, Édition Fayard, 2002.

사이에서) 소액금융기관이 위치한 정도, 소액금융기관이 운영비를 낮추기 위해 도입하는 생산성 향상 기술이나 혁신적 작업 비용을 고려해야 하고, 대출금 회수 과정에서 생기는 비용도 고려해야 한다.

소액대출금의 분할 상환 기간은 (종종 일주일 단위로) 빠르게 돌아오지만 대출금의 총액이 적기 때문에, 일반적으로 고객은 상환금을 부담할 수 있다. 이러한 과정 때문에, 소액금융기관의 이자율은 높다. 소액금융기관은 상업 은행과 비교할 때 더 적은 액수의 돈을 빌려주지만, 이 과정에서 영업 및 서류 분석 비용은 더 높아진다. 어떤 측면에서 본다면, 바로 이런 이유 때문에, 소액금융기관은 실제로 수익성 있는 사업이 될 수 있다. 소액금융기관의 명목 이자율은 영업비의 5배에까지 이를 수 있는데, 이런 일은 상업 은행에서는 가능하지 않다.

실제로 소액대출 서비스 과정에서는 많은 비용이 들어간다고 말하지 않을 수 없다. 많은 비용이 생겨나는 건, 소액금융기관이 소액의 돈을 빌려주는 대가로 아주 적은 수익을 낳는 작은 거래를 빈번히 다루기 때문이다. 기관과 고객의 인접한 관계도 때로 꽤 많은 비용을 발생시킨다는 걸 지적할 필요가 있다. 소액금융기관으로서는, 여러 작업들 이외에도, 직원이 직접 주민을 만나 거래를 하는 일에도 보수를 지불해 줘야 한다. 거래비용에 이러한 인접성과 관련한 비용이 덧붙기 때문에, 당연히 대출 비용은 아주 높아진다.

소액대출은 고객과 직접 만나고 적은 액수의 금융 거래를 빈번하게 다루기 때문에 많은 비용이 든다. 나아가 소액금융기관은 공식적인 보증이나 고객의 채무 능력에 대한 정보 평가에 근거하지 않고, 고객과 직접 접촉하면서 대출 여부를 결정한다. 따라서 (대출금 액수에 대한 백

분율로 표시되는) 대출 서비스 비용의 상대적 수치는 일반 은행의 그것보다 계속 높을 것이다.

하지만 역설적으로, 프로그램을 건전하게 시행하는 소액대출기관이 채무불이행의 위험을 경험하는 경우는 흔히 일반적인 상업 은행의 경우보다 드물다(98%의 회수율). 무엇보다, 가난한 사람들은 대출 작업에 따른 그런 실제 비용을 고려한다기보다, 대출 기회를 지속적으로 마련하는 일에 더 큰 관심을 갖는다. 이런 요소가 중요하다. 왜냐하면 그 사실은 영세사업자들이 높은 비용에 돈을 지불해야 한다는 생각에 거부감을 갖고 있지 않다는 걸 보여 주기 때문이다. 소액금융 영향 평가에 따르면, 고객들은 소액금융기관을 통해 대출받은 자금을 이용해 일반적으로 수익을 창출하는 것으로 나타난다. 그리고 고객들은 빠른 시간 안에 다시 대출받는 경향이 있다.

이 사실에 덧붙여, 소액대출의 고비용 때문에 형편이 더 어려운 고객들이 혜택에서 배제되는 결과가 나타나는 건 결코 아니라는 사실도 지적해야 한다. 상당량의 자료들은[4] 많은 가난한 사람들이 주요 소액금융기관을 통해 서비스를 이용할 수 있었다는 사실을 보여 준다. 가난한 사람들은 소액금융기관이 사업 분야를 확장하는 데 드는 비용을 포함해 현실적 비용에 근거해 이자율을 요구하는 것에 거부감을 갖고 있지 않다. 그리고 소액금융기관들은 영업 활동에 필요한 비용을 보상할 이자율을 제시할 수 있었기 때문에, 일반 상업 은행들보다 훨씬 많은 수의 사람들(몇몇 연구들에 따르면 6배까지 많다)에게 서비스를 제공하며 계속 영업할 수 있었다.

---

4. MIX의 연구 참조.

결론적으로, 소액금융기관이 적용하는 이자율은 대체로 상업 은행의 이자율보다 높고 고리대금의 이자율보다 낮다. 하지만 소액금융기관의 대출 서비스는 상업 은행의 그것보다 가난한 계층의 사람들에게 유리한 점이 많고, 대개 가난한 계층에게 더 적합하다. 또한 대출 서비스에는 직업교육, 위생, 건강, 자녀 교육 등과 관련한 다른 많은 서비스가 결합되어 있다. 이 경우에도, 소액대출의 사회적 사명의 측면이 나타난다.

소액금융이 후세대에 미칠 영향에 대한 문제에 관해서라면, 그 대답은 불투명하다. 그러나 소액금융으로 인해 가난에서 결정적으로 벗어날 수 있는 출구에 대한 희망이 생겼다고 말할 수 있다. 아마도 이 사실이 가장 중요한 성과일 것이다. 우리는 소액금융으로부터 큰 도움을 받은 사람들에게 미래에 대해 질문할 때, 그런 희망에 대한 생각이 확고해지는 것을 관찰하게 된다. 첫 대출 이후에 질문하면, 그들은 며칠 후의 미래에 대해 얘기한다. 두 번째 대출 이후에 질문하면, 몇 주 후의 미래에 대해 얘기하고, 세 번째 대출 이후에 질문하면, 몇 달 후의 미래에 대해 얘기한다. 이어서 그들은 자녀들의 교육 계획을 세운다. 바로 이런 사실이 소액대출, 세대世代, 개발의 지속적인 전망 사이에 밀접한 연관이 있다는 걸 보여 주는 가장 명백한 증거가 아닐까?

그리고 세계적 차원에서 보면, 소액금융으로 인해 생겨난 현상은 사회 진보, 해방, 연대連帶 기술뿐 아니라, 우리가 국가와 시장을 구분하는 개념에 대해서도 반성하도록 만든다. 마르크 라비Marc Labie(1999)에 의하면, "이 반성은 개발도상국과 관련되어 있는 문제만은 아니다. 그것은 우리가 우리의 복지 제도에 대해 생각할 때도 도움을 줄 수 있다. 그런데 모범적 사례가 개발도상국으로부터 왔다는 사실이 중요하다.

이는 우리가 사회적 연대 제도를 문화적으로 얼마나 약화시켰는지 보는 것이, 우리의 기득권을 유지하려 하기 때문이건 아니면 과거의 선했던 의도에 폐쇄적으로 머물러 있기 때문이건 간에, 때로는 어려운 일일 수 있기 때문이다."

소액대출이 가난한 계층의 사람들 중에서도 최하위층에 있는 사람들을 실제적으로 돕고 있는지에 대해서도 질문할 수 있다. 우선 우리는 이 질문에 대해, 대부분의 소액금융기관이 가장 극심한 경제적 불안과의 싸움을 목표로 하고 있지는 않다고 대답할 수 있다. 여기서 우리는 소액금융기관이 목표로 하는 고객층이 누구인가에 대한 그 흔한 논쟁에 부딪힌다. 오늘날, 소액대출이 사회 활동을 구조화構造化하는 도구라는 건 명백한 사실이다. '서민 금고'는 과거부터 계속 발전해 왔다. 또 상호공제 기술도 오늘날까지 사회 활동을 구조화하는 데 기본적인 역할을 했다. 따라서 소액금융을 단지 일시적 현상으로, 특히 미디어에 의해 유명해진 현상으로 생각하기는 어렵다.

그런데 소액대출은 단지 진입하고 점유할 시장이 있기 때문에 존재하는 것만은 아니다. 중요한 개인들이 소액대출의 발전에 기여했다. 현 상황 내에서, 조직 기술을 발전시키고, 공동의 이익과 우리 사이에서 가장 덜 혜택 받는 사람들을 위한 사회 연대를 구조화하기 위해, 무하마드 유누스, 자크 아탈리, 마리아 노바크, 그밖에도 소액금융을 위해 헌신한 수많은 사람들의 많은 노력이 있었고, 앞으로도 그런 사람들은 더 많이 나와야 할 것이다. 언젠가 무하마드 유누스가 미국 내에서 소액대출을 시작할 최상의 방법에 대해 묻는 미국의 한 급진적 단체를 당혹스럽게 만든 적이 있다. 그는 그들에게 가장 중요한 건 소액대출기관의 시스템이 아니라 그 교섭 활동이라고 대답했다. 소액대출

기관의 사람들은 교섭 활동을 통해 어떤 특정한 상황에 적합한 해결책을 마련할 수 있다. 구조조정 정책이나 현재 우리의 공적 개입 시스템과 마찬가지로, 소액금융의 개발 정책도 모든 경제 주체들 사이의 만남과 교환의 사회적 교섭이 없다면 적절한 기능을 수행할 수 없을 것이다.

끝으로, 소액금융이 나은 경제를 창조하는 걸 목표로 하지 않고, 또한 그것이 현재의 주요 금융 시스템만큼 가난한 사람들을 배제하기 때문에, 결국에는 기존의 시스템을 확장한 것에 불과하다는 비판을 종종 듣는다. 하지만 이런 비판은 소액금융이 오늘날 여러 형태의 부정적 성장과의 싸움을 강화하는 도구라는 걸 잊고서 하는 말이다. 오늘날, 경제는 현실적 필요와 분리된 채 성장하고 있다. 특히 그 바탕에는 어떤 종류의 두려움, 그러니까 결핍에 대한 두려움과 희소한 걸 놓칠까 하는 두려움이 있고, 더불어, 미래에 어떤 결과가 일어날지에 대한 무지가 있다. 이런 감정들을 토대로 전개되는 오늘날의 경제는 현재에 대해 무책임하고, 그 결과 때때로 사회적·환경적 파괴가 일어나고, 이기주의가 만연하게 된다. (구조적인 필요성과 함께, 명백히 존재하는 필요성에 답하는) 소액대출 같은 활동이 사람들 사이에서 그렇게 큰 긴장감을 만들어 낸다는 걸 확인할 수 있다는 건 흥미롭다. 그런 긴장감은 기존의 문제에 대한 시각을 재조정하는 데 필요한 자극제로 받아들일 필요가 있다. 이러한 맥락에서, 우리의 접근법은 공시적인 형태를 취할 것이다. 따라서 현재의 주요 추세를 나타내는 수치 뒤에 숨어 있는 복잡한 역동성을 보다 더 잘 설명할 것이다.

우리는 1부에서 소액금융의 기원 및 성장 배경을 기술하며, 특히 그 역사적 측면과 금융의 이중성을 중점적으로 다룰 것이다.

2부에서는 소액금융기관이 기회 균등을 보장하는 공평한 절차를 채택하며 어떻게 수익을 올릴 수 있었는지 설명하고자 시도할 것이다. 그리고 소액금융기관의 역사적 변화의 모습을 살펴보고, 매력 있고 수익성 있는 대출 서비스의 조건을 제시하려 한다.

3부에서는 소액금융 활동에 대한 지지의 일환으로 국제사회로부터 제공되는 원조와 협력의 문제를 언급할 것이다. 규제, 지도, 보조금 지원, 감시를 실천하는 국가의 역할도 분석할 것이다. 사실, 우리는 소액금융기관의 문제를 흔히 일반 은행처럼 상업적 독립 기관이 될 수 있을 것인가 하는 관점에서만 바라보는 경향이 있다. 상업적 독립 기관은 온갖 형태의 자금 조달 방식을 통해, 그러니까 국내외의 공적 자금, 금융 자본, 지원금, 기부금이나 부동산을 사용하거나, 대출 영업을 통해 개인 고객들로부터 얻는 수익으로 비용을 충당한다. 그런데 현재 거의 대부분의 소액대출기관이 이런 상업적 독립 기관들만큼 오랫동안 존속할 수 있는 운영 방식을 갖게 되었다. 그런데 소액금융기관이 지속적으로 운영될 수 있다는 건 바람직한 목표이지만, 이것이 유일한 목표가 되어서는 안 된다. 소액금융기관은 자체의 능력으로 이뤄내야 할 사회적 목표가 있다.

4부에서 우리는 이 혁명의 한가운데로 여행할 것이다.

끝으로, 5부에서는 개발 문제의 해결책으로서 소액금융에 대한 질문이 제기될 것이다.

I

소액금융의 기원과 성장 배경

1. 소액금융의 영역

　　소액금융의 영역은 일반 금융의 영역만큼 넓다. 따라서 몇몇 용어에 대한 정의를 내리는 것에서 시작하는 것이 도움이 된다. 바로 소액대출에서부터 시작하자. 세계은행에 따르면, 소액대출은 "경제적으로 취약한 상황에 있는 가구들에게 생산 활동에 참여할 수 있도록 소액의 대출금을 제공하는" 제도다. 일반적으로 말하면, 종종 공식적인 급여를 받는 경제활동에 참여하지 못할 뿐 아니라 공식적인 금융기관을 이용할 수 없는 상황에서 아주 적은 수익으로 살아가는 사람들을 위한 제도다. 주로 작은 가내 사업을 하는 사람들이 이 대출 서비스의 대상이다. 농촌 지역에서 그들은 대개 손수 재배한 농산물로 장사를 하는 소농들이거나, 도시에서는 상인이거나 서비스업자 혹은 수공업자들이다. 이러한 맥락에서 본다면, 소액대출은 운영 자금과 소규모 설비 투자금(예를 들어, 가내 수공업자라면 재봉틀을 구입하는 일)을 마련하거나 사업을 확장하는 데 필요한 자금을 영세업자들에게 단기로 대출해 주는 활동이다. 이 서비스의 대상이 되는 가내 사업에는 손수 요리한 음식을 파는 일, 적은 수의 가금이나 가축을 키우는 일, 신상품을 개발하는 일, 여러 종류의 작은 상품들을 한자리에서 파는 일, 상품의 질을 개선하는 일 등이 포함될 수 있다.

나아가, 소액금융과 소액대출을 비슷하게 생각할 때 신중할 필요가 있다. 오늘날, 소액금융에는 일반 금융 영역에서만큼이나 많은 금융 상품, 그러니까 "소액micro" 금융 상품이 있다. 따라서 소액금융을 소액대출로 축소하여 생각하는 건 기본적으로 두 가지 이유에서 올바른 게 아니다. 첫 번째는 이따금씩 영세사업자가 소액금융기관에 대해 대출 서비스보다는 안정적인 조건의 예금 서비스를 받기를 바랄 때가 있기 때문이다. 두 번째는 대출 서비스를 시행하는 이 소액금융기관의 입장에서는 예금 서비스가 가장 훌륭한 자금 조달 출처의 하나가 될 수 있기 때문이다. 따라서 소액금융은 엄연히 소액대출로 축소될 수 없다. 소액 예금과 더불어, 소액대출은 소액금융의 한 영역일 뿐이다. 예금 서비스의 경우, 고객은 대개 소액을 예금하는데, 이때 기관과 고객 간의 인접성이 중요하다. 아주 많은 경우에 예금 서비스가 고객의 집에서 직접 이뤄지기 때문이다.

결론적으로, 소액금융은 생산 활동을 개발하려 하지만 경제적으로 취약한 상황에 있는 사람들(이들 중 90%는 전통적인 생산 활동에 종사하고, 10%는 새로운 분야의 생산 활동에 종사한다)에게 금융 서비스를 제공하는 제도다. 그 고객의 대부분이 수공업이나 상업에 종사한다. 이들은 일반적으로 자신들의 사회-경제적 지위 때문에 일반 금융기관들을 이용할 수 없다(달리 말하면, 고정된 수입 없이 불안정한 경제생활을 영위해 나가기 때문에 전통적인 금융기관들이 요구하는 유효한 보증을 전혀 제시할 수 없다). 더구나, 이 상업적 금융기관들이 영세사업자들이 모여 사는 곳이나 그들이 일하는 곳(그러니까 벽지의 농촌, 혹은 도시 주변의 빈민가나 도시의 서민 지역)에 정착하지 않는다는 사실도 주목할 필요가 있다.

시간이 흐르면서 소액금융은 차츰 많은 금융 서비스를 제공하게 되

었다. 이 서비스에는 대출, 예금, 보험, 생활비 대출 등이 포함된다. 그
러면 이제부터 이 혁명의 역사를 조금 살펴보자.

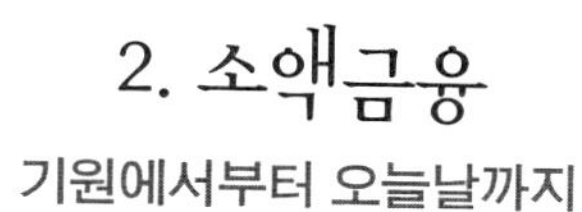

2. 소액금융
기원에서부터 오늘날까지

역사적 회고

시작

몇몇 역사가들은 기원전 3400년 경의 바빌로니아에서 소액대출의 기원을 찾는다. 예를 들어, 이미 우루크Uruk(기원전 4,000년 경에 세워진 고대 메소포타미아의 도시 국가: 옮긴이) 신전의 사제들은 그림 문자를 사용하며 오늘날의 회계 기관과 유사한 기능을 수행하던 기관이 현물로 대출하는 것을 허용했다. 때로 이 현물에는 신전의 봉헌물이 포함될 때가 있었다. 약 3000년 전의 히브리인들은 율법에 근거해 사람들에게 이자가 따르는 돈을 빌려줄 수 있었다. '은행업자banquier'라는 용어는 중세 시대의 시장에서 상업이나 금전 거래가 이뤄지던 "대臺(banc)"라는 말에서 생겨났다. 오늘날 아프리카에서 널리 행해지는 톤티조합Tontine의 원칙도 수세기 전부터 존재한 것으로 보인다. 이 원칙은 모임에서 회원들로부터 정기적으로 돈을 모은 다음, 다시 그 돈을 회원들에게 차례로 되돌려주는 것이다. 12세기 때, 쥐라 산맥 북쪽 지역에는 낙농업

협동조합이 있었다. 16세기 유럽에서는 교회가 대출을 허용했다. 이 당시에는 상호공제조합 같은 형식을 통해 보증을 받아 대출하는 일이 아주 빈번했다.

19세기

19세기에 피에르-조제프 프루동Pierre-Joseph Proudhon은 화폐를 없애는 대신 어음 사용을 일반화하고 대출기관을 널리 조직한다는 원칙을 세웠고, 이 원칙 아래서 서민 은행Banque du peuple을 설립하려 하였다. 이 시도는 실패했지만, 여기서 소액대출의 기원이 될 두 가지 강력한 사상이 나오게 된다. 첫 번째는 노동자들로 하여금 금융 자본을 이용하게 하여, 그들이 고용주에게 종속되는 일 없이 노동력을 활용할 수 있도록 만들어야 한다는 것이다. 두 번째는 대출 제도가 사회적 관계에 강력하게 기여해야 한다는 것이다. 우리는 잠시 후에 19세기 프랑스에서 프레르Pereire 형제가 창립한 상호공제신용조합Société de Crédit Mutuel의 예를 통해, 이 사상이 적용된 사례를 살펴볼 것이다.

1840년, 18세기 초에 설립된 아일랜드 대출 펀드Irish Loan Fund는 전국에 걸쳐 3,000개 이상의 창구를 연다.

스위스에서는 1849년에 프리드리히-빌헬름 라이페센Friedrich-Wilhelm Raiffesen이 기후의 악영향으로부터 농민을 보호하기 위해 처음으로 협동조합을 만든다. 이 협동조합은 사회 저명인사들의 도움으로 농민을 위해 보증을 설 수 있었다. 초기에 이 조합은 가축을 사들인 다음, 고리대금을 빌려 가축을 구입할 때보다 항상 적은 비용으로 그 가축을 농민에게 빌려주었다. 이런 방식을 통해, 이후 농민은 부를 증대하는 과정에서 필요한 가축을 스스로 구입할 수 있었다.

이와 비슷한 기관들이 프랑스에서는 1865년에, 퀘벡에서는 1900년에 창립된다. 이어서 식민지들에서도 생겨난다. 예를 들어, 인도네시아에서는 1895년에 서민신용은행People's Credit Bank이 문을 연다. 비슷한 시기에 같은 유형의 기관들이 남아메리카에서도 창립되는데, 그 목적은 농부인 회원들이 예금액을 공유하는 동시에 농업 생산성을 높이기 위해 서로 협동하는 것이었다. 유럽의 이곳저곳에서도 이런 식으로 가난한 사람들을 위한 저축금고와 신용협동조합들이 생겨나게 된다.

소액대출 철학의 토대: 19세기 프랑스의 생시몽주의 은행의 예

금융 서비스가 경제를 발전시키고 소외 계층을 사회에 통합시키는 데 필수불가결한 제도라는 건 누구나 아는 사실이기 때문에, 금융 서비스를 이용하는 문제가 새로운 건 아니다. 하지만 이 문제가 본격적으로 제기된 기원은 찾아볼 수 있다. 특히 전 유럽에서 극심하게 어려운 경제적 환경에 처한 사람들을 돕기 위해 박애주의 운동이 전개되던 19세기 초로 거슬러 올라갈 수 있다. 이 박애주의 운동으로 얼마 후에 저축금고Caisse d'épargne가 생겨났다. 당시, 박애주의 운동의 철학은 부유한 사람들의 저축 활동에 피해를 입히지 않는 범위에서 사회 최하위층의 사람들에게도 예금 서비스를 이용할 기회를 제공하자는 데 있었다. 상호공제조합이나 협동조합 운동의 가장 중요한 관심사 중 하나는 이렇게 민주적인 방식으로 부를 배분한다는 것이었다. 이 조합들은 공동의 이익에 유해한 부의 불평등이 초래하는 걸 방지하려 했다.

우리로서는 19세기 철도 산업이 번성할 때 은행 대출 분야에서 핵심 역할을 맡았던 두 인물 자코브 에밀 프레르Jacob Émile Pereire와 이사크 프레르Issac Pereire 형제의 시도를 통해, 대출의 사회적 역할을 명확히 살펴볼 수 있다. 자코브 에밀 프레르(1800~1875)와 이사크 프레르(1806~1880)는 1820년대 초에 고향인 보르도를 떠나 파리에서 사업을 하기로 결정을 내린다. 처음에 비탈 루Vital Roux 가家와 제임스 로스차일드James Rothschild 가가 운영하는 은행에서 업무를 본 그들은 일을 하는 동안에도 생시몽주의 운동에 적극 참여해, 『글로브Globe』와 『나시오날National』지紙에 글을 쓰기도 한다. 그들은 이런 이력 덕분에 특히 센 강 좌안을 지나 파리-베르사유를 잇는 최초의 철로를 건설하는 작업에 참여하고, 이 철도 회사의 주주가 되기도 한다.

프레르 형제의 철학은 무엇이었을까? 그들은 생시몽주의의 전략을 다시 채택했다. 지주나 자본가들(금리생활자와 고리대금업자들)처럼 "일하지 않고 부를 거둬들이는 사람들"의 기생적 생활과 싸우는 것이다. 프레르 형제에 따르면, 이들은 노동자처럼 생산물을 제공하는 일 없이 빌려준 자본으로부터 이익을 취할 따름이다. 다시 말하면, 그들은 노동 수입으로부터 단순히 돈을 공제해 가는 기능을 한다. 이런 관점에 따라, 프레르 형제의 최초 계획은 금리생활자들의 무위도식과 싸우는 것이었다. 이런 생시몽주의적 전략의 바탕에는 "자본"을 쥐고 있는 유한생활자들과 투쟁한다는 사상이 깔려 있다. 그런데 이 과정에서, 프레르 형제는 경제를 활성화하기 위해 은행 섹터를 (구조적으로) 개혁할 필요성이 있다는 걸 이해하게 된다. 그렇게 할 수 있다면, 은행 섹터가 관리하는 돈을 보다 효과적으로 이용할 수 있다. 이를 실천하기 위해서는 두 가지 일이 필요하다. 하나는 생산적으로 사용할 수 있는 은행의 예치금들이 국채를 사들이는 데 소모적으로 사용되는 일을 막는 것이고, 다른 하나는 일반적으로 소기업인들을 막대하게 희생시키는 모

든 종류의 고리대금업과 싸우는 것이다. 그래서 두 가지 전략적 목표
가 명백하게 제시되었다. 즉, 예치금이 소모적으로 사용되는 일을 막
는 것과 고리대금업을 막는 것이 그것이다.

그래서 프레르 형제는 다음과 같은 두 가지 계획에 따라 행동을 전개
하고자 시도한다.

첫 번째 계획은 중앙은행이나 대형 민간 은행과 경쟁할 동산신용금
고Crédit Mobilier를 창립하여 대규모 산업을 일으키는 것이다. 그 금고의
목적은 금리생활자들의 비생산적인 예치금을 재순환시키는 것이다.

두 번째 계획은 소기업인들의 소규모 산업을 일으키는 것이다. 이를
위해, 특히 고리대금업을 근절할 상호공제은행Banque Mutuelle 조직망을
만들어 소기업인들에게 보다 나은 조건의 금융 서비스를 제공하는 것
이다.

은행 전문가였던 프레르 형제는 이렇게 소기업인들을 혁신적으로
지지하려 했다. 그러나 우리가 아는 한, 프레르 형제의 철학은 당대의
이론가들에 의해 무시되었던 것 같다.

당시, 소규모 상업에 종사하던, 유명인사가 아닌 차용인들에게 자금
원 역할을 한 사람들은 어음할인업자나 고리대금업자들이었다. 자본
금이 조금밖에 없던 어음할인업자들은 제3자들로부터 모은 자본금으
로 할인업을 시행했다. 그런데 일반적으로 그 제3자들은 어음할인업
자들을 거의 신뢰하지 않았던 것 같다. 그래서 아무리 작은 위기의 기
미가 보여도 자금은 즉시 회수되었고, 결과적으로 어음할인업자들은

연이어 파산을 맞곤 했다. 고리대금업자들은 더 낡은 방식으로 영업했다. 그들은 대부분 영업세를 내지 않았고 회계부서도 두지 않았다. 어음할인업자가 자신의 직업을 하나의 독립적인 전문직으로 여기고 있었다면, 고리대금업자는 사업에서 은퇴한 다음 자신이 소유한 돈의 가치를 불리려는 목적밖에 갖고 있지 않았던 단순한 협상가들이었다. 하지만 후자는 전문직에 대해 이런 단순한 태도를 갖고 있었음에도 불구하고, 종종 모든 금융적 연대관계가 끊긴 차용인의 신용도에 대해 전혀 환상을 품지 않았다. 커다란 위험을 감수하는 고리대금업자들이 가혹한 이자율을 적용한 것은 바로 이런 이유 때문이었다. 수많은 개인들이 실행한 이 고리대금업은 발자크의 작품들을 통해, 특히 『세자르 비로토César Birotteau』를 통해, 그리고 곱세크, 베르브뤼스트, 메티비에, 카브와소 같은 인물들을 통해 아주 잘 나타나 있다.

고리대금업의 비중이 이렇게나 컸기 때문에, 사람들은 7월 왕정(1830-1848, 상류층의 금융가와 자본가들의 지지를 받고 왕위에 오른 루이 필립Louis-Philippe이 통치한 왕정. 이 기간 동안 상류 부르주아들은 많은 부를 쌓고 번영을 누리지만, 시간이 갈수록 서민들은 정치적 권력으로부터 멀어지고 경제적 어려움을 겪는다. 마침내, 산업 자본가와 중산층 부르주아지가 중심이 된 1848년의 2월 혁명으로 루이 필립은 왕위에서 물러나고 제2공화국이 선포된다: 옮긴이) 동안에는 상호공제조합들을 설립해 부분적으로 독점적 고리대금업자들과 싸우려 하였다. 1791년 6월 14일의 르 샤플리에 법loi Le Chapelier으로 인해 그 이전 시대의 조합을 다시 창립하려는 모든 연대 활동은 금지되어 있었다. 그러나 행정 관청의 감시에도 불구하고 상호공제조합들은 비밀리에 활동하며 계속 성장했고, 1805년부터 1847년 사이에 서로 협력할 수 있을 정도로 발전했다. 노동자와 미래의 주주들은 이런 식으로 서로 도움을 주거나 협력하는 기술을 서툴게나마 처음으로 배우게 되었다. 1831년에는 생시몽주의자이자 반정부주의자였던 뷔세Buchez가 프랑스에서 최초로 생산협동조합을 세울 계획을 구상하게 된다.

　나아가, (1852년에 국가의 후원 아래 시작된) 프랑스부동산신용금고나 그 당시에 창립된 (상류층과 중산층 상인이 이용하는) 할인은행들은 자금을 구하는 소기업인들의 특수한 요구를 항상 만족시키지 못했다. 따라서 프레르 형제는 1853년 5월 7일에 단기 대출의 조건을 개선하기 위해 나폴레옹 3세에게 청원서를 제출했다. 다음은 프레르 형제가 작성한 청원서의 내용이다. "세계 제일의 산업 도시인 파리에서 64,816명의 기업인 중 1,880명만이 국가의 은행에 계좌를 가지고 있다는 사실은 생산 활동과 관련한 현재의 대출 제도가 불완전하다는 걸 증명합니다. […] 10명 이상의 노동자가 일하는 사업체의 주인 7,117명을 제외하면, 10명 이하의 노동자를 고용하거나 혼자서 일하는 기업인 수는 57,699명에 이릅니다. […] 현재의 불완전한 제도 때문에 파리에서는 90% 이상의 소공장 주인들이 모든 대출 기회를 박탈당한 채 있습니다. 이런 상황이 그 많은 생산 계층에 내재한 무능력으로 생긴다는 설명은 결코 정당화될 수 없습니다." "보증 조건을 여러 개로 늘리는 방식을 통해서는 현재의 대출 관련 문제를 해결할 수 없습니다. 그렇게 한다면 수동적으로 보증 조건을 따를 수밖에 없는 소기업인들에게는 모욕이 될 것입니다. 또한 그렇게 한다면 대출 기회를 확대하는 것이 아니라 축소시키게 될 것입니다. 진실로 필요한 일은 은행의 구조와 규정을 소기업인과 가내 노동자들의 특별한 상황과 조화시키는 것입니다. 그러니까 은행의 구조와 규정을, 상류층과 중산층 상인들과 매우 다른 능력을 갖고 있는 동시에 매우 다른 것을 필요로 하는, 그들의 상황과 조화시키는 것입니다. 이런 이유 때문에, 저는 오늘날의 은행보다 더 현대적이고 더 완벽한 시스템을 갖춘 기관의 증명된 전문 기술을 이용하면 더 단순하면서도 더 경제적인 방법을 제공할 수 있지 않을까, 또한 1848년에 상류층과 중산층 상인들이 도움 받았던 그 방식보다 더 확실한 방법을 제공할 수 있지 않을까 생각하게 됐습니다." 프레르 형제에게 이런 특수한 제안은 상호공제주의를 통해서만 실현될 수 있었다. 그래서 당시 소기업인의 상환 능력을 평가하는 데 있어 무능한 개인들이 독점 운영하던 고리대금 시장을 대체하기 위해, 상호공제신용조합Société de Crédit Mutuel(SCM)을 만들려는 계획이 진행된다. 이사크 프레르는 그의 형이 청원서를 제출하기 훨씬 전인 1830년의 위기(1830년에 '7월 왕정'을 태어나게 한 위기를 말한다. 프랑스는 샤를 10세가 왕위를 계승한 1824년부터, 구체제[앙시앙 레짐]로 복귀하려는 강력한 반동 정치가 이어지고 있었다. 이에 반대해 상류 부르주아들이 혁명을 일으키고 루이 필립을 왕으로 추대해 '7월 왕정'이 생겨났다: 옮긴이) 이후에 이미 그런 계획에 대해 강조하였다. "만일 우리가 새로운 계획을 따르게 된다면, 대출을 시행하는 기관은 소기업인들에 대한 그 불규칙하고 불안정한 평가 작업을 할 필요가 없을 것이다. 오늘날 대부업을 하는 개인은 소기업에 대해 정확한 평가를 할 능력을 갖고 있지 못하다. 실제로, 특별한 경우를 제외하고, 한 개인은 차용인이 대출금을 제대로 사용하는지, 나아가 차용인이 무분별하게 사업을 운영하는지를 결코 확실하게 알 수 없다. 그 결과, 대부업을 하는 개인은 진정한 사회적 연대 활동에 기여하는 사람들로부터 자주 돈을 뜯어와, 결코 생산적이지 않은 부분에 투자하는 잘못을 저지른다"(Pereire, 1830, p. 154).

우리는 프레르 형제의 계획을 왜곡하지 않고 다음과 같이 일반화하여 말할 수 있다. 그러니까 "전문가들"만이 특정한 산업적 혁신 과정에서 생겨날 수익성을 평가할 수 있고, 상호공제주의 원칙이 제대로 적용되는지 판단 내릴 수 있다. 프레르 형제는 고리대금업자들의 개인적 능력의 정도를 문제 삼지 않았다. 대신, 고객의 신용도를 평가하기에 부적합한 (그들의) 구조적인 무능력을 문제 삼았다. "정보를 수집하는 과정이 적합하기 위해서는, 대출자(대출기관)에게는 (소기업인에 대한) 금융적 평가 능력뿐 아니라 기술적 평가 능력이 요구된다. 그런데 이러한 대출자(대출기관)의 능력은 다름 아닌 소기업인을 직접 만나고, 자주 접촉하고, 이해하는 과정에서 나온다." 따라서 프레르 형제의 계획은 앞선 사반세기의 상호공제조합과 은행들의 역사를 종합한다고 말할 수 있고, 또한 여러 이유들로 인해, (프랑스의) 제2공화국 하에서 경제에 대해 전반적 개혁을 행하려던 유토피아적 시도를 종합한다고 말할 수 있다.

이러한 맥락에서, 상호공제주의 기관은 회원들을 위한 금융 중개 기관으로 정의할 수 있다. 회원들은 그들의 예금이 특정한 용도로 쓰이도록 결정할 권한을 갖고, 그들의 예금을 공동 관리하거나 일부 회원들에게 대출하기 위해 사용한다. 또한 조합에서 발행하는 주식을 소유한다. 대출금에서 얼마의 돈이 미리 공제된다는 사실에서, 조합원들이 조합의 정책을 지지했다는 사실을 알 수 있다. 또한 그렇게 함으로써 조합은 차용인이 파산하는 경우에 대비한 자금도 마련할 수 있다. 그런데 상호공제주의를 채무불이행의 위험이 생길 경우를 대비한 상호부조와 혼동하는 경우가 있다. 후자는 상호공제주의를 구성하는 하나의 특수한 사례에 속한다. 상호부조의 원칙의 하나는 (종종 공정한 비율을 적용하여 준비금을 마련하는 방식으로) 핵심 주주들, 즉 파산 가능성을 보다 적게 안고 있는 사람들이 소액 예금자를 도와야 한다는 것이다.

그래서 프레르 형제는 상호공제주의 원칙(이 원칙 아래서는 회원들이 조합의 경영자를 선출하고, 따라서 위계질서가 부재한다)으로부터 출발해,

소기업인들을 위한 은행을 만들기를 원한다. 상호공제주의 원칙에 의해, "생산자들"은 무위도식하는 자본가들로부터 확실하게 자유로워질 수 있을 것이다. 그런데 프레르 형제는 금융이 대형 산업을 위해서도 존재한다는 사실을 무시하거나 거부하지 않았던 것 같다. 우리는 이 사실을 주목할 필요가 있다. 이런 관점에서 본다면, 우리는 그들의 시도가 상호공제주의 기관의 원칙을 특징적으로 실천한 거라고 말할 수 있다. 이제부터 프레르 형제가 시도한 상호공제주의 기관의 특징과 관련하여 두 가지 사실을 주목해 보자.

프레르 형제는 자신들이 상호공제주의에 대해 갖고 있는 개념에 따라, 상호공제신용조합(SCM)을 다음과 같이 정의하게 된다. 그 기구는, 롤스가 말한 사회적 협력(이 경우, 기회 균등의 원칙을 준수하기 위해, 개인들이 기부한 걸 공동체 내에서 나눠 갖는 일이 중요시된다)과 상당히 유사한, 개인 주체들의 사회적 협력에 토대를 둔 경제적 실체다(롤스의 '사회적 협력'에 대해서는 이 책의 2부 서두에서 자세히 언급하고 있다: 옮긴이). SCM은 "시대의 진보와 필요에 부합하는 자유의 원칙에 기초하는 동업조합을 다시 구성하려는 시도로 인식할 수 있다. 이 조합은 평등의 원칙과도 조화를 이룬다." 따라서 프레르 형제의 시도는 자유의 원칙, 그리고 임금 노동자들 사이에서 위계질서를 없앤다는 평등의 원칙에 토대를 두고 있다. 이는 셀 수 없이 많은 고객들을 담당하는 현대의 금융 회사의 환경과는 다른 것이다.

우리에게는 프레르 형제의 정신과 원칙을 주목하는 것이 중요하다. 그것들은 점점 맹목적으로 효율성을 추구하게 되는 독점적 금리 시스템을 거부해야 한다고 강조한다. 독점적 금리 시스템의 목적은 대다수 회원이 인정하는 법을 지키거나 그들 사이에서의 상호부조를 형성하는 것이 아니다. 그 목적은 이전보다 지위가 나아졌고 성장하는 중산층 사람들과 금융적 관계를 맺는 것이다. 이러한 사실은 경제적 관점에서 수익을 덜 남기는 대출 서비스는 금융 영역에서 필연적으로 배제된다는 걸 가정한다.

그런데 이때 SCM의 경제적 생존 가능성을 생각해 볼 필요가 있다. 이 생각은 중요하다. 왜냐하면 코스Coase와 윌리엄슨Williamson의 작업을 토대로 구축된 전통적 기업 이론은 사회적 협력의 문제를 효과적으로 해결한다는 이유로 위계질서의 존재를 정당화하기 때문이다. 다른 말로 표현하면, 그들의 이론에 따를 때, SCM은 생존할 수 없고, 고전적인 은행에 대한 신뢰성 있는 대체 기관이 되지 못한다. 하지만 라마크리슈난Ramakrishnan과 타코르Thakor의 모델을 근거로, 우리는 (위계질서를 위한) 내부적 통제 없이 기능하는 SCM들의 모범적 사례를 정확히 제시할 수 있다. 현재까지의 논증은 다음과 같다. 즉, SCM은 업무를 상보적이고도 효율적으로 분담할 수 있는 조직이다. 왜냐하면 하나의 결과를 내놓기 위해서는 기술적 상호 의존 과정이 필요한데, 이 과정이 상보적 업무를 전제하고 있기 때문이다. 라마크리슈난과 타코르는 이런 상호 협력의 과정으로 형성된 경제적 조직체가 다양하게 운영되는 사례를 연구한다. 협력을 가능한 것으로 만들 때, 외부적 자극으로부터 자발적 노력에 이르는 몇몇 메커니즘을 만드는 것이 가능하다. 그런데 SCM의 회원들 사이에서는 상호 통제를 요구하지 않고, ‘평가적인’ 독려에서 ‘평가적인’ 노력으로 이어지는 메커니즘도 요구하지 않는다. 라마크리슈난과 타코르는 이를 “노력의 수평적 배분”이라고 부르는데, 이는 회원들이 각각 기능적 전문성을 소유하고 있기 때문에 가능하다. 이 경우, 프레르 형제의 경우처럼 상호공제주의의 원칙에 따라 SCM 회원들의 자주―훈련auto-discipline을 하나의 전제로 내세울 수 있을 뿐 아니라, 그것을 내재화하는 것도 가능하다.

따라서 이제는 프레르 형제가 다른 대출기관보다 더 유효한 기관으로 제시한 조직 유형인 SCM이 신뢰성을 가질 수 있을지를 시험해 볼 수 있다. 전통적인 은행보다 더 효율적인 상호공제주의적 금융 중개 기관의 특성을 내재화하기 위해서는 두 가지 조건으로 충분하다. 그러니까 전문 기술과 전문가 집단이 있으면 된다.

끝으로, 각 지부(각 지부의 일은 궁극적으로 차용인의 채무 상환 능력을 평가하는 일과 관련 있다)에서 시행하는 전全 과정에 대한 평가에서 일어날 수 있는 실수를 줄이기 위해서도 몇몇 전문적인 협력이 필요할 것으로 보인다. 그러니까 SCM 내에서는 각 부서에 전문가들을 배치하는 방식도 상호공제주의적이다. 모든 SCM에는 조합의 주식을 보유하고 그 협력의 정도에 비례해 보수를 받는 전문가들이 있다. 그런데 무엇보다도 차용인에 대한 SCM의 전문가 회원의 판단 때문에, 차용인에게 불리한 결정이 내려질 가능성이 적어진다(보다 자세한 내용은 Frank Yonnet의 연구들을 참조할 것).

지난 역사를 보면, 은행과 관련한 경제적 불평등의 상황이 최근에 일어난 일은 아니다. 그리고 경제 역학 내에서, 그리고 기업 활동 내에서, 금융이 근본적인 역할을 담당한다는 걸 발견한 것도 최근의 일은 아니다(생시몽주의 참조). 그런데 일반적으로 제시되는 해결책은 상호공제주의를 개발해야 한다는 것이다. 왜냐하면 그것을 통해 기업인들에 관한 정보를 보다 더 잘 알 수 있고, 그들에게 보다 적합한 방법을 제안할 수 있기 때문이다. 인류의 '역사'를 통해, 이러한 관점은 계속 존재해 왔다. 그런데 우리는 은행 제도와 관련하여 불평등이 형성되어 있는 동시에 시장이 불완전한 현 상황에서, 매우 이질적인 어떤 현상을 주목하게 된다. 19세기에 은행의 불평등은 구조적으로 생겨난 것인 반면, 오늘날에 그것은 본질적으로 전략의 문제다. 19세기에 서구에서 대다수 소기업인들에 대한 대출 서비스와 개발 활동을 막았던 주체는 금융권의 중심에 있던 일정한 수의 대부업자와 대출기관들(기득권자들)이었다. 소기업인들이 갖고 있던 문제가 무엇이었건 간에, 사실상 그들을 배제했던 주체는 대출 서비스 분야에서 독점권을 소유하고 있던 '대형' 은행들이었다. 사실, 기업인들은 사업의 성공 가능성에도 불구하고, 즉 "현금 유동성cash flow"에 대한 바람에도 불구하고, '대형' 은행들이 신용할 만한 공적 보증이 없었다. 대형 산업과 중형 산업을 지배한 상층 부르주아의 이익에 봉사한 지방 은행에서 이런 현상은 마찬가지였다. 사람들은 대출 서비스를 통해 산업 활동을 유도하는 일이 자본을 축적하고 생산성을 개선하는 데 기여한다는 사실을 이미 알고 있었지만, 이런 현상은 계속되었다(영국 산업혁명 당시의 자본 축적에 대한 Mondo Cameron의 작업 참조). 19세기에 은행의 불평등은 구조적인 것이었다. 사실상, 시장의 구조 내에, 소수의 이익을 위해, 그리고 '우두머리' 권력자에 봉사하기 위해 자금 대출을 관리하는 사람들이 있었다는 이유 때문에, 소기업들에 대한 자금 대출 서비스와 그들을 위한 개발 활동이 명백히 방해를 받았다.

이상에서, 프레르 형제가 제시한 상호공제주의가 어떻게 최근에 전개된 소액금융의 현대적 기원을 이루게 되는지 살펴보았다. 그라민 은행은 오늘날 협동조합 시스템을 갖춘 특수한 조직 형태로 운영되고 있다. 한편으로, 이 은행은 아주 낮은 채무불이행률(2%)을 기록하면서도, 보증 없이 소액 주주들에게 대출하는 데 성공하고 있다. 다른 한편으로, 회원 공동체의 삶의 수준을 높이는 데 성공하고 있다!

20세기

20세기에, 특히 1960년대와 1970년대에, 개발원조 기관과 개발도상국의 정부들은 특히 이자율을 낮추는 방식으로, 상당량의 재원을 영세기업을 위한 프로그램에 할당하기 시작했다.

이처럼 이자율이 낮은 대출금이라는 특수한 경우에 있어, 정책의 실패는 일반적으로 이자율이 시장의 그것보다 낮았다는 사실과 연관 있다. 그 결과, 대출 기금의 가치는 급속도로 하락했고, 대출 시행 기관들은 연달아 파산을 맞았다. 나아가, 이 프로그램을 시행한 기관들은 복지국가의 이상에 너무 빠져 있었다. 경영 수준도 종종 열등한 등급으로 떨어졌다. 결과적으로 채무이행률이 상당히 낮아졌고, 경영의 측면에서는 자기 훈련이 결여되었다. 더구나, 많은 정책 프로그램들이 원래의 취지와는 달리 가난한 사람들이 아니라 엘리트층을 위해 계획된 것처럼 보였다. 따라서 혜택을 받는 가난한 사람의 수는 아주 한정됐다. 금융 서비스를 다양화하려는 시도는 매우 야심적인 것이었지만, 시도를 하는 동안 매우 많은 비용이 들었다. 그 결과, 경상비가 종종 대출금 총액과 같거나 때로는 그보다 높았다. 많은 프로그램들이 실패했다. 이 프로그램들은 가난의 문제를 일부분이라도 해결하는 데 기여하지 못했다.

식민지에서 독립한 많은 개발도상국들은 특히 공공 은행을 설립하고 이자를 보조하는 방식으로 농민층을 도우려 했다. 하지만 고객주의(Clientélisme: 고객들로부터 인기를 끌려는 태도: 옮긴이)가 넓게 퍼진 금융 구조를 통해 경제를 개발한다는 건 아주 어려운 일이다. 결국, 소액금융이 이런 문제를 해결하기 위한 시도를 이어받게 된다. 이후, 개발 정책을 담당한 매우 많은 공공 은행들이 사라졌다.

이자율을 인하하는 공공 정책과 공적 보조금 정책의 실패 때문에, 1980년대에 사람들은 타성적으로 진행되던 대출 정책을 비판적으로 분석하기 시작했고, 그 결과 아주 적은 수입으로 살아가는 사람들을 위한 대체 금융 서비스 프로그램들이 비약적으로 생겨나기 시작했다. 정책 실패에 대한 자각으로부터 "금융 시스템에의 접근"이라 불리는 새로운 접근법이 태어났다. 그 접근법은 다음과 같이 요약할 수 있다.

가난한 사람들로 하여금 금융 서비스를 이용하게 하려면, (금융 서비스의) 공급과 수요 사이의 간극을 메울("간극 메우기gap to fill"의 개념) 금융 기관을 만듦으로써 지역 금융 시스템의 불완전성을 수정해야 한다. 이 일이 가능해진 이후부터는 소액금융기관과 은행들 사이에 얼마간의 협력 관계가 이뤄지게 되었다.

바로 이런 상황 속에서, 1970년대 중반과 후반에 남아메리카와 아시아에서 소액금융의 "현대적" 시도가 처음으로 나타났다.[1] 이때가 진정한 소액금융기관이 생겨나기 시작한 시기이다.

즉, 1978년에[2] 두 가지 독립적인 시도가 있었다. 최초로, 창업을 하려는 빈곤층에게 보증을 요구하지 않고 자본금을 대출하는 새로운 금융 섹터가 태어났다.

---

1. Sébastien Boyé, Jérémy Hajdenberg, Poursat Christine, 『소액금융 가이드Le guide de la Microfinance』, Édition d'Organisation, 2006.
2. 이 문단은 Revue financière(2006년 2월호)에 실린 플라넷 피낭스 의장 자크 아탈리의 글에서 발췌한 것이다.

첫 번째 시도는 방글라데시에서 이루어졌다. 지방의 치타공 대학의 경제학 교수이던 무하마드 유누스는 어느 날 42명의 여자들을 만났는데, 그녀들은 빈 의자를 메우는 데 필요한 짚을 사기 위해 고리대금업자들로부터 주週당 10%의 이율로 돈을 빌려야 했다. 그는 고리대금업자들로부터 벗어날 돈을 그녀들에게 빌려줄 은행을 어디서도 찾을 수 없었기 때문에, 직접 그녀들에게 몇 달러를 빌려주었다. 이 일이 일어난 직후, 무하마드 유누스는 수학여행을 떠나는 학생들을 이끌고 방글라데시의 마을들을 방문했다. 그들은 학교에서 멀지 않은 조브라에 머물던 중, 이 마을의 여인들이 경제적 악순환의 상황에 대해, 그리고 채무불이행 가능성을 이유로 전통적인 은행을 이용하는 일이 거의 불가능하다는 것(그녀들은 "돈을 빌릴 수 있는 케이스에 들지 않았다")에 대해 얘기하는 걸 들었다. 그녀들은 생계를 이어가기 위해 할 수 없이 고리대금업자들로부터 몇 푼 안 되는 돈을 빌렸다. 예를 들어, 한 여인은 대나무 의자를 만들어 팔기 위해 처음에 주당 10%의 이율로 15파이사(방글라데시·인도·파키스탄·네팔 등의 화폐 단위: 옮긴이)를 빌릴 수밖에 없었던 상황을 얘기했다.

아마도 무하마드 유누스는 해결책을 발견했던 것 같다. 우선, 그는 그의 서명을 보증으로 여인들에게 소액의 돈을 빌려줄 은행을 찾으려 했다. 그런데 은행들은 실제적인 보증이 없었기 때문에, 모두 대출을 거부했다. 그래서 그는 자신이 직접 42명의 키질하는 여인들에게 17파운드를 빌려주었다. 그는 빌려준 돈을 빠른 기일 내에 상환 받았을 뿐 아니라, 이러한 긍정적인 경험 때문에, 새로운 모델이 경제적으로 영속할 수 있는 최상의 가능성에 대해 깊이 생각했다.

1983년에 무하마드 유누스는 그라민 은행을 창설했다. 이 은행은 아주 가난한 사람들을 위한 은행이었고, 대출에 대해 어떤 공식 계약서도 작성하지 않았고, 또한 차용인들이 은행의 주식을 보유했다. "그라민"은 방글라데시어로 "마을"이나 "시골"을 의미한다. 은행의 주식을 보유한 대부분의 고객들이 마을 사람들이었고, 그중 96%가 여성이었다. 그라민 은행은 대출 시에 보증을 요구하지 않았고, 차용인은 공적인 계약서를 전혀 작성하지 않았다. 단지 각 고객은 5인으로 구성된 그룹들 중 하나에 속해야 했다. 이는 차용인들이 그룹 동료들의 통제를 따르는 윤리적 통제가 정착하도록 마련된 것이었다. 이 모험이 시작된 초기부터 채무이행률은 거의 99%에 이르렀다.

같은 시기에, 두 번째 시도가 이루어졌다. 세계 반대편에서 미국의 테니스 선수였던 조지프 블래치포드Joseph Blatchford가 악시온ACCION을 창설하였는데, 이 NGO의 목표는 가난한 사람들이 상호공제 활동을 하도록 그들을 지도하고 교육하는 것이었다. 블래치포드는 마을에 전선을 설치하고 학교와 마을회관을 짓기 시작했다. 이어서 악시온은 영세기업과 국제 원조 프로그램들을 지원하기로 결정을 내렸다. 이것도 커다란 모험의 시작이었다.

볼리비아에서는 프로뎀PRODEM(얼마 뒤에 방코솔BancoSol이 된다)이 창립됐다. 프로뎀은 셋이나 그 이상의 사람들로 구성된 그룹에 소액을 빌려주는 것으로 프로그램을 시작했다. 5년 후, 이 프로그램은 1인당 대출 서비스 건당 평균 273달러의 금액으로 13,300명 이상의 사업자들에게 총 2,700만 달러의 돈을 빌려주었는데, 그들 중 77%가 여성이었고, 채무이행률은 100%에 가까웠다. 1990년대 초에 프로뎀의 운영자들은 고객에게 예금 서비스를 제공하고 기관의 운영자금을 충당할 수 있도록 자본시장을 이용할 수 있는 지위를 얻기를 원했다(앞으로 설명되

겠지만, 대부분의 국가에서 비영리단체인 NGO는 예금을 유치할 권한이나 자본시장에서 영업할 권한이 없다. 이런 권한을 얻기 위해서는 국가의 인증 하에 비영리단체의 지위를 벗어나 영리단체가 되어야 한다: 옮긴이). 그래서 비영리단체에서 이탈해, 소액금융 분야에서 전문화된 예금과 대출 사업을 수행하는 민간 은행으로 전환했다.

따라서 1992년에 상업 은행인 방코솔이 프로뎀을 대주주로 하여 문을 연다. 방코솔은 주택비와 생활비에 대출을 시행했고, 기업을 설립하는 사람에게는 투자를 했다. 방코솔은 보석을 담보로 한 대출도 시행했지만, 그것은 예외적인 경우로, 방코솔은 그것을 부가적인 서비스로만 간주했다. 방코솔은 보통예금, 정기예금, 보험, 이체, 신용카드 서비스, 나아가 주주를 위한 서비스도 시행했다. 이 은행은 라틴아메리카의 소액금융 분야에서 모범적인 은행이 되었다. 방코솔이 아주 적은 손실만을 경험하고 또한 볼리비아의 전 금융기관들 중에서 가장 높은 수익률을 기록하고 있다는 사실은 놀라운 일이다.

이러한 경험은 소액금융 상품을 다양화하는 일이 이론적으로 만이 아니라 경제적으로도 가능하다는 사실을 보여 준다. 그런데 일반적으로, 소액금융기관이 금융 상품을 다양화하기 위해 변모하는 데는 2년의 시간이 소요된다. 방코솔과 같은 성공적인 결과는 부분적으로 2000년대에 소액금융기관들이 제휴나 인수 합병(M&A)을 통해 전통적인 금융 시스템 내로 통합될 수 있었기 때문에 가능했다.

같은 시기에, 아프리카에서는 톤티조합에서 영감을 받은 소액금융기관들이 설립됐다. 톤티조합은 수혜자들로 하여금 연대 그룹을 만들게 하기 때문에, 각 회원의 채무이행이 시스템적으로 보장된다. 무엇보다도 케냐의 K-Rep, 베냉의 파드므PADME를 예로 들 수 있고, 말리의 카포 기기뉴Kapo Giginew 같이 면화를 수확할 때 대출을 시행하는 협동조합들도 있다.

이때부터, 소액금융은 유명해지고 사람들의 관심을 끌게 된다. 세계 이곳저곳에서 수많은 기관들이 설립된다. 그중 몇 가지만 인용하면, 핀카Finca, 브라크Brac가 있다.

1997년에는 소액금융기관의 수가 2,000개를 넘어서고, 가난한 계층 중 760만 가구가 경제활동에 필요한 자금을 대출받으며 혜택을 입게 된다. 이러한 비약적인 발전 때문에, 무하마드 유누스와 소액대출 분야의 몇몇 주요 인사들은 소액금융의 발전을 주제로 대규모 회의를 열기로 결정한다. 그래서 1997년에 워싱턴에서 제1차 소액대출 정상 회의가 개최되고, 힐러리 클린턴, 스페인의 소피Sophie 여왕, 전 일본 총리 하타 츠토무가 모임을 후원했다. 137개국에서 참여한 3,000명의 사람들 중에는 방글라데시의 총리 세이크 하시나Sheikh Hasina, 당시 말리의 대통령이었고 현재는 아프리카연합 의장인 코나레Alpha Oumar Konare, 우간다 대통령 무세베니Y. K. Museveni, 모잠비크 총리 뭄바이P. M. Moumbai, 페루 대통령 후지모리Alberto Fujimori, 말레이시아의 아스마 Siti Hasmah 영부인 같은 인물이 있었다.

다국적 기관에서는 세계은행 총재인 제임스 울펜손James Wolfensohn이 참석했다. UNDP의 전임 행정관이었던 스페스Gus Speth, 유네스코 사무총장 마이오르Federico Mayor 등도 참석했다. 모두가 가난한 사람들을 위한 이 새로운 형태의 금융을 지지하기 위해 참석했다. 그 당시, 무하마드 유누스는 "이 회의는 금융의 아파르트헤이트 시대에 작별 인사를 하기 위해 마련됐습니다. 대출 서비스 사업은 단순한 사업이 아닙니다. 음식을 섭취하는 것과 마찬가지로, 대출 서비스를 이용하는 일은 인간의 권리입니다"라고 말했다. 그런데 무하마드 유누스에게는 앞으로 더 나아가는 일이 필요했다. 그러니까 소액대출도 정치인들의 관심사가 되어야 했다. 이 문제와 관련해서, 힐러리 클린턴이 소액대출을 지지했다. "소액대출은 개인에게 경제적 가능성을 열어주는 단순한 도구만은 아닙니다. 우리는 그것으로 공동체의 존재를 알게 되고, 우리에게 어떤 책임이 있다는 사실을 알게 됩니다. 우리나라의 경우, 소액대출을 시행한다는 것은 덴버나 워싱턴의 빈민구제사업 수혜자들의 운명이 우리의 운명과 연결되어 있다는 사실을 인식하는 걸 의미합니다. 세계적 차원에서는, 인도와 방글라데시의 사람들을 가난으로부터 벗어나게 하는 일이 세계 공동체에 긍정적 영향을 미치고, 또한 사람들로 하여금 미래를 믿게 만들어 민주주의가 성장할 수 있는 토대를 창조한다는 것을 이해하는 것입니다."

이 정상 회의가 끝날 때, 2005년에는 1억의 가난한 사람들에게 소액대출 서비스를 시행한다는 목표가 정해졌다. 이때부터 9년간의 대규모 캠페인이 시작됐다. 소액대출은 가난한 사람들이 자신의 존엄을 되찾도록 도움을 줄 것이다. 소액대출기관이 경제적으로 독립된 기관이 된다면, 그것은 수많은 고객의 삶을 개선할 수 있다. 그리고 오늘날 이 목표는 성취되었다.

오늘날의 소액금융

소액대출 정상 회의 이후로, 공식적인 은행권 바깥에 있는 고객들에게 가까이서 금융 상품과 서비스를 제공하는 기관들이 매우 크게 발전했다. 이 소액금융기관들은 상호공제조합, 협동조합, NGO, 인도주의적인 조합 프로그램, 국제기구 프로그램, 상업 은행의 자회사 등 아주 다양한 지위를 갖는다. NGO는 원칙적으로 기부금을 받거나 상업 은행으로부터 대출을 받아 자금을 마련한다. 상호공제조합의 경우, 영세사업자는 우선 예금자이고, 그 다음에는 예금자이자 차용인인 경우가 많다. 이 조합의 특징은 회원이 조합 활동의 수혜자라는 것과 영세사업자가 일반적으로 경영에 손수 참여한다는 것이다. 어떤 상호공제조합은 회원이 아닌 다른 고객이나 서민들로부터도 예금을 유치할 수 있다. 국가의 제도적 환경에 따라, 상호공제조합은 자유롭게 설립되거나 어떤 일정한 법적 규제 내에서 설립되고, 또한 정부의 재무부서나 금융 당국 등의 통제를 받기도 한다.

1997년에는 750만 명의 고객이 1,000개 이상의 소액금융기관을 이용하고 있었다. 오늘날에는 목표가 성취되었다. 현재 1억 1,300만 명 이상의 영세사업자 고객이 3,000개 이상의 소액금융기관을 이용하고 있다.

언급해야 할 사실이 한 가지 더 있다. 2006년 1월의 CGAP(Consultative Group to Assist the Poor, 개발도상국 국민을 원조하기 위해 33개의 공공 및 민간 원조 기관들에 의해 1995년에 설립됨. 출자 기관 컨소시엄. 소액금융기관을 지원하는 데 큰 역할을 맡고 있기 때문에 이 책에서 자주 언급된다: 옮긴이)의 연구에 따르면, 모든 금융기관을 합하여 약 5억의 빈민층 차용인이 있었다. 그중 84%가 아시아에 살고 있었는데, 50%는 중국과 인도 두 나라에서 살고 있었다. 그런데 그 5억 인구의 3/4에 이르는 사람들이 공공 금융기관의 고객이었고, 채무이행률은 매우 저조했다. 단지 1억 1,300만 명만이 소액금융기관을 통해 대출받은 영세사업자로 정의할 수 있는데, 그들의 기한 내 채무이행률은 ― 공공 기관들의 50% 대비 ― 98%였다.

소액금융기관은 능력Compétence, 특수화Spécialisation, 전문화Professional-isation의 면에서도 점진적으로 발전하고 있다. 25년 동안 많이 체계화된 소액금융기관은 현재 전문적으로 운영되고 있고, 상업 은행의 그것들과 비슷하지만 소액금융에 맞게 변형된 업무 과정과 정보 시스템들을 사용한다(이로 인해, 무엇보다도 상업 은행을 "대체할" 능력이나 지위를 얻을 수 있다). 과거에는 소액금융기관의 서비스 영역이 대개 경제활동에 대한 대출 서비스에 한정되었지만, 현재는 주택비·교육비 대출, 이체, 소액 예금, (질병·사망·자연재해에 대비한) 소액 보험으로까지 확대되고 다양화됐다.

세계 대부분의 소액금융기관들은 아시아에 있다. 그중 큰 기관들의 90%가 동아시아에 있고, 이 중 1/3이 방글라데시에 있다. 방글라데시의 경우, 그라민 은행이 대표적인 소액금융기관이다. 현재 3만 6천 개의 마을에 지점을 두고 있는 그라민 은행은 6백만 명 이상의 고객에게 서비스를 시행하고 있는데, 이 고객의 96%가 여성이다. 평균 대출 금액은 100달러(10달러를 대출하는 경우도 있다)이고, 대출금 상환율은 99%에 이른다. 그라민 은행은 특히 거리에서 구걸을 하며 생활하는 사람들에게는 낮은 이자율의 대출 서비스를 제공하고 있다. 이렇게 하는 이유는 특히 그들에게 담요와 모기장이 필요하기 때문이다. 42,000명의 걸인들이 이 프로그램으로부터 혜택을 받고 있다. 그라민 은행은 회원의 자녀들에게도 장학금을 지급하고, 상급 학교로 진학하기를 희망하는 학생들에게 대출을 한다. 인도에도 수많은 소액금융기관들이 있다. 중국에서는 소액금융이 이제 시작 단계에 있지만, 공공 협동조합들이 소액금융의 경영 기술을 도입하기 위해 노력하고 있다.

남아메리카의 경우, 최근에 멕시코에서 소액금융이 매우 크게 발전했다. 소액금융기관이 높은 이자율 때문에 아주 큰 수익을 얻을 수 있었기 때문이다. 상대적으로 오래전부터 소액금융기관이 진출한 볼리비아에서는 악시온이 소액금융의 세계적 네트워크 가운데서 가장 중요한 기관 중 하나가 되었다. 브라질에서는 이자율 상한제 때문에, 소액금융이 발전하는 데 있어 여전히 제약을 받고 있다.

아프리카의 경우, 정치적으로 안정된 모든 국가에서 소액금융기관을 찾아볼 수 있다. 예를 들어, 베냉, 세네갈, 말리, 케냐의 경우가 그렇다. 이외의 다른 국가들도 미래는 희망적으로 보인다. 마그레브(모로코 · 튀니지 · 알제리 등의 북아프리카 국가들을 통칭하는 프랑스어: 옮긴이)와 중동의 국가들에서도 소액금융이 발전하기 시작하고 있다. 소액금융이 놀라운 성공을 거두고 있는 모로코에서는 영세사업자 수가 전 아랍 국가의 영세사업자 수의 1/2 이상이나 된다. 이집트, 요르단, 팔레스타인에서도 소액금융은 빠른 속도로 발전하고 있다.

이런 모든 성과를 생각할 때, 지금은 소액금융의 성공을 이끈 상당수의 핵심 요인들에 대해 결론을 내릴 수 있다. 무엇보다도 정치적 안정, 권력으로부터 독립한 금융기관을 개발할 수 있는 능력, 이자율이 (종종 법적 이자율을 넘어설 정도로) 높게 유지되는 것을 허용하는 제도적 환경에 소액금융의 성공과 실패의 기준이 놓인다.

소액금융이 실제로 가난을 물리칠 수 있을까?[4]

가난

수익성 있는 소액금융 서비스를 보편적으로 개발하는 일이 가능하다면, 가난을 물리칠 수 있을 것이다. 또한 그런 식으로 소액금융을 개발하면, 상업 은행도 소액금융 영역에 관심을 갖게 된다. 이런 관점에 따르면, 아래에서 제시하는 몇몇 수치들은 우리로 하여금 소액금융을 시행한 맥락에 대해 다시 생각하도록 도와줄 것이다.

오늘날, 가장 부유한 상위 1%의 사람들이 벌어들이는 수익의 총액은 아주 가난한 하위 57%의 사람들이 벌어들이는 수익의 총액과 같다. 13억의 사람들은 하루에 1달러 미만의 돈으로, 30억의 사람들은 2달러 미만의 돈으로 살아간다. 8억 2,500만의 사람들(이 중 2억 명이 5세 이하의 어린이들이다)은 기아로 고통 받고 있다. 전 세계가 창출하는 수익에서 1/3만을 가져가고 전 세계의 자산 중 10% 이하를 소유하는 여성들은 동시에 전 세계 문맹 인구의 2/3, 가난한 인구의 2/3를 차지한다. 대개 그러하듯, 경제적으로 매우 어려운 상황에 있는 개인일수록 더 많은 장애를 경험한다. 가난한 사람들은 의료 시스템을 이용할 수 없기 때문에 정상적으로 일을 할 수 없고, 교육을 받을 수 없기 때문에 능력을 계발할 수 없고, 은행을 이용할 수 없기 때문에 생산 활동을 할 수 없다.

---

3. *Revue financière*(2006년 2월)에 실린 자크 아탈리의 글에서 인용.
4. www.undp.org 참조.

그럼에도 불구하고, 몇몇 지역에서는 가난한 인구가 감소하고 있다. 1980년부터 1990년까지, 하루에 1달러 미만으로 살아가는 인구의 비율이 전 세계 인구의 40%에서 21%로 줄었다. 1981년 이후로 중국에서는 1인당 국내총생산이 다섯 배 증가했으며, 절대 빈곤('절대 빈곤'은 하루에 1달러 미만으로 살아가는 수준을 말한다: 옮긴이) 상황에서 살아가는 사람의 비율도 64%에서 17%로 감소했다. 결론적으로, 앞으로 10년 동안에 하루에 1달러 미만의 돈으로 살아갈 사람의 수가 13억에서 9억 1,300만으로 줄게 될 것이다. 이런 추세는 러시아를 제외한 구 소비에트연방 국가들에서도 확인되고 있다.

이런 분명한 긍정적인 변화에도 불구하고, 아프리카 사하라 이남의 국가들에서는 극빈 인구의 수가 끊임없이 증가하고 있다. 2015년에는 하루에 2달러 미만으로 살아갈 사람들의 수가 4억 명에 이를 것이다. 그리고 현재의 추세가 계속된다면, 10년 후에는 전 세계 인구의 반에 가까운 사람들, 즉 약 40억의 사람들이 하루에 2달러 미만의 돈으로 살아가야 할 것이다. 나아가, 많은 사람들이 테러리즘이 가난을 악화시키는 만큼 가난도 테러리즘을 악화시킨다는 사실을 깨닫고 있다. 선진국에서는 가난 때문에 실업 문제가 더 가중되고, 신흥 국가에서는 많은 임금 노동자들이 가까스로 생활을 이어가고 있다. 마침내 기업인과 정치인들은 가난과 싸우는 일이 이윤을 창출할 수 있는 사업이라는 걸 이해하기 시작하고 있다. 사실상, 세계적 대기업들은 가난한 사람들도 경제활동의 시작 단계에서 조금만 도움을 받는다면, 많은 상품들에 대해 돈을 지불할 용의가 있는 소비자가 될 수 있다는 걸 깨닫고 있다.

그리고 초기에는 아주 가난한 사람들만을 대상으로 생산되지만, 차츰차츰 모든 시장에 파고들고, 마침내 모든 계층의 소비자들이 눈독을

들이는 아주 값싼 상품들이 등장하기 시작한다. 초기에 의복의 경우가 그랬다. 오늘날에는 신기술에 그러한 경향이 나타나고 있다. 세계 곳곳에서 저가의 휴대용 상품이 등장하고, 심지어는 무상의 출장 서비스나 원거리 서비스도 등장하고 있다. 앞으로는 거의 모든 사람들이 휴대폰을 소유할 수 있고, 음악을 값싸게 다운로드 받을 수 있다. 이러한 상품 시스템은 얼마든 다른 상품에도 적용될 수 있다. 자동차나 가공 농산물에 적용될 수도 있고, 조금 더 먼 미래에는 심지어 주택에도 적용될 것이다. 그 인구 규모 때문에, 가난한 계층은 이런 신기술 산업이 확장되는 데 있어 훌륭한 시장이 될 수 있을 것이다.

이런 경향은 금융의 경우에도 해당된다. 다음과 같은 사실이 명백해졌다. 그러니까 법적 규제를 받는 전통적인 금융기관과 소액금융기관들에게 적어도 이자율을 결정하는 일과 관련하여 자율권을 부여한다면, 금융권에서 근원적으로 배제되어 있던 가난한 계층의 사람들도 커다란 수익을 가져다줄 고객이 될 수 있다는 것이다. 그들을 위해 마련되어 있는 금융 서비스가 바로 소액금융이다. 처음에, 소액금융은 금융권 바깥에 있던 가난한 사람들이 사업 계획을 실천하기 위해 예금을 모으던 일종의 연대連帶 기술처럼 보였다. 하지만 그것은 크게 발전하여, 차츰 개발과 관련한 대출 서비스 분야에서 매우 큰 비중을 차지하게 됐다. 앞으로 소액금융은 세계 은행권에서 주요 구성 요소가 될 것이다. 그 사회적 영향이 실재하고 있고, 그에 대해 수혜자들이 갖고 있는 생각들이 아주 고무적이기 때문이다.

소액금융의 영향

가난은 삶의 환경을 악화시킨다. 음식의 질과 양은 불충분하고, 아이들은 학교에 가는 대신 가족의 수입을 보충하기 위해 일터로 내몰린다. 위생 조건도 대체로 악화된다… 가난한 사람들에게는 금융 서비스를 이용하는 것이 개발의 다른 구성 요소인 의료와 교육에 접할 수 있는 수단이다.

아주 가난한 사람들 중에서 8,100만의 사람들이 소액금융을 통해 대출 서비스를 받고 있다. 따라서 약 4억 1천만의 사람들이 소액금융을 통해 직·간접적으로 혜택을 입고 있다. 그 수는 영국, 프랑스, 독일, 이탈리아, 스페인, 네덜란드, 스위스, 노르웨이의 인구를 모두 합한 수치와 같다.

비록 아직까지 전 세계적인 차원에서 시행한 포괄적인 연구는 없지만, 지금까지의 소액금융에 대한 특별 영향 평가에 의하면, 소액금융에 의해 가난이 감소하고 있고, 아주 가난한 사람들이 금융권 내로 진입하고 있다.

예를 들어, 방글라데시의 농촌 지역에서는 가난이 감소한 요인으로서 소액금융이 40%의 비중을 차지하고, 그라민 은행 고객의 5%가 매년 가난에서 벗어나고 있다.

플라넷 피낭스가 모로코의 모든 소액금융기관들과 협력하여 시행한 영향 평가에 의하면, 소액대출은 모로코 사람들의 수익과 투자에 긍정적인 영향을 미쳤다. 소액대출은 가정의 생활비 지출에 대해서도 긍정적인 영향을 미쳤다. 끝으로 그것이 개인의 결혼에 미친 영향을 언급하면, 개인은 더 나은 조건에서 배우자를 선택할 수 있었는데, 이런 영향은 결과적으로 자녀의 양육과 교육에까지 영향을 미친다.

　나아가, 소액금융기관은 아주 가난한 사람들을 고객으로 하면서도, 경제적으로 자립하는 데 성공하고 있다. 실제로, 아주 가난한 사람들을 고객으로 하면서 자립에 성공한 소액금융기관들은 시장에서 최상류층의 사람들을 고객으로 하는 금융기관들보다 훨씬 더 효율적으로 운영되고 있다. 예를 들어, 방글라데시에서 300만 이상의 고객들 — 대부분이 매우 가난한 사람들이다 — 에게 서비스를 제공하는 ASA (Association for Social Advancement)는 세계에서 가장 효율적으로 운영되는 소액금융기관으로 인정받았다. ASA는 대출 금액 1달러당 3.5센트의 비용으로 대출 서비스를 시행할 능력을 갖고 있다. 마찬가지로, 방글라데시의 브라크BRAC는 취약 계층 개발 프로그램을 통해, 10년 동안 약 100만 명의 여성들에게 서비스를 제공했다. 그 여성들의 2/3가 절대 빈곤에서 벗어났고, 이제는 예전처럼 정부의 도움을 시급하게 필요로 하지 않는다. 그 프로그램에서는 수혜자 1인당 총 135달러밖에 대출하지 않았다.

　소액금융의 영향을 평가할 때, 방글라데시의 상황을 연구하는 것이 중요하다. 왜냐하면 '2006년 소액대출 정상 회의'의 최근 보고서에 따를 때, 방글라데시는 현재 소액금융 분야에서 가장 포화된 시장으로 간주할 수 있기 때문이다. 그런데 이런 포화 상태는 다른 나라들에서 일어날 수 있는 일을 예측하는 단순한 지표가 아니다. 조금 더 정확하게 말하면, "소액금융이 다른 나라들에서도 방글라데시에서와 같이 동일한 노력으로 적용될 때, 그곳들에서 일어날 일을 예측할 수 있는 지표"가 된다.

　'2006년 소액대출 정상 회의'의 최근 보고서에 의하면, 방글라데시는 초·중등 교육 과정에서 성의 평등과 관련한 개발 목표를 이미 달성했다. 출산율은 1970년과 2004년 사이에 가구당 6.4명에서 3.2명으로 감소했다. 같은 시기에, 5세 이하의 유아 사망률도 1,000명당 239명에서 77명으로 감소했다. 그리고 1만 3천 명 이상의 여성들이 지방의 공공 기관에서 일을 하게 됐다. 또한 같은 보고서에 따르면, 방글라데시는 유아 사망률에서는 이제 인도와 비슷한 비율을 보인다. 끝으로, 샤히두르 칸드커Shahidur Khandker(2005)는 방글라데시의 세 곳의 소액금융기관에 대한 심도 있는 연구를 통해, 농촌 지역에서 일반적 수준의 가난이 감소하는 요인에 있어 소액대출이 40%의 비중을 차지한다는 사실을 보여 주었다. 나아가, 저자는 소액대출에 의해 생겨난 소액 경제의 영향으로, 소액금융 프로그램을 이용하지 않는 사람들의 가난도 일반적인 수준의 가난의 경우에는 연간 약 1%, 극빈의 경우에는 연간 약 1.35%가 감소한 사실을 보여 주었다.

끝으로, 여러 사실들은 소액금융이 가난과 싸우는 역할만을 하는 건 아니라는 사실을 증명한다. 소액금융은 여성들이 교육에서부터 위생에 이르기까지 여러 계획을 실행할 수 있도록 지원하고, 그들이 사회적 결정에 참여할 수 있도록 만든다(여러 선거에 민주적으로 참여할 수 있을 만큼, 여성들의 상황이 개선된다). 사하라 사막 이남의 아프리카에 위치한 소액금융기관들은 직접 지원을 통해서나 아니면 전문 기관과의 협력을 통해, 말라리아와 에이즈에 관한 정보와 교육 프로그램을 제공하고 있다.

생산 활동에 참여하려는 영세기업

소액금융은 되찾은 얼굴, 역사, 존엄이다. 필리핀에서, 네 아이의 어머니인 카르멜리타는 가족의 생계를 이어나가기 위해 노력하고 있다.

그녀가 소액대출기관을 통해 처음 대출받은 돈은 60유로였다. 그녀는 대출받은 돈으로 지역 시장에서 가판대를 빌려 과일 장사를 시작할 수 있었다. 농부인 그녀의 남편은 대출받은 돈으로 농장의 생산성을 향상시키는 교육을 받을 수 있었다.

라쿠엘은 페루 여인이다. 책과 화장품 판매 사업을 생각한 그녀는 상품을 운반할 삼륜 자전거를 구입하기 위해 AMA로부터 465유로를 대출받았다. 그녀는 지금 매일 해가 뜨는 시각부터 오후 5시까지 헤르멜린다 시장에서 물건을 판다. 그러는 동안 그녀가 고용한 종업원도 도시를 돌아다니며 물건을 판다. 그녀는 "저는 이렇게 해서 제 사업 자금을 늘리고 아주 큰 수익을 남길 수 있었습니다"라고 고백한다.

젊은 세네갈 여인 펜다 케인이 갖고 있는 한 가지 기술은 재봉 기술이었다. 그녀는 (세네갈의) 프로페뮈PROFEMU에서 대출받은 38유로로 중고 재봉틀을 구입했다. 지금 그녀는 주위 시장에서 손수 만든 옷을 판다.

다섯 아이의 어머니인 글라디스는 적으나마 가계 지출에 들어가는 돈을 충당하기 위해 악덕 대출업자들에게 돈을 빌린 이력이 있다. 그녀는 (카메룬의) 보카데르VOCADER에서 대출받은 26유로로 밀가루 50kg, 식용유 8리터, 설탕, 효모를 구입했다. 이런 식으로 그녀는 모험을 시작할 수 있었다. 지금 그녀는 튀김을 만들어 주위로 팔러 다닌다. 그렇게 얻은 수입으로 그녀는 사업을 확장할 수 있었고, 보다 독립적으로 생활할 수 있었다.

가나의 발키수 아마두는 도로변에 있는 작은 가판대의 주인이었다.

석탄 화덕 옆에 놓인 가판대는 천으로 대충 덮어 놓은 단순한 탁자일 뿐이었다. 그녀의 하루 순수익은 수년 동안 81센트를 넘지 않았다. 수입을 올릴 수 있는 방법을 찾던 그녀는 1년 전에 OIGTB에 가입했다. 네 번의 대출을 받은 이후 발키수의 수입은 네 배 이상 증가했고, 그녀는 지금 하루에 4달러 이상을 번다! 이런 변화로부터 그녀의 아이들도 혜택을 입었다. 그녀는 수입을 효율적으로 관리하는 방법을 배웠다. 그녀는 이 수입으로 가족 생계를 이어나갈 뿐 아니라, 경제활동에 계속 투자한다. 그녀는 은행에 예금 계좌도 갖고 있다. 그러나 무엇보다도 그녀가 OIGTB를 통해 얻은 가장 중요한 건 되찾은 독립심이었다. 그녀는 "저는 남편이 실직해 있어도 생계를 이어나갈 수 있어요. 그리고 이제는 어려울 때마다 더 이상 주위 사람들에게 도와달라고 부탁할 필요가 없어요"[5]라고 설명한다. 발키수는 점점 더 큰 꿈을 갖게 됐다. 그녀는 가스레인지를 마련하겠다는 희망을 갖고 있고, 언젠가는 길가의 가판대에서 일을 하는 대신 한 가게의 주인이 될 수 있을 거라고 자신 있게 말한다.

소액대출이라는 동일한 모험을 둘러싸고 많은 얼굴, 역사, 대륙, 희망이 있다. 물론 다른 많은 경우와 마찬가지로, 개발의 세계도 유행을 경험한다. 소액대출도 그 법칙에서 벗어나지 않는다. 대체로, 소액대출은 개발도상국들이 경제적으로나 사회적으로 발전하는 데 있어 유일한 요인은 아닐지라도 한 가지 요인이라고 소개된다. 그리고 세계 곳곳에서 소액금융기관들이 설립되는 전례 없는 상황이 나타나고 있다. 그런데 고객이 어떤 기관을 선택하든, 소액금융 분야의 공통점은 기관과 고객 사이의 인접성을 중요시한다는 것이다. 이러한 인접성은

---

5. 2006년 소액대출 정상 회의에서 인용한 증언.

지리적 인접성을 의미하기도 하지만, 문화적 · 사회적 인접성을 의미하기도 한다. 우리가 앞으로 보게 될 것처럼, 이런 특성은 사실 이제 우리가 이해하고자 시도할 '비공식적인 것l'informel'의 개념과 직접 연관된다. 이제까지 언급한 소액금융의 모든 특성들은 시간이 가면서, 그러니까 영세사업자들이 제시하는 특별한 요구 사항들을 직접 접하고 이해하는 과정의 끝에 이르러 나오게 된 것들이다. 그리고 이런 과정은 종종 비공식적인 환경 내에서 이뤄진다.

이제부터, 소액금융이 경제 개발의 영역에서 맡았던 역할에 대한 토론이 학계에서는 어떻게 결론을 맺고 있는지 살펴보자. 이 토론을 이해하는 데 있어, "비공식" 섹터의 개념을 영세기업의 개념으로 바꾸어 소개하는 것이 흥미로워 보인다. 또한 영세기업에 금융 서비스를 제공하는 일에 있어서, 소액 자금에 대한 대출 서비스가 어떻게 필수불가결한 요소가 되었는지 보는 것도 흥미로워 보인다.

3. 이론

신화에서 현실로

이중성의 경제와 "비공식적인 것"의 신화

개발 경제를 둘러싸고 많은 토론이 있었고, 그중 무엇보다 "비공식 섹터informal sector"의 개념에 대한 토론이 가장 많았다. 이 개념은 우선 루이스Lewis와 토다로Todaro의 책에서 발견할 수 있고, 1971년 9월에 서식스 대학 주최로 열린 강연에서 하트Hart가 처음 소개했다. 이 개념은 부분적으로 국제노동기구International Labour Organization가 1972년에 제출한 보고서「케냐」에 의해 대중화되었다. 이 보고서는 당시 '비공식적'이라는 수식어를 붙일 수 있는 섹터의 존재를 설명할 기준이나 특성들을 특별 주제로 다루었다. 거기서는 '진입장벽의 부재,' '지역 자원의 활용,' '기업의 가족적 성격,' '소규모 사업,' '노동 의존을 우선시하는 기술,' '종종 공식 교육과정 외에서 획득한 기술,' '경쟁적 이지만 규제가 없는 시장' 같은 주제를 도출할 수 있다(ILO, 1972, 146; Lautier, De Miras, Morice, 1991, 105-6).[1] 보고서「케냐」이후로, 개발 경제

---

1. 더 자세한 내용을 위해서는 마르크 라비의『소액금융의 문제*La microfinance en question*』(Édition Luc Pire, 1999) 참조.

의 중심 현상인 "비공식적인 것"을 보다 잘 이해하기 위해 학계와 국제 기구들의 연구가 강화되었다고 말할 수 있다. 그런데 이 개념이 명백한 성공을 거두고 있음에도 불구하고, 그것이 얼마나 현실을 정확하게 설명하는지에 대해서는 충분한 언급이 없다.

우선, 용어와 관련한 문제가 있다. "비공식적informel"이라는 말은 영어의 "informal"을 서툴게 번역한 것이다. 영어에서 "informal"은 사실 세 가지 뜻을 가진다. "꾸밈없는, 형식적이지 않은," "공식적이지 않은, 비공식적인," "규칙에서 벗어난"이 그 뜻들이다. 그런데 프랑스어의 "informel"은 이 중 어느 뜻도 갖고 있지 않는 것처럼 보인다(영어의 "informal"과 철자가 유사한 프랑스어 "informel"은 일반적으로 '반反조형의'라는 뜻을 지닌 미술 용어였다. 프랑스어 "informel"이 '비공식적인'이라는 뜻으로 쓰이기 시작한 건 영어의 "informal"을 차용하기 시작한 1950년대 후반부터다: 옮긴이).

그리고 이 유명한 "비공식" 섹터가 실제로 존재하는지에 대해서도 많은 토론이 있었다. 어떤 사람들은 비공식 섹터가 실제로 존재한다고 주장하고, 로티에 같은 사람들은 비공식성은 섹터를 구성할 수 없다고 주장한다. 결론적으로 말하면, 이 주제에 관해서는 토론이 열려 있고, 원칙상 대립되는 두 가지 관점을 화해시키기 위해 많은 명제들이 제시되었다. 이후로 많은 용어들이 사용되었다. "공식적이지 않은, 등록되지 않은, 신고하지 않은, 은폐된, 배후의, 은밀한, 유사의, 대체의, 독립적인, 회색의, 수면 아래의, 지하의, 제2차의, 공존하는, 비밀의, 검은, 변칙적인, 주변부의, 비공식적인, 반反경제의"라는 표현들이 그것이다.[2] 몇몇 표현들이 선택된 사실에서 알 수 있는 건 "비공식적인 것"

---

2. Roubaud, 1994.

에 대한 시각이 널리 인정된 공식적인 섹터와의 관련 하에서만 정당화될 수 있다는 것이다. 우리는 한편으로는 모더니즘의 특성을 갖는 공적(공식적) 섹터를 갖고 있을 것이다. 이 섹터는 제도화된 자본주의 생산 체계(노동력의 이용, 임금 체제, 법적 제약 등)에 의지하고 있다. 그리고 다른 한편으로는 실제적으로 확인되지 않고 종종 "의심스러운" 것으로 간주되어 공식화의 과정을 진행시켜야 하는 활동 영역을 갖고 있을 것이다.

"비공식적인 것"의 개념을 구체화하기 위해 노력했던 수많은 저자들의 글에서 이런 식의 이중적 관점이 발견된다. 어떤 사람들은 국제노동기구의 보고서 「케냐」가 정립한 전통에서 영감을 받아, 많은 기준들을 토대로 이론을 만든다. 반면, 어떤 사람들은 세 가지 기준만으로, 즉 기업의 크기, 생산관계와 생산양식, 법의 적용 여부를 놓고 경제의 이중성을 정의하려 한다. 하지만 놀랍게도 여기서 비공식적인 경제의 정의와 관계된 토론은 끝난다. 이렇게 그 개념을 정의하는 것이 불가능하다는 것이 인정되는 것이다(Labie. 1999).

그런데 우리는 그 개념에 대해 다음과 같은 사실을 언급하는 것만으로 충분하다고 생각한다. 즉, 비공식즈인 예금과 대출은 화폐 그리고/또는 실물이 제도적 금융기관의 중개를 거치지 않은 채 누군가의 현금 자산(실물 자산)이 되거나 사업 자본이 되는 거시적이고 미시적인 경제과정이다. 이 과정은 합법적인 경제활동이지만, 공식적으로 기록되거나 규제를 받는 것이 아니고, 공식적인 금융기관의 활동 영역 바깥에서 이뤄진다. 그리고 이 모든 활동에서는 대출자(대출기관)와 차용인 사이에 인접성이라는 특징적인 현상이 나타난다.

그리고 비공식적인 경제는 그 존재의 여건과 관련하여 학계에서 가장 중요한 논쟁의 대상이 되기도 했다. 왜 비공식 섹터는 수많은 개발도상국들의 국내총생산에서 그렇게 높은 비중을 차지하는 걸까? 여기서 주로 세 가지 접근법을 통해 토론이 진행되는 것처럼 보인다.

노동시장 밖의 임금 노동자

이는 "구조주의로부터 영향을 받은" 해석이고, 개발에 관한 남아메리카의 사상과도 관련 있다(Roubaud, 1994; Gilbert, 1994; Marquez, 1994; Lautier, De Miras, Morice, 1991). 이때 "비공식 섹터"는 "공적 섹터"에 편입되지 않았으나 임금을 받는 노동자를 발견할 수 있는 섹터이다. 따라서 우리는 현대적 섹터가 버려둔 영역을 소위 생존 전략이라는 걸 전개하며 메우는 유사 경제의 발전 과정을 관찰할 수 있다.

지방에서 "도시 주변으로의" 집단 이주

이는 정통적인 해석이다(Lewis et De Soto). 이 중 첫 번째 해석은 비공식 섹터가 지방 사람들의 집단 이주 현상에 대한 반작용의 결과로써 생겨나는 것으로 본다. 그러니까 도시의 비공식 섹터는 공식 섹터로 옮겨 가는 과정에 있는 인구에 대해 노동시장의 제어장치 역할을 한다.

페루인 데 소토의 작업 이후 더욱 널리 알려진 두 번째 해석은 비공식 섹터가 불완전한 경쟁에서 생겨난 것으로 간주한다("간극 메우기"의 개념). 국가가 공식 섹터에 진입하려는 잠재적인 기업인에게 매우 많은 제약(행정절차, 법, 세금, 기업 설립에 필요한 시간 등)을 가하기 때문에 비공식 섹터가 생겨난다.

경제활동의 주체인 서민층

이는 라라에체아Larraechea(1993)와 니센스Nyssens(1994)의 "서민 경제"
접근법이다. 이 저자들은 하나의 경제주체인 서민층의 역할을 강조한
다. 사회적 · 정치적 · 경제적 · 문화적 현실 속에서 살아가는 서민층은
경제활동의 주체가 되고, 이렇게 함으로써 그들에게 특수한 형태의 사
회-경제적 조직을 발달시킨다.

비공식 섹터에 대한 사고의 변화

초기에, 비공식 섹터는 주로 두 가지 이유 때문에 도처에서 비난받았
다. 첫 번째 이유는 비공식 섹터의 성과가 미흡하다는 것이다. 이런 비
난이 가능했던 이유는 사람들이 비공식 섹터에 대해 경제적으로 불안
정한 서민을 착취하며 독점 이윤을 누리는 고리대금업자들로만 구성
되어 있다고 생각했기 때문이다. 두 번째 이유는 그 섹터가 세금을 내
지 않고 공공서비스 출자에 기여를 하지 않는다는 것이다. 따라서 목
적은 분명했다. 즉, 이 비제도적 섹터는 제거되어야 한다, 보다 정확하
게 말하면, "공식화"되어야 한다. 하지만 다음의 세 가지 논리를 근거
로 비공식 섹터에 대한 인식은 변화했다.

1. 공식 섹터와 비공식 섹터는 아주 많은 점에서 연결되어 있다. 많
은 공식 대출자(대출기관)들이 동시에 비공식적으로 대출을 하거나, 혹
은 많은 비공식 단체들이 재산을 공식 금융기관들에 예치한다.

2. 많은 연구들에 의하면, 어떤 경우에는 제도적 금융 서비스를 이용
하고 있는 사람들이 비제도적 금융 서비스도 이용하고 있는 것으로 나

타난다.

3. 제도적 금융 섹터가 개발됨으로써, 그 결과로 비공식 섹터가 감소
하였다는 사실을 보여 주는 연구는 아직까지 한 번도 없었다.

소액금융: 서로 구분하기 어려운 복잡한 현실들

공적 금융 대 사적 금융

방금 언급한 세 논리는 우리로 하여금 현실을 충분히 이해하게 만들
지 못한다는 이유로 많은 비판을 받을 수 있다. 그러나 두 가지 사실을
잊어서는 안 된다. 비공식적인 세계는 복잡하고, 각 국가의 고유한 상
황과 관련하여 그것을 연구할 필요가 있다.

실제로, 오늘날 "비공식적"이라는 용어는 아주 이질적인 현실들을
내포하고 있어, 일반적인 두 관점, 즉 섹터 구분과 거시경제학과 관련
된 관점만으로는 그 용어를 정의하기 어렵다고 말할 수 있다. 그리고
고용의 예만 들어보아도, 비공식 섹터가 지역적으로 얼마나 많은 고용
을 창출하는지 측정하기는 어렵다. 가트Ghate나 로빈슨Robinson 같은 저
자들은 심지어 "공식적/제도적 경제 대 비공식적/비제도적 경제"의
이분법을 거부하고, 대신 공식성과 비공식성을 어느 정도 연결하는 연
속적 입장을 더 선호한다. 이러한 맥락에서 볼 때, 개발 경제의 비공식
섹터에 대해 갖고 있는 과장된 낙관주의는 정당화되기 어렵다. 따라서
― 이제 언급하는 것이 우리의 두 번째 관점이다 ― 그 영역을 더욱 정

확하게 정의하는 일이 필요하다. 그 주체들은 누구인가? 우리는 문제의 어떤 측면을 연구하기를 원하는가? 무엇보다도, 그 섹터와 관련하여 기본적인 원리를 도출할 수 있는 변수는 무엇인가? 영세기업에 대한 연구가 다시 집중적으로 진행되는 것은 부분적으로 이런 질문들 때문일 것이다.

나아가, 이 변화가 이데올로기와 무관한 것이 아니라는 것도 이해할 필요가 있다. 마르크 라비의 의견도 비슷하다.[3] "이런 이데올로기를 선택하면서, 우리는 영세기업이 다른 기업들과 동일하게 금융 서비스를 이용할 수 있는 제도에 대한 연구를 필연적으로 우선시하게 된다. 우리는 종종 서민 경제와 연관하여 나타난 '대안적' 측면을 피하는 경향이 있었다. 그 결과, 명시적으로나 암묵적으로 기업의 논리를 따르는 대상에게 대출하는 조직에게는 관심이 집중되었지만, '상호 협력'의 논리를 지닌 조직에게는 상대적으로 관심이 집중되지 않았다."

소액금융에 대한 인식

우리는 지금까지, 어떻게 사람들이 비공식성에 대한 분석으로부터 출발해 다른 경제 주체가 있다는 사실, 그러니까 개발의 과정을 가속화하기 위해서는 지원을 받을 필요가 있는 영세기업이 있다는 사실을 인식하게 되었는지를 보여 주고자 시도했다. 초기에는 영세기업을 지원하기 위해 금융 서비스가 가장 중추적인 역할을 해야 한다고 명백하게 주장하지 못했다는 걸 주목하자. 그러나 시간이 흐르는 동안 사고에 변화가 생겨났고, 어떤 저자들은 생각을 더 밀고 나가, 금융 서비스

---

3. 더 자세한 내용을 위해서는 마르크 라비의 『소액금융의 문제 *La microfinance en question*』 (Édition Luc Pire, 1999) 참조.

와 함께 직업교육과 상품화가 핵심 역할을 한다고 간주한다.

그리고 로스 르빈Ross Levine, 아기옹Aghion, 데르미귀르크-쿤트Dermiguç-Kunt의 계속된 작업에서는, "경제 발전을 통한 금융 발전"과 그 역인 "금융 발전을 통한 경제 발전"의 역할에 대해 고찰하면서 소액금융이 다뤄진다. 여기서, 경제 발전과 금융 발전 사이의 인과관계에 대한 결론은 명확하지 않다. 하지만 오늘날에는 금융 발전을 통해 경제가 성장하는 단계로 이어지는 인과관계가 존재한다는 가설이 널리 받아들여지는 것처럼 보인다. 이와 더불어, 개발도상국에서는 경제가 발전하기 시작할 때 '금융의 이중성'이라 부를 수 있는 현상이 생긴다는 것도 인정되고 있다. 이런 생각은 소위 "매키넌-쇼McKinnon-Shaw 이론"이라 불리는 것에도 부합한다(매키넌과 쇼는 모두 1970년대부터 개발도상국의 금융 정책을 비판적으로 연구해 온 학자들이다: 옮긴이).

금융의 이중성은 금융 활동의 분리로 정의된다. 그 한쪽에는 제도화되고 공식화된 시스템이 있다. 이 시스템은 일반적으로 도시에 있고, 대기업이나 중간 규모의 기업이 이 시스템을 이용한다. 다른 한쪽에는 제도화되지 않은 비공식적인 시스템이 있다. 여기에는 공식화된 제도적 시스템에서 배제된 고객의 필요에 답하는 개인 대출자나 단체들이 있다. 공식(제도적) 금융과 비공식(비제도적) 금융으로 구별되는 대출 서비스 구조들의 이중성, 그리고 그 구조들이 각각 국가나 지역의 금융 활동에 기여하는 바에 관한 논의는 이런 '금융 활동의 분리'라는 관점에 따라 접근되었다.

더욱더 중요한 것은 경제 관련 저자들이나 국제기구들이 비공식적인 금융의 발전에 대해 갖고 있는 인식이다. 이미 강조한 것처럼, 지난

30년 사이에 그 인식은 크게 변모했다.

　우리는 처음에 고리대금업자와 정부의 불충분한 정책들로부터 출발했다. 그 다음, 공식 섹터와 비공식 섹터 사이에 복잡한 관계가 존재한다는 사실을 이해하게 됐다. 위공Hugon은 이런 복잡성의 이해를 돕는 도식을 제안하였다. 예를 들어, 공적 금융의 주체들은 부족한 자금을 충당하기 위해 아주 빈번히 민간 섹터를 이용한다. 그러나 개발도상국의 대다수 서민들에게 가장 크게 문제가 되는 것은 공적 섹터를 이용하지 못한다는 사실이다. 실제로, 공적 섹터가 대출 서비스를 시행하려면, 영세사업자의 채무불이행 위험을 관리할 특별한 모델을 만들어야 한다. 그러나 이렇게 하는 데 큰 비용이 든다. 아니면 공적 섹터는 공적 섹터에 의미 있는 수익을 가져다줄 기업주, 그러니까 훌륭한 영세기업만을 선택해야 한다. 그러나 이 방법으로는 당연히 금융 서비스의 불평등 문제를 해결할 수 없다.

　또한 대출 서비스를 받는 대신 단순히 예금 서비스만을 이용하기를 원하는 사람들이 많다. 하지만 이런 사람들도 종종 공적 섹터에 의해 거부당한다. 실제로, 전통적인 상업 은행의 입장에서는 수없이 존재하는 적은 액수의 계좌를 관리할 때 매우 많은 비용이 든다. 가난한 고객과 지속적인 관계를 맺는 일도 힘든 일이다. 종종 영세사업자는 전통적인 기관에서 요구하는 보증을 제시할 수 없기 때문에, 이런 모든 작업은 더욱 어려워진다. 더구나, 적은 액수의 예치금은 은행에 수익을 가져다주지 않는다. 많은 은행들은 영세사업자 같은 고객들로부터는 대체로 아주 미미한 수익만이 남는다는 걸 경험적으로 확실히 알고 있다.

　이런 이유 때문에, 영세사업자는 일반 은행을 거의 이용할 수 없다.

그러나 경제적인 이유 이외에도, 마찬가지로 아주 근본적인 최종의 장애에 대해 언급할 필요가 있다. 영세사업자는 지리적으로도 일반 은행의 지점을 이용할 수 없다. 사실, 사회에서 소외된 인구가 모여 사는 지역에는 거의 언제나 공식 금융기관이나 그 지점들을 찾아보기가 어렵다. 혹은 그 기관이나 지점들이 비록 그러한 지역에 있다 하더라도, 고객의 특수한 요구에 맞추어 업무 과정을 조정하길 원치 않는다.

따라서 단기적인 전망으로는 비제도적 금융권이 제도적 금융권으로 대체되리라는 건 거의 실현성이 없는 일이었다. 이 사실은 시간이 흐르면서 상당히 명확해지는 듯 보였다. 그동안 제도권의 금융기관은 제도권 밖의 금융기관을 통합하는 일에 흥미를 느끼지 않았던 것이다.

하지만 오늘날 비공식 금융의 특수성은 중요하게 인식되고 있다. 이와 더불어, 협동조합 운동에 대해서도 지속적인 관심이 나타나고 있다. 특히, 톤티조합에 대해 그렇다. 사람들은 톤티조합이 사회에 뿌리를 내리게 된 이유를 강조했다. 위공은 같은 이유에서 모스Mauss의 글을 인용한다. "사람들은 그곳에서 돈과 일을 나눈다. 그리고 음식도 나누어 먹고, 서로의 의식(특히 장례식)에도 참여하고, 우정과 충고의 의무도 주고받는다."

(르라르Lelart 같은) 다른 저자들은 어떻게 비제도적인 대출기관이 가난한 계층에게 혁신적인 금융기관이 될 수 있었는지를 강조해서 보여 주었는데, 그중 어떤 기관은 채권 매입, 단기 자금 융자, 장기 신용 임대차 같은 금융 서비스를 제공했다. 처음에는 제도권의 대출기관을 이용했지만, 나중에는 제도권 밖의 대출기관을 계속 이용한 몇몇 영세기업의 사례도 들고 있다. 마르크 라비가 주장하는 것처럼(1999), "사람들

은 다음과 같은 결론에서 차츰 도움을 받기에 이르렀다. 그러니까 비제도적인 대출 서비스는 곧 사라질 원시적인 형식의 금융이 아니라, 금융의 특수한 형식이다. 그 고유한 성격, 특히 차용인이나 예금자, 그리고 대출자(대출기관)나 예금을 유치하는 사람 사이의 밀접한 인접성 때문에, 지역 현실에 맞는 금융 메커니즘이 정착할 수 있다."

나아가, 비공식 금융이 실제로 기능하는 것으로 인정하는 사람들은 다음의 사실들을 제시했다.

- 비공식 금융 활동을 통해 보다 나은 정보에 근거하고, 이로써 위험에 대해 보다 정확하게 인식할 수 있다.
- 일반적인 방식의 보증을 이용하는 대신, 톤티조합의 경우처럼 적절한 사회적 통제 수단을 이용할 수 있다.
- 대출자(대출기관)와 고객 사이에 서로 관계를 맺는 능력이 생겨난다.

이 마지막의 경우에는, 중개 비용과 관련하여 실제적으로 효율성을 거둘 수 있다. 특히 금융기관의 업무 과정에 커다란 유연성이 도입된다. 그리고 우리는 오직 이 마지막 방식을 통해서만 금융의 이중성을 부분적으로 해소할 수 있을 것이다.

금융의 이중성

마리아 노바크는 그의 『부자들에게만 돈을 빌려준다*On ne prête qu'aux riches*』에서 시간이 흐르는 동안 금융의 이중성이 어떻게 경제의 이중성을 가중시켰는지 잘 보여 줬다. 사실 경제학자들은 금융 영역이 원래 현실 영역으로부터 분리되는 경향을 가지고 있다고 주장하지만, 우리에게는 이런 주장에 반대되는 주장도 살펴보는 일이 필요할 것이다. 노바크의 반론은 다음과 같다. "실제 경제활동을 하는 인구의 큰 부분을 차지하는 30억의 사람들, 즉 세계 인구의 반에 해당하는 사람들이 예금 서비스나 대출 서비스 같은 기본적인 금융 서비스를 이용하지 못하고 있다. 전 세계 금융 거래의 수가 상업 거래의 수보다 50배나 많은 시대에, 이런 상황은 완전히 시대착오적이며 불합리하다."

몇몇 자료에 따르면, 1인당 평균 대출 서비스 총액의 편차는 아프리카의 경우를 1로 할 때 선진국의 경우는 200~300에까지 이른다. 이 수치는 그 국가들 간 국내총생산의 편차보다 3~5배가 큰 것이다. 기업을 만들 때 대출받는 돈이, 비록 회계장부 상으로 부채이기는 하지만, 부의 원천이 된다는 사실을 이미 많은 저자들이 보여 주었다(특히 Philippe Aghion의 작업 참조). 이러한 편차는 학문과 교육의 관점에서뿐 아니라, 경제 개발과 불평등 해소에서 대출 서비스가 맡고 있는 역할에 대한 실제 연구의 관점에서도 불안한 측면으로 보인다(전체적인 이해를 위해서는 Ross Levine의 작업 참조).

이러한 경제의 이중성이 경제 개발만을 방해하는 것은 아니다. 보다 넓게 보면, 그것은 정치적 불안정의 근원이 되어 국내적으로나 국제적으로 갈등을 유발한다. 또한 그것은 개발도상국 내에서 실업 사태를 유발한다. 마리아 노바크는 계속 다음과 같이 지적한다. "1850년에 직접 쟁기를 끌며 농사를 짓는 아프리카의 농부와 말이나 소를 이용해 쟁기를 끌며 농사를 짓는 유럽의 농부 사이의 생산성 편차는 1:5였다. 오늘날, 아프리카의 전통적인 농장과 유럽에서 보조금을 받는 농장의 생산성 편차는 1:200이다."

따라서 우리는 다음과 같은 질문을 제기할 수 있다. 파종할 때, 비료와 장비를 구입할 때, 혹은 토지를 정비할 때, 돈을 대출받을 수 없는 상황에서 어떻게 농업 생산성의 편차를 줄일 수 있을까? 기본 장비를 구입하거나 운영 자금을 충당할 돈을 대출받지 못하는 상황에서 어떻게 영세기업을 경영할 수 있을까?

대출 서비스로 인해 영세사업자는 자녀들에게 교육을 받을 수 있는 소중한 기회도 마련해 줄 수 있다. 반대로, 영세사업자가 농기계나 재봉틀을 구입하는 데 필요한 돈을 대출받을 수 없다면, 분명히 자녀들이 생계에 보탬이 되는 일을 해주기를 바랄 것이다. 많은 가난한 가구가 자녀를 학교에 보내지 못하는 이유를 이렇게 금융의 이중성으로 설명할 수 있다. 끝으로, 오늘날 모든 정치인들은 이민을 최소화하기 위해 (개발도상국들의) 지역 경제를 개발하려는 생각에 매달린다. 그렇다면 서구형 개발 모델, 그러니까 제3차 산업과 서비스 산업을 수출하지 않을 수 없다. 이 경우, 은행의 대출 서비스가 없다면 그 성과는 실현성이 없다.

만일 이중적 금융 섹터에서 지역 기업인의 요구 사항에 더 부합하는 비공식 섹터가 큰 비중을 차지하고 있다면, 이런 지역의 시장이 서구 금융기관들에게 무제한 개방될 때 흔히 생겨나는 재앙적 결과에 대해서도 생각해 보지 않을 수 없다. 그런 상황에서 시장이 개방될 때, 대체로 금융과 관련된 불평등은 커진다.

실제로, 서구의 많은 국제 은행이 진입하면서 개발도상국에서 금융 제도의 위기를 경험한 경우가 자주 있었다. 스티글리츠가 그의 『거대한 환멸』에서 정확히 언급한 것처럼, "종종 외국 기업들이 지역의 경제 주체들을 무너뜨리는 또 하나의 영역이 있다면, 그건 은행 섹터이다." 저자는 미국 정부가 개발도상국들에게 금융시장 개방을 요구하며 자주 압력을 넣었다고 분명하게 지적한다. 많은 선진국들의 경우, 경쟁과 시장 개방과 관련한 이점은 분명 존재한다. 그러나 스티글리츠는 개발도상국들의 경우에는 이점보다는 사회적 파급효과와 다른 부정적인 영향이 훨씬 더 크다고 강조한다. "그럼에도 불구하고, 외국 은행들이 지역 은행권에 가하는 위협은 매우 현실적이다." 아르헨티나의 사례가 이를 증명한다. 2001년에 금융권이 위기를 겪고 붕괴되기 전에, 그곳의 은행 섹터는 외국 은행들의 손에 넘어갔다. 이후에 외국 은행들은 중소기업은 무시하고 다국적 기업과 지역의 대기업들에게 주저하지 않고 돈을 빌려주었다. 왜 그렇게 했을까? 외국 은행들이 자국에서 실행하던 전략을 아르헨티나에서도 실행한 것이다. 그들은 자의적으로 만든 규칙들로 채무불이행의 위험을 방지하려 했는데, 그 규칙들을 이루는 핵심 원칙은 수익성이었다. 나아가, 고객 프로필에 대한 데이터베이스를 활용해 서구 사회의 고객들로부터 최대한의 이익을 끌어내었던 외국 은행들은 개발도상국에서도 동일한 방식을 적용했다. 조지프 스티글리츠는 아르헨티나의 경우에 대해 다음과 같이 언급한다. "국가가 파산할 때, 성장의 부재(대출 서비스의 부재가 이 현상의 한 원인이다)가 결정적 역할을 했다. 아르헨티나의 경험은 몇 가지 근본적인 교훈을 제시한다. 국제통화기금과 세계은행은 건전한 은행 시스템의 중요성을 끊임없이 강조했다. [⋯] 그러나 문제는 건전한 은행이 없다는 것이 아니라, 성장을 위해 대출하는 건전한 은행이 없다는 것이었다. 아르헨티나는 그러한 은행을 가질 수 없을 때 거시경제가 매우 불안정해질 수 있다는 사실을 보여 주었다. [⋯] 볼리비아의 경우도, 외국 은행들이 거시경제의 불안정 요인이었다는 사실을 보여 준다."

외국 은행의 진입은 또 다른 문제를 유발한다. "중앙은행은 경제를 부양하기 위해 은행들로 하여금 대출을 늘리게 하거나, 혹은 그 역으로 경제가 과열되어 있다고 판단할 때 대출을 줄이도록, 소위 '창구 유도'라 부르는 영향력을 행사한다. 국내 은행들은 이 '창구 유도'에 민감하게 반응하지 않을 수 없다. 반면, 외국 은행들이 그런 신호에 응답하는 경우는 매우 드물다. 나아가, 소수 집단이나 소외된 지역이 불충분한 서비스를 받을 때, 국내 은행들보다는 외국 은행들로 하여금 그런 집단이나 지역에 대출 서비스를 시행하도록 이끌기가 더 어렵다. 가장 발달된 대출 시장을 갖고 있는 미국에서도 문제는 매우 심각했다. 그래서 지역공동체 재투자 법령(CRA: Community Reinvestment Act)을 마련하여 은행들로 하여금 서비스를 받지 못하는 사회 집단이나 지역에 의무적으로 대출하도록 했다. CRA는 비록 논쟁의 대상이 되긴 했지만, 가장 중요한 사회적 목적을 성취하는 데 중요한 도구가 되었다." 따라서 거시경제의 불안정을 유발하는 외국 은행들은 지역의 특수성을 고려하지 않을 뿐만 아니라, 나아가 지역의 전통적인 금융 시스템을 약화시킨다. 소액금융기관은 발전을 하는 동안 지역의 관습, 습관, 문화와 아주 조화로운 관계를 이루어 냈다. 그런데 그중에서 서구의 경영 방식을 얼마간이라도 받아들인 소액금융기관은 모든 계층의 사람들에게 적응하는 데 실패했다. 오늘날, 국제적 규칙에 따라 고객의 채무불이행 위험을 평가하는 경우에 이런 현상은 특히 두드러지게 나타난다.

고객의 욕구는 점차 다양해진다

소액금융이 생겨난 지 30년이 지났다. 다른 경제 분야와 마찬가지로, 소액금융도 상품을 다양화해야 한다는 법칙을 따랐다. 초기에 소액금융기관은 매우 단순한 상품을 만들었다. 대개 소액대출 상품이었고, 가능한 경우 여기에 이따금씩 예금 상품이 부가적으로 따르곤 했다. 상품 생명 주기의 경우에서처럼, (충실한 고객층이 형성되는 단계를 지나) 성숙기에 이른 소액금융기관은 상품을 다양화시키지 않을 수 없게 되었다(최극빈 계층 대출, 기본 생활비 대출, 주택비 대출, 자연재해 사후 대출 서비스가 생겨났고, 이전의 예금 · 소액 보험 · 지불 시스템[여기서 '지불 시스템'이란 고객이 현금이 아닌 다른 방식, 즉 어음, 수표, 신용카드 등으로 대금을 지불할 수 있도록 은행이 갖추어 놓은 시스템을 말한다: 옮긴이] · 이체를 보다 발전시킨 서비스도 있다). 소액금융과 관련된 몇몇 전문 잡지, 예를 들어 『작은 변화*Small Change*』 같은 잡지를 접하며 사람들은 차츰 '소액금융*microfinance*'의 '소액*micro-*'이라는 것에 일반 금융에서만큼 많은 리스나 파생 상품, 그리고 채권 예탁을 다루는 서비스를 포함한 여러 금융 상품이 포함되어 있다는 사실을 알게 되었다….

이 장에서는 소액금융의 기본적인 상품을 소개하는 동시에 그것들이 고객들의 특수한 요구를 만족시킬 수 있었던 이유를 설명할 것이다. 종종 대출 상품이 주요 상품으로 간주되기 때문에, 우리는 우선 주요 소액대출 상품부터 설명할 것이다.

대출 서비스의 발전

영세기업에 자금 대출 서비스를 시행하는 문제에 접근할 때, 가장 먼저 머리에 떠오르는 용어는 물론 소액금융이 아니라 소액대출이다. 사실, 우리는 소액금융에 관한 책이나 연구서들을 참조할 때, 소액금융에 관한 문제가 일반적으로 소액대출에 관한 문제로 귀결되곤 하는 현상을 금방 관찰할 수 있다. 하지만 소액금융의 구조적 진화 과정을 연구하다 보면, 항상 그런 것도 아니라는 사실을 금방 알게 된다. 첫 번째 이유는, 우리가 이미 언급한 것처럼, 종종 영세사업자가 소액금융기관으로부터 대출 서비스보다는 안정된 조건의 예금 서비스를 바라는 경우가 훨씬 많기 때문이다. 두 번째 이유는, 소액대출을 시행하는 기관의 경우에 고객들의 예금이 아주 훌륭한 자금원이 되기 때문이다. 특히 영세사업자를 주요 고객으로 두고 있는 기관이라면, 예금 서비스를 통해 수익을 올릴 수 있다. 이런 경우가 아니라도, 소액대출기관은 예금 서비스를 통해 채무불이행의 위험성을 줄일 수 있다. 이런 여러 이유들 때문에, 소액금융이 단순히 소액대출로 귀결되지는 않는다.

연대 대출

소액대출에 관한 논쟁이 어떻든, 소액대출의 최초 형식은 연대 대출이었다. 그 원칙은 다음과 같다. 차용인들은 유효한 보증이 없기 때문에, 일반적으로 5~10명이 모여 그룹을 만들어 서로에 대해 보증을 선다(여기서 '상호 보증'의 개념이 생겨났다). 만일 그 회원 중 한 명이 경제적 또는 건강상의 이유로 혹은 사고나 사망을 이유로 대출금을 상환하지 못하면, 그를 대신해 다른 한 명의 회원이나 회원 모두가 대출금을 상환해야 한다. 이 방법은 명백한 성공을 거두었다. 왜냐하면 보복이 두려워(여기서 '보복'이 무얼 의미하는지는 명확하지 않다. 다만 옮긴이에게는 상호 보증과 비非상호 보증을 비교하는 것으로 보인다. 일반적으로 소액대출에서와 같은 상호 보증이 없다면, 가난한 사람들은 보복이 두려워 강제적으로 보증을 서야 하는 상황이 생길 것이다: 옮긴이) 가난한 계층의 사람들이 확실하게 표현하지 못한 현실적 욕구를 이 방법이 충족시킬 수 있었기 때문이다. 1970년대 말부터 시작된 이 방법은 처음 실행되던 때의 단순한 모습 그대로 2001년까지 실행됐다. 이 연대 대출은 100%에 가까운 상환율을 보였을 뿐 아니라 (그룹을 만들 수 있는 사람들은 거의 대개 성실한 사람들이다), 그 대출 조건 때문에 소액금융기관의 거래비용도 감소했다(회원들의 상호공제 활동 때문에, 소액금융기관 직원의 노력과 시간이 줄어든다).

개인 대출

두 번째로, 개인 대출이 있다. 개인 대출은 연대 대출의 한계(연대가 깨질 위험, 개인의 생각보다는 그룹의 생각이 우선시될 위험, 회원들이 채무이행 때문에 서로를 감독하거나 견제하는 데서 생겨나는 거래비용, 반드시 그룹을 만들어야 하는 조건, 서비스 대상에서 경제적으로 가장 취약한 계층의 사람들이 배제될 가능성, 소액금융기관이 큰 대출금을 지불하지 못할 가능성 등) 때문에 개인 대출이 생겨났다. 개인 대출은 그 용어가 가리키는 대로 그룹이 아닌 개인을 대상으로 한 서비스이다. 연대 대출과 달리, 이 경우에는 무엇보다 확실한 보증이 요구되지만, 보증을 제시하는 과정은 항상 비공식적인 환경 내에서 진행된다. 그러니까 소액금융기관은 서류를 면밀하게 검토함으로써 차용인의 신용을 파악할 수도 있지만, 영세사업자와의 개인적 친분 관계를 통해 그렇게 할 수도 있다. 대개 고객은 몇 차례에 걸쳐 연대 상품을 이용한 사람이다. 개인당 대출금 총액도 더 많고, 상환 기간도 더 길다. 여기서 우리는, 금전적 보증이건 물질적 보증이건 인간관계의 보증이건 간에, 소액금융기관이 보증을 통해 개인의 채무불이행 위험을 평가하고 개인과 계약을 맺는 과정이 처음 시작되는 단계라고 볼 수 있다. 그럼에도 불구하고, 이러한 계약과 "공식화"의 초기 단계는 앞서 살펴본 비공식성의 맥락에 포함되어 있다. 따라서 소액금융기관과 관련하여 새로운 현상이라고 말할 수는 없을 것이다.

최하위 계층을 위한 대출

그라민 은행은 2003년 말에 특별히 거리의 걸인들을 위한 프로그램을 처음으로 실행했다. 이 '최하위 계층 프로그램Struggling Members Program'은 소액대출이 경제적으로 가장 어려운 상황에 있는 사람들에게도 유용할 수 있다는 걸 보여 주기 위해 시행됐다. 이 프로그램의 고객들은 연대 그룹을 만들거나 전통적 모임에 참석하라는 요구를 받지 않는다. 그러나 그들은 조언과 지지를 받고, 다른 고객들과 동일한 존중과 주의를 받는다. 일반적으로 그들은 500타카(방글라데시의 화폐 단위. 1타카 = 100파이사: 옮긴이)(미화 9달러)까지 대출받는데, 보증과 이자는 없다. 상환 시기는 탄력 있게 조정할 수 있고, 경제적 어려움에 처한 회원 자신이 상환 시기를 결정할 수도 있다. 그런데 차용인은 자신의 능력으로 대출금을 상환해야 한다. 구걸을 통해 얻은 돈으로 대출금을 상환해서는 안 된다.

이 프로그램의 목적은 우선 걸인들에게 경제적 능력을 부여한다는 것이다. 그러나 무엇보다도 그들이 스스로를 존중할 수 있도록 지원하는 것이 최우선의 목표이다. 그라민 은행은 걸인들을 지지한다는 실제적인 증거로, 은행 로고가 그려진 배지를 나눠준다. 그라민 은행은 그들 중 몇몇 사람을 위해 지역 시장들과 계약을 맺기도 한다. 회원은 은행이 계약을 맺은 시장에 가서 일정 금액만큼 물건들을 고른 다음, 그것들을 마을에서 판다. 은행은 회원이 물건 값을 갚지 못할 경우에 대

신해서 갚는다는 걸 보증한다. 회원은 빵, 사탕, 피클, 장난감 같은 물
건을 판다. 그리고 회원은 원하기만 하면 그라민 은행에 예금 계좌를
만들 수 있다. 이외에도, 차용인 사망 보험 프로그램이 있어, 회원이
사망할 경우에 그 가족이 대신 대출금을 상환할 수 있다. 이 경우, 가
족이 장례비용을 치르도록 그라민 은행은 긴급 기금을 이용해 유가족
에게 50타카를 지급한다.

그라민 은행은 이 회원들에게 이자 없이 이불, 양털 숄, 모기장, 우산
을 빌려주기도 한다. 회원이 구걸을 그만두어야 한다는 의무 조항은 없
지만, 많은 걸인들이 영세기업을 운영하기 위해 구걸을 그만두었다.

2004년 8월부터 910만 타카가 17,647명의 걸인 회원들에게 대출되
었고, 그중 260만 타카가 상환되었다. 87명의 회원이 구걸을 그만두고
독립된 회원으로서 그라민 은행의 차용인 그룹에 들어갔다. 큰 소액금
융기관들은 대개 이와 비슷한 프로그램을 시행하고 있는데, 이는 소액
금융과 관련된 가장 어려운 활동 중 하나로, 앞으로 그 진행 과정을 계
속 지켜봐야 한다.

기본 생활비 대출

기본 생활비 대출은 대개의 경우 식수, 전기, 자녀 교육 등 생활의 기
본적인 소비 항목에 대출을 시행하는 서비스다. 하지만 소규모의 경제
활동을 하며 고정적이지 않은 수입으로 생활하는 사람들, 그러니까 종
업원, 여성, 비공식 섹터의 임금 노동자들을 포함하여 사회적으로 보
호받지 못하는 사람들에게도 기본 생활비 대출 서비스를 시행해 줄 걸
요구하는 사례들이 생겨나고 있다.

두 가지 예를 들어 보자. 젤러Zeller(1999)가 인용하는 기본 생활비 대출의 첫 번째 예는 "마다가스카르의 쌀 은행"과 관련 있다. 국내에서 생산하는 쌀 가격은 세계의 쌀 가격에 따라 변동하기 때문에, 즉 수익에 편차가 생겨나기 때문에, 영농인은 이 기본 생활비 대출의 대상이 될 수 있다. 실제로, 마다가스카르의 농부들은 생활비를 충당하는 동시에 건기 때를 대비하기 위해 대출 서비스를 받는다. 이 경우, 농부들은 수확할 쌀을 보증으로 제시하는데, 쌀을 팔아 대출금을 상환할 수 있도록 쌀 가격이 오르기를 기대한다.

두 번째 예는 여성들에게 대출하는 인도의 SEWA라는 기구이다. 프랑스의 NGO인 CIDR(국제개발연구센터Centre International de Développement et de Recherche)가 개발한 모델에 따라 운영되는 이 마을 은행은 여성들에게 기본 생활비 대출 서비스를 실시한다. 이 서비스는 회원에게 시행되는데, 상호공제의 원칙 덕분에 다른 고객들이 예금한 돈으로 대출 자금을 마련할 수 있다. 이 기구는 여성들에게 임신 기간에는 대출금을 상환하지 않아도 되도록 허용하고 있다.

주택 관련 대출 서비스

아주 가난한 사람들을 돕는 방법 중 하나는 주택을 마련하도록 지원하는 것이다. 이 경우, 사람들이 오랜 기간에 걸쳐 주택을 짓기 때문에, 은행도 소액의 돈을 여러 기간에 걸쳐 대출한다. 이런 생각은 흥미롭다. 왜냐하면 서비스 수혜자들이 종종 주택을 수입 창출 공간, 즉 물건을 만들고, 저장하고, 거래 활동을 펴는 장소로 여기기 때문이다. 실제로, 한 번의 대출로 주택을 구입한 다음 오랜 시간에 걸쳐 대출금을 상환하는 일반적인 주택 구입비 대출 서비스는, 집을 오랜 기간에 걸쳐 완성하고 수입이 불안정한 가난한 사람들에게는 적합하지 않은 경우가 많다.

이 주제에 관심을 기울인 그라민 은행은 집이 없는 회원들(이 중 84% 가 여성이다)에게 대출 서비스를 실시하고 있다. 그 회원들이 대출금을 통해 지은 집은 확실히 작고 누추하지만, 비와 홍수로부터 안전하기 때문에, 방글라데시에서 가장 필요한 요소가 되고 있다. 대출금은 미 화美貨로 약 350달러 정도이며, 이자율은 5%이다. 차용인은 대출금을 받는 동시에 네 개의 콘크리트 기둥, 위생적인 타일, 26장의 지붕 철판 을 받고, 가족이 스스로 집을 짓는다. 이 프로그램을 시행한 첫 5년 동 안 4만 4,500세대의 집이 건축되었고, 대출금 상환율은 98%였다.

전반적으로 주택과 관련된 소액금융의 대출 서비스는 점차 발전하 는 중이고, 경제활동을 계속하는 가난한 사람들은 골조 작업, 새벽질 (일종의 건축용 흙을 벽에 바르는 작업: 옮긴이), 페인트칠, 문·창문·보호 창 살 설치 같은 작은 공사나, 집안의 여러 곳을 수리하고 벽·바닥·지 붕·상하수도 시설을 교체하고 태풍에 대비해 집을 재정비하는 일 같 은 큰 공사의 비용을 위해서도 이 서비스를 이용한다. 욕실·부엌·방 을 추가하거나 새로운 작업장을 짓는 공사를 할 때도 이 대출 서비스 를 이용한다. 어떤 사람들은 이 대출 서비스를 통해, 주택 내에 재봉실 이나 목공 작업실을 만들 수 있었다.

경우마다 다르지만, 주택 관련 대출 총액은 보통 일반 대출 금액보다 2~4배 높다. 주택을 정비하는 경우에는 상환 기간이 대개 2~24개월이 고, 토지를 취득하거나 주택을 짓는 경우에는 상환 기간이 2~5년이다. 이자율은 일반 대출의 이자율과 같거나 그보다 조금 낮다. 이 대출 서 비스의 대상이 되는 고객은 저임금 노동자, 도심에서 활동해야 하는 영세사업자, 혹은 경제적으로 아주 어려운 상황에 있는 사람들이다. 나아가, 일반적으로 정부 기관들도 수입이 낮은 사람들에게 주택 보조금을 지원한다. 이 경우, 소액금융의 주택 관련 대출 서비스는 정부의 보조금을 보충하는 기능을 한다. 끝으로, 대부분의 개발도상국에서 가난한 가구들은 자신들이 소유한 땅의 임자라는 걸 증명할 공식 증명서를 갖고 있지 못한 경우가 많다. 따라서 지역적으로 가난한 사람들의 토지 소유권·이용권·개량권을 보증할 국제적 법률을 마련하는 일이 필요하다.

자연재해 혹은 군사적 분규와 관련한 대출 서비스

소액금융기관은 재해가 일어나는 경우에는 종종 유동성 위기에 직면한다. 고객들이 대출금을 상환하지 못하거나, 정기적으로 예금하는 것을 중단하거나, 혹은 계약 기간 전에 예금액을 인출해 가고, 응급 상황이나 재해 복구와 관련한 대출 신청은 봇물을 이룬다. 처음의 두 사례는 '유동성 감소'의 사례이고, 나중의 두 사례는 '지불금 증가'의 사례이다.

이런 맥락에서 본다면, 소액금융기관이 위급한 상황에 사용하기 위해 자금을 사전에 비축하는 일이 중요하다. 소액금융기관은 이런 사전 조치를 통해, 갑작스런 예금 인출로 인해 생길 자금의 부족분을 보충할 수 있을 것이다.[4] 이를 위해 몇 가지 전략을 생각해 볼 수 있다. 첫 번째는 새로운 고객을 끌어들이기 위해 노력하는 것이다. 예를 들어, 서비스 대상 지역을 지리적으로 확대하거나 고객층을 보다 다양한 범

---

4. IMF, 『자연재해 이후의 유동성 문제 *Liquidity Problems After a Natural Disaster*』, MBR Rapid-Onset Natural Disaster Brief No. 5, p. 3.

위로 넓힐 수 있다. 다른 방법은 재해 대출 펀드Disaster Loan Funds(DLFs)
를 만드는 것으로, 종종 기관의 자금 출자자들이 추천하는 방식이다.
우선 출자자들이 내는 돈으로 그 자금을 만들 수 있고, 이어서 소액금
융기관이 유동성 위기 때를 대비해 이 펀드를 관리한다. 하지만 지금
까지 아주 소수의 기관만이 이런 유형의 펀드를 개발했다.

자연재해 이후의 응급 지원

종종 자연재해가 일어난 이후에는 새 금융 상품을 만들어야 하는 상
황이 발생한다. 파괴된 자재를 교체하는 일과 관련 있는 상품은 주로
실물 자산을 교체하거나 복구한다는 명확한 목표가 있는 중기 대출 상
품이다. 일반적으로 1년간에 걸쳐 대출금을 지불하고, 상환 기간도 여
러 기간에 걸쳐 나뉜다. 이자율은 보통 수준이다. 이때, 차용인의 과채
무 위험을 방지하기 위해 시기를 정하는 일이 중요하다. 특히 재난이
일어난 직후 6개월 동안에는 이런 종류의 대출금을 제공하지 않아야
한다. 이 대출금은 일단 응급 사태가 지나가고 파괴된 지역이 정확히
복구되는 단계에 들어섰을 때, 지급해야 한다.

주택을 재건하는 일과 관련한 상품도 있다. 이 새로운 소액금융 서비
스는 이자율이 보통 수준이고, 만기가 중기인 대출 서비스다. 이 경우
애는 차용인이 새로운 부동산 자산을 획득하는 것이 목적이지만, 토지
와 관련되지 않은 동산 자산을 구입하는 경우에 시행하기도 한다.[5]

방글라데시 같이 주기적으로 피해가 일어나는 지역에서는, 소액금
융기관이 재난 피해를 입은 사람들을 안정시키고, 그들이 수익 창출

---

5. Pitt, Mark, 『재해의 영향을 완화시키기 위한 소액금융 이용하기 *Using Microfinance for Disaster Mitigation*』, p.2.

활동을 계속 할 수 있도록 개입해야 한다. 이때 농업과 비농업 분야 사이에서 활동을 결정해야 하는 문제가 생길 경우가 있다. 만일 해안 근방의 넓은 농지가 소금물에 오염되었다면, 농업을 대체할 수익 창출 활동을 개발하는 일이 문제에 대한 답이 될 수 있다. 이 경우, 장비와 동물들을 구입하고 집을 복구하도록 대출 서비스를 제공하는 일이 필요하다.

무엇보다도, 예금 상품은 피해가 발생한 지역의 소액금융기관들이 경제적으로 자립할 수 있게 하는 자금원 역할을 한다. 모든 고객들에게 의무적으로 예금을 들도록 프로그램을 마련하면, 일단 재해 복구 단계가 시작된 이후에도, 소액금융기관이 오랜 기간에 걸쳐 유익한 결과를 얻을 수 있다. 자연재해가 일어난 이후에 의무 예금액을 대출 자금으로 전환시키고, 대출금 상환 만기일을 고정시키고, 예금액이 이전의 수준을 회복할 때까지 고객들에 대한 이자 지급을 늦추면, 유동성 위기를 해소하는 데 부분적으로 도움이 될 수 있다.[6]

그리고 대부분의 대출 포트폴리오는 단계적으로 가중치를 두어 사용해야 한다. 한 소액금융기관이 여러 지역의 다양한 고객들에게 대출하는 경우, 가장 큰 피해를 입은 고객들에게 먼저 대출 서비스를 시행하는 것이 유익한 해결책이다.[7] 확실히, 이 경우 소액금융기관의 수익은 감소할 것이다. 하지만 소액금융기관은 피해를 입지 않은 지역의 고객들에게 지불한 대출금에서 생기는 정기적인 수익으로 균형을 유

---

6. 『자연재해를 대비한 의무적 예금 이용하기 *Using Compulsory Savings for Natural Disaster Response*』, MBR Rapid-Onset Natural Disaster Brief No. 3, p. 1-3.
7. 『자연재해 이후의 대출 재조정 *Loan Rescheduling after a Natural Disaster*』, MBR Rapid-Onset Natural Disaster Brief No. 1, p. 1-4.

지할 수 있고, 계속 활동할 수 있다.

대출금 상환 스케줄을 조정할 때의 이점은 무엇일까? 상환 스케줄을 연장하는 경우에는, 이자와 원금 지불이 늦어지기 때문에 단기적으로는 추가 비용이 들어간다. 그럼에도 불구하고 대출금 상환 스케줄을 조정하면, 미래에 고객이 채무를 포기하는 상황을 피할 수 있다. 실제로, 상환 스케줄 조정에 의해, 고객들은 연체에 대한 추가적인 심리적 부담 없이 경제활동을 "재개"할 수 있다. 나아가, 상환 스케줄을 조정하는 일은 소액금융의 연대 원칙에도 부합한다.

재해로 어려움을 겪는 사람들을 도울 수 있는 다른 흥미로운 방법은 현물을 대출하는 것이다. 예를 들어, 안전한 식생활을 영위하게끔 씨앗이나 새싹을 빌려주는 것이다. 이렇게 가장 기본적인 농작물을 제공함으로써, 소액금융기관은 큰 피해를 입은 지역의 고객들에게 추가 자금을 대출하지 않는 대신 안전한 식생활의 수단을 마련해 줄 수 있다.[8]

재해가 일어난 직후, 집을 잃고 물과 음식이 결핍된 지역 사람들을 가장 먼저 발견하는 기관은 일반적으로 현장의 소액금융기관이다. 가장 먼저 사람과 동물들을 안전한 장소로 피신시키고, 가족의 임시 거처를 마련하려는 사람들을 돕고, 식수와 함께 곡물이나 (부엌이 없는 경우) 음식을 제공하는 일을 맡는 기관도 소액금융기관이다. 심지어, 소액금융기관의 직원들은 응급 구조대가 도착하기 전에 구강소독제나 정수淨水된 물을 나눠 주는 등의 기본적인 의료 조치를 취하고, 가까운 의료 기관과 연락을 취하고, 어떤 경우에는 응급 백신을 제공하기도

8.『소액금융기관 고객에 대한 비금융 응급 서비스*Non-Financial Emergency Services to MFI Clients*』, MBR Rapid-Onset Natural Disaster Brief No. 4, p. 2.

한다.

　비상 단계가 거의 지나가면, 어떤 소액금융기관은 고객들이 최소한의 식생활 수단을 확보하도록 마지막 지원금을 지불하는 동시에 종자나 묘목들을 나눠 준다. 비록 이런 서비스들이 "재건 활동"에서 초보적 단계를 형성하지만, 사람들로 하여금 일정 수준의 식생활 수단을 확보하게 한다는 의미에서 이 서비스들은 결정적으로 중요하다. 이런 지원 활동에 사용되는 총 자금 중 약 13%를 IMF가 지원한다. 그 대부분(86%)은 기부금이고, 지역 정부가 자금을 지원하는 경우는 매우 드물다. IMF는 비상사태가 발생한 초기에 우선 자신의 기금을 사용한 다음, 나중에 상환금을 받거나 국제사회의 기부자들로부터 추가적인 지원금을 받기도 한다.

　1998년에 방글라데시에서 홍수가 발생했을 때의 그라민 은행의 경우를 예로 들어보자. 당시 그라민 은행은 주요 지점의 48%, 즉 전 고객의 52%가 피해를 입었다고 추정했다. 그라민 은행의 직원들은 재해가 발생한 즉시 피해 지역을 확인하고 고객들이 필요로 하는 걸 파악하기 위해 배를 타고 이동했다. 그라민 은행은 재난을 입은 사람들에게 식수 · 식염수 · 백반 · 정수를 나눠 주었고, 음식 · 의료품 · 옷을 구입하도록 돈도 나눠 주었다. 그리고 회원과 그 가족들이 치료를 받을 수 있도록 의료팀을 현장에 배치했다. 재해 상황이 끝났을 때, 그라민 은행은 그라민 크리시 재단Grameen Krishi Foundation과 함께 50만 개의 채소 씨앗을 제공했다. 그라민 은행은 회원들에게 밀, 감자, 양파, 겨자 씨앗을 제공하며 식품 은행 역할도 했다. 그라민 은행은 이런 활동을 진행하면서, 대출 상환 스케줄 조정 · 예금 동결 해제 · 주택 복구비 대출 같은 소액금융의 일반적인 서비스들을 제공하는 일도 병행했다.[9]

다른 예를 든다면, 니카라과의 프로무헤르ProMujer는 1998년에 태풍 미치Mitch가 발생했을 때 재난 상황에 개입했다. 당시에 아주 큰 피해를 입은 지역의 그룹들(각 그룹들은 30명의 여성으로 구성되어 있었다)은 대출 상환 스케줄이 조정되었다. 그래서 각 그룹마다 약 2/3의 사람들이 빠른 시일 안에 활동을 재개할 수 있었고, 그녀들이 원래 세운 계획대로 대출금을 상환했다. 나머지 1/3의 사람들은 조정된 시기대로 대출금을 상환했다.

우리는 쓰나미의 문제도 생각하지 않을 수 없다. 당연히, 다음의 사실을 지적해야 한다. 인도의 타밀나두Tamil Nadu가 쓰나미로 피해를 입었을 때 "쓰나미 사후 재건 프로그램"으로 그 지역의 마을이 복구될 수 있었다. 이때, 플라넷 피낭스와 소액금융기관 BWDA가 함께 그 프로그램을 지원하고 실행하는 데 참여했다. 90세대의 주택이 건축되었고, 피해를 입은 55세대의 주택이 정비되었다. 집을 옮긴 145세대의 사람들과 수백 명의 간접 피해자들(영세사업자들, 공동체 사람들 등)을 위해 10만 유로의 예산으로 7.5헥타르의 토지를 매입했다.

사실, 이러한 개입 활동의 성공 여부는 행동 시기에 달렸다. 소액금융기관이 빠르게 대응한다면, 크게 피해를 입은 지역에서 보다 빨리 "자리를 잡은" 다음, 신속히 긴급 대출과 "식품 대출" 서비스를 제공할 수 있다. 결론적으로, 적합한 출자 기관이 자금을 지원하고, 소액금융기관이 초기에 충분한 수준의 유동성을 갖추고, 그 직원이 긴급 상황에 대비해 교육을 받고, 기관이 현지에 파견된 구호 기관들과 협력한

---

9. USAID, 「소액금융기관 고객에 대한 비금융 응급 서비스Non-Financial Emergency Services to IMF Clients」, MBP Rapid-Onset Natural Disaster Brief, Technical Tool Briefs for Natural Disaster Response.

다면, 지금까지 언급한 유형의 해결책들은 전적으로 실행 가능하다.

요약해서 말하면, 긴급 대출금은 재난이 일어난 직후와 긴급 지원을 하는 기간(재난이 일어난 이후 6개월의 기간)에 지원하고, 기존 고객의 경우에는 대출금과 이자 상환 스케줄을 조정하는 것이 적합하다. 일단 복구가 시작되면, 소액금융기관은 현장 활동에 개입할 필요가 없을 것이다.

정치적 분규

소액금융기관이 내전이나 국제적인 분규가 발생한 지역에 개입할 때도 있다. 이 경우, 소액금융기관은 지역 사람들이 경제활동을 재개하는 순간에 중요한 역할을 한다. 예를 들어, 우간다에서는 전쟁 후에 설립된 UMU(우간다 소액금융연합Uganda Microfinance Union)와 다른 기관들을 통해, 소액금융이 경제적으로 중요한 역할을 했다. 소액금융기관의 도움으로, 주거 공간을 다시 얻은 사람들과 여러 구역(특히 "루웨로 삼각지 Triangle de Luwero")에 피난해 있던 사람들이 소로티Soroti와 쿰Kum에서 함께 살 수 있었다.[10]

영세사업자들에게 정치적 분규의 영향은 매우 크다.[11] 경제활동은 둔화되고, 심지어 중단되기도 한다. 시민의 건강과 복지도 영향 받고, 인구 이동 경향도 증가한다. 시민이나 무장 대원들이 상대측 군인과 전투를 벌이는 동안, 지역의 인프라나 천연자원들은 상당히 파괴되거나 고갈된다. 정치적 분규가 일어난 기간과 그 이후의 여러 기간 동안

---

10. The Post-Conflict Microfinance Group, 「전쟁이 발발했을 때의 소액금융의 올바른 참여 원칙Towards good practice principles FOR MICROFINANCE in war-affected Contexts」.
11. 같은 글.

이런 상황이 반복적으로 발생한다. 따라서 소액금융기관은 활동이 크게 위협받거나 불가능해진다. 이런 이유 때문에, 우리는 삶의 여러 위기(자연재해, 이혼, 실업, 건강…)에 대응할 최선의 안전망에 대해 생각하게 된다. 따라서 예금, 이어서 보험의 문제에 대해 생각하지 않을 수 없다.

예금 서비스의 발전

소액금융에서 예금 서비스의 뿌리는 톤티조합(공동으로 예금을 소유하는 사람들의 조합)이나 가르드-모네garde-monnaie(일반적으로 개인 대출자는 예금 서비스는 시행하지 않는다. 하지만 개발도상국에서는 이따금씩 개인 대출자가 동시에 예금 서비스를 시행하는 경우가 있는데, 그러한 개인 대출자를 '가르드-모네' 라 부른다. '가르드-모네' 는 대개 한 마을에서 책임감이 강하다고 인정된 사람이고, 따라서 은행을 이용할 수 없는 개발도상국의 사람들은 가르드-모네를 돈을 안전하게 믿고 맡길 수 있는 사람으로 간주한다: 옮긴이)로 올라간다. 그런데 많은 국가에서 소액금융기관은 법적으로 고객에게 예금 상품을 제공할 권한이 없다는 걸 알 필요가 있다. 예금 상품에 대한 아주 많은 수요가 존재하는데도 불구하고, 이처럼 상황이 변하지 않는다. 종종 예금 서비스를 실행할 수 있는 권한은 엄격하게 법적 권한을 부여받은 몇몇 기관에 한정된다. 그래서 소액금융기관이 예금 서비스를 실행한다면, 사실상 이는 불법이다. 따라서 이 경우의 해결책은 볼리비아의 프로무헤르처럼 법적으로 허가를 받은 금융기관과 제휴를 맺는 것이다. 그런데 이를 위해서는 보다 나은 수행 능력과 경영 기술이 필요한데, 이따금씩 소액금융기관들은 이것들을 결여하고 있다.

따라서 어떤 소액금융기관들은 예금 상품을 제외한 다른 상품을 개발한다. 실제로, 예금 서비스를 제공한다는 건 훌륭한 인프라를 갖추어야 한다는 걸 의미하는데, 많은 소액금융기관이 그런 능력을 갖추지 못하고 있다. 나아가, 예금 서비스에 관한 한 기본적인 경영 원칙은 예금 서비스를 대출 서비스보다 우선시해야 한다는 것이다. 현재 소액금융 영역에서 활동하는 많은 기관들은 NGO이다. 따라서 소액금융기관은 예금액을 유치할 권한(이는 각 나라의 법적 환경에 달렸다)을 갖지 못하는 경우가 많기 때문에, 현지의 주주나 특수한 국제기구들로부터 직접 자금을 조달하거나, 채권을 발행하거나, 상업 은행으로부터 돈을 차용하여 간접적으로 자금을 조달한다.

그럼에도 불구하고, 만일 소액금융기관이 예금 서비스를 실행할 수 있다면, 고객의 만족을 극대화시킬 수 있고, 예금액이 보증금 역할을 하기 때문에 채무이행률도 높일 수 있다. 무엇보다, 고객에게 예금 서비스는 보충적인 재원 역할을 한다. 채무 상황을 염려하는 많은 사람들이 예금 서비스를 통해 돈을 모은다.

나아가, 여러 연구에 의하면, 영세사업자는 예금 서비스를 아주 중요하게 여기는 것으로 나타난다. 영세사업자는 예금 서비스를 통해 삶의 위기(질병, 사망, 이혼, 자연재해, 경작 실패…)에 보다 잘 대처할 수 있다. 비공식적인 예금 시스템이 생겨나는 이유는 상당수의 전통적 은행들이 영세사업자에게 예금 서비스를 제공하지 않기 때문이다. 그런데 가난한 사람들이 원하는 예금 형식의 특수함 때문에, 비공식적인 예금 시스템이 생겨나는 경우도 있다. 그래서 가축, 필수 소비재, 보석 예금 같은 다소 특이한 예금이 생겨나고, 어떤 경우에는 톤티조합이나 가르드-모네처럼 수입의 일정 부분을 저축하게끔 하는 예금 시스템도 있다.

대출 서비스의 수요가 증가할 때, 드물지 않게, 상당수의 기관들이 정부에 예금 유치 권한을 요구한다. 그리고 바로 이런 이유 때문에 많은 기관들이 은행으로 변모하거나, 혹은 다른 일반 금융기관처럼 변모한다. 이때 다른 금융기관들과 동일한 채무이행 능력을 갖춰야 하지만, 동시에 보다 쉽게 금융시장을 이용할 권한도 갖게 된다. 이때부터는 안정적이면서 비용이 적게 드는 자금원을 얻을 수 있다.

예금 서비스와 관련한 몇몇 "성공 이야기"의 예를 들어보자.

남아메리카의 방코솔은 세계에서 가장 중요한 소액대출 은행 가운데 하나이다. 방코솔은 저축예금이나 정기예금 같은 많은 금융 상품들을 개발했다. 저축예금의 경우, 지역 통화는 물론 외국 통화로도 예금할 수 있다. 최소 예금액은 20달러이고, 이자는 평균 예금액에 따라 지불한다. 방코솔의 어느 창구에서나 예금과 인출이 가능하고, 이렇게 하는 데 아무 제약이 없다. 정기예금의 경우에도 지역 통화나 외국 통화로 예금할 수 있으며, 최소 30일간 돈을 예금해야 한다. 정기예금 계좌의 최소 예금 총액은 200달러이다.

인도의 경우, 지방에 사는 여성들에게 예금 서비스를 제공하는 일이 말라르MALAR의 우선 과제가 되었다. 말라르는 마을을 위해 사용할 적잖은 자금을 모으기 위해, 여성들로 하여금 1주일이나 2주일에 한 번씩 소액의 돈을 예금하도록 장려했다. 각 마을마다 20명의 여성으로 구성된 그룹이 있고, 또한 각 그룹마다 회계와 총무를 맡은 사람이 있다. 마을들 사이에서 조정 역할을 하는 사람도 있는데, 이 사람이 두 달에 한 번씩 마을들 간의 만남과 회의를 주선한다.

그라민 은행은 아주 매력적인 퇴직 예금 프로그램을 실시하고 있다. 고객은 10년 동안 저축하면 저축한 돈의 두 배를 받게 되고, 은행이 이를 보장한다. 이 프로그램은 차용인들이 돈을 예금하도록 장려하기 위해 시행됐다. 또한 은행은 이렇게 예금을 장려하면서 충분한 유동성을 확보할 수도 있다. 그 결과, 스스로 자금을 조달할 수 있는 것은 물론, 대출 정책과 관련한 프로젝트를 실행에 옮길 수 있다.

브라크의 경우에는 회원으로 하여금 예기치 않은 일에 대비하도록 많은 종류의 예금 상품들을 개발했다.

알솔ALSol(대안 연대Alternativa Solidaria) 조합은 가난한 지역의 여성 인구들을 위해 예금과 대출 프로그램을 실시한다. 이 조합은 급격하게 성장했다. 1999년에 알솔의 고객은 650명이었지만, 2000년에는 고객 수가 거의 두 배 증가해 1,200명에 이르렀다.

끝으로, 인도네시아 BRI의 유니트 데사UNIT DESA의 예는 예금 서비스가 소액금융기관과 영세사업자 모두에게 아주 중요하다는 사실을 보여 준다. 나아가, 소액금융기관의 경영자와 이 기관을 감독하는 당국이 서로 이해하는 작업이 매우 중요하고, 직원에 대한 추가 교육 없이도 소액대출 프로그램을 실행하는 일이 가능하다는 사실을 보여 준다.

결론적으로, 소액금융 분야는 대출 서비스만 한정적으로 시행하는 시장이 아니다. 예금액을 효율적으로 관리하기 위한 두 가지 주요 변수는 비용과 위험이다. 그렇기 때문에, 예치금을 최적으로 늘릴 수 있는 조건들을 지적할 필요가 있다. 소액금융기관은 채무이행 능력과 적절한 유동성 수준을 갖추고, 금융 중개 기능 역할을 잘 수행해 나가는 것과 함께 고객의 채무불이행 위험을 잘 관리해야 한다. 또한 은행으로서 기능을 잘 수행하는지 스스로 알기 위해 통제나 감독을 수용할 필요가 있다. 끝으로, 자금 조달 능력이 있어야 한다.

소액 보험의 발전

소액금융기관들은 매우 적은 수입으로 살아가는 사람들이 대출 서비스만으로는 위험에 대비할 수 없다는 것을 인식해 왔다. 이런 이유 때문에, 빠른 시일 안에 보험 제도를 도입해야 할 필요성이 생겨났다. 소액 보험은 질병, 사망, 장애, 사고, 자연재해… 같은 삶의 여러 사건들로부터 보호받을 수 있는 방법을 제시한다. 경제적으로 어려운 사람들이 대개 그렇듯, 이 가난한 계층의 인구는 다른 계층의 사람들보다 더 많은 위험에 노출된다. 오늘날, 소액 보험에 가입하고 있는 사람의 수는 5백만 명이고, 그중 2/3가 남아시아에 살고 있는 것으로 추정된다.

소액 보험 상품의 경험으로부터 어떤 교훈을 얻을 수 있을까? 소액 보험 기관들을 대상으로 시행한 연구에 따르면,[12] 가장 많이 제공되는 상품은 생명보험이다. 사람이 사망하는 경우는 그리 흔하게 발생하는 사건이 아니고, 그리고 생명보험의 경우 관리 측면에서 다른 상품보다 용이한 면이 있기 때문에, 소액금융기관에게 이 상품은 어느 정도 든든한 자금 조달 수단이 된다. 생명보험은 특히 건강보험과 재산보험보다 관리하기 쉽고, 많은 연구들에 의하면, 생명보험 상품이 지속성 있는 금융 상품으로서 가치를 갖고 있어 소액금융기관이 수익을 얻는 것

---

12. 「영세기업의 최상의 실행 방안, 개발 정책의 대체 요소Microentreprise best practices, Development Alternatives」, 가난한 공동체에 보험을 제공하는 일, II부: 가난한 사람들에게 소액보험 서비스를 제공한 경험에서 얻은 첫 번째 교훈 *Les premières leçons des expériences de la microassurance pour les pauvres*, Warren Brown, Craig F. Churchill, Calmeadow, mai 2000.

으로 판명되었다. 그럼에도 불구하고, 생명보험 서비스를 실시하는 상
당수의 소액금융기관들이 사업을 지속하거나 관리할 때, 그리고 때로
고객의 정보를 분석할 때, 어려움을 겪는다는 사실을 인정한다. 이런 이
유 때문에 이미 성공을 거둔 방법론의 일부를 수정하게 됐을 것이다.

건강과 재산 보험은 경제적 측면에서 생명보험보다 실행하기가 훨
씬 더 어렵다. 일반적으로 기관의 대출 고객에 한해서 시행하는 이 재
산보험은 흥미롭기도 하고, 정당하기도 하고, 효과적인 도구로 보인
다. 그러나 이 상품은 고객이 재산을 상실할 때 최소한의 보상밖에 하
지 못하는 것으로 보인다.

가난한 공동체를 위해 금융 서비스를 제공하기 위해서는, 보험 상품
은 예금 상품 이후에 개발해야 할 것이다. 무엇보다도, 가난한 사람들
에게는 예금 상품이 보험 상품보다 더 적합하다. 예금 상품은 모든 사
람이 공통적으로 경험하는 경제적 스트레스에 대한 방어책이 된다. 반
면, 보험 상품은 피해는 크지만 발생 빈도가 적은 사건의 경우에 적합
하다.

이체 서비스

세계적으로 이주민의 수가 증가하고 있다는 사실 때문에, 이런 이주
의 흐름과 관련된 금융 서비스를 제공할 여지도 점점 많아지고 있다.

이체 서비스 분야는 매우 복잡하다.[13] 실제로, 이 분야 내에는, 다양

---

13. 더 자세한 내용을 위해서는 Karin Barlet의 논문, 「이체 서비스 전략의 정교화Élaborer
une stratégie d'offre de services de transfert d'argent」(BIM, octobre 2005) 참조.

한 고객층에게 서비스를 제공하기 위해, 지속적으로 변화하는 기술과 인프라를 사용하는 수많은 공식·비공식 단체 내지 개인이 존재한다. 시장도 다양한 방식으로 구분할 수 있다. 예를 들어, 고객 유형에 따라 (정부, 기업, 개인), 돈의 이동 장소에 따라(국내, 국외), 이체 경로의 유형에 따라(공식, 비공식) 구분할 수 있다.

PSF(금융 서비스 회사Prestataires de Services Financiers)(원래 PSF는 금융 서비스 회사를 가리키는데, 이 장에서는 이따금씩 협소한 의미로 쓰이면서 소액금융기관을 가리키기도 한다: 옮긴이)는 "개인 간" 이체 서비스 외에도 많은 유형의 이체 서비스를 취급한다. 기업 간 거래(가령, 청구에 대한 지불), 기업과 개인 간 거래(가령, 임금 지불), 정부와 개인 간 거래(가령, 사회보장수당 지불)의 경우를 예로 들 수 있다.

그런데 개인 간 이체는 전 세계적으로 시행되는 이체 서비스의 총 금액 가운데 매우 적은 양을 차지하지만, 종종 가장 중요한 이체 서비스로 간주되곤 한다.

세계은행은 소액금융기관들이 제출한 데이터베이스에 따라, 공식적인 국제 이체 총액이 2002년에는 881억 달러, 2003년에는 930억 달러에 이른 것으로 추정했다. 같은 데이터베이스에 따르면, 남아메리카와 카리브해 지역의 국가들로 가장 많은 돈이 송금되어 전 세계 이체 총액의 30%를 차지했다. 이어서 남아시아(18%), 중동과 북아프리카(13%), 유럽과 중앙아시아(10%), 사하라 이남 아프리카(4%) 순으로 돈이 이동했다. 국가별로는 인도와 멕시코로 가장 많은 돈이 유입되었다. 미국과 사우디아라비아는 가장 많은 돈을 송금한 국가였다.

개인 간 이체 시장의 경우는, 특히 웨스턴 유니온Western Union, 머니 그램MoneyGram, 비고Vigo 같은 전문 대기업들이 서비스를 시행한다. 이 외에도 상업 은행, 우체국, 환전소, 상호공제신용조합, 그리고 틈새시 장에 자리 잡은 이체 서비스 회사가 공식 이체 시장에서 서비스를 시 행한다. 2003년도에는 이 이체 시장에서 약 3억 2천만 건의 이체 서비 스를 통해 약 180억 달러를 벌어들인 것으로 추정된다.

비록 현재의 연구들이 주로 선진국에서 개발도상국으로 돈이 이동 하는 현상에 특히 치중되어 있지만, 사람들은 종종 한 대륙 내에서도 이주하고 돈을 보내거나 받는다. 공식적으로 신고된 이주민들의 약 반 수가 개발도상국에서 살고 있기 때문에, 개발도상국 간 이체 서비스 분야는 실제적인 사업 기회를 제공한다(물론 이때 적절한 인프라를 발전시 키거나 개발하는 일이 종종 필요하다). 국내에서 오가는 돈의 경우도, 그 총액은 국제적으로 이동하는 돈의 총액보다 점점 낮아지는 경향이 있 지만, 수적으로는 더 많은 서비스가 이뤄지고 있다. 많은 서민들이 이 국내 이체 서비스를 찾고 있다.

개발도상국 내에는 인프라가 부족하거나 PSF가 많이 없기 때문에, 종종 국내 이체 서비스 망이 국가 간의 그것보다 제한되어 있는 경우 가 있다. 따라서 가난한 사람들, 특히 지방이나 외지에 사는 가난한 사 람들을 위해 서비스를 제공하려는 소액금융기관에게는 기회가 있을 수 있다.

비록 비공식적인 이체는 신고되지는 않지만, 현재 그 총액은 공식적 인 이체 총액의 약 40~100%에 이르는 것으로 추정된다. 최근에 시행 한 연구들에 의하면, 프랑스에서 말리로 이동하는 돈의 반 이상이 비공식적인 경로를 통한다. 수단의 경우는 85%이다. 크게 보면, 이 수치들은 비공식적인 시스템이 공식적인 시스템, 심지어는 공식적인 시스템의 핵심 기업들과 경쟁한다는 사실을 보여 준다. 그 구조가 어떻든, 비공식적인 이체 시스템은 일반적으로 신속하고, 사람들 눈에 띄지 않고, 문서화된 절차를 최소한으로만 요구한다. 일반적으로 비용도 법적 규제를 받고 세금을 내야 하는 공식적인 시스템보다 덜 든다. 끝으로, 비공식적인 이체 시스템은 이체 서비스를 제공하는 회사가 전혀 없는 곳에서도 사용할 수 있다는 이점이 있다.

오늘날 사용되는 주요 이체 시스템은 크게 두 유형으로, 즉 증서 시스템(수표, 수편환…)과 전자 시스템으로 나눌 수 있는데, 현재는 후자가 전자를 대체하는 중이다. 이런 식으로 구분한 이후라도, 고객이 돈을 보내고 받을 수 있는 계좌를 소유하고 있는가, 그렇지 않은가에 따라 다른 유형을 만들 수 있다. 가난한 사람들은 보통 은행에 계좌를 갖고 있지 않기 때문에, 이런 조건을 고려하는 일은 아주 중요하다. 이와 함께, 공식적인 시장에는 다섯 가지 이체 수단이 있다는 걸 알 필요가 있다: i) 은행 수표와 어음, ii) 우편환, iii) 전자 이체, iv) 지로 시스템, v) 이체 서비스 회사의 네트워크.

여기서도, 소액금융기관은 다른 기업이나 기관과 제휴를 맺음으로써 이체 서비스를 보다 쉽게 실행할 수 있다. 실제로, 구조적 차원에서, PSF 중 가난한 사람들을 고객으로 하는 회사들은 이체 서비스를 제공하기 위해 다른 기관과 창조적인 제휴 관계를 상당히 많이 맺었다. PSF는 은행, 상호공제신용조합, 우체국, 국제 이체 회사, 유통 대리점들과 협력 관계를 맺음으로써 자신의 장점(고객과의 인접성, 양질의 서비스 이미지)을 활용할 수 있고, 단점(이체 서비스와 환전 서비스를 실행하는 데 제약을 갖고 있다는 점, 지불 시스템을 이용해야 한다는 점)을 보완할 수 있다.

점점 많은 PSF들이 웨스턴 유니온, 머니그램, 비고 같은 전문적인 기업들과 제휴하고 있다. 종종 이 전문 기업들도 소액금융기관과 가난한 사람들 사이의 인접성에 관심을 갖는다. 은행 사업을 허가 받은 소액금융기관은 전자망을 통해 외국이나 지방의 은행에 이체 서비스를 실행할 수 있다(예를 들어, 하이티의 FONKOZE와 뉴저지의 시티 내셔널 뱅크 City National Bank의 관계). 마지막으로, PSF는 상호공제신용조합이나 우체국 같은 비非은행 기관과도 제휴할 수 있다.

전통적으로, 이체 서비스를 실행하던 기관들은 고객이 그들 편으로 찾아와야 한다는 생각을 오랫동안 갖고 있었다. 이런 일은 일반적으로 유동 자금이 있는 은행이나 이체 전문 회사의 창구에서 이체 서비스를 시행하기 때문이다. 그런데 최근에는 개발도상국 내에서 새로운 기술이 넓게 전파되는 걸 목격하게 된다. 고객은 다양한 장소에서 다양한 방식으로 이체를 한다. 휴대폰, 인터넷, 전자 카드는 은행이나 전문 회사의 창구와 마찬가지로 자주 이용되는 수단이다. 예를 들어, 북아메리카의 많은 은행들은 고객이 신용카드를 이용해 남아메리카로 돈을 송금할 수 있도록 특별한 계좌를 만들었다.

이체 서비스를 시행하는 기관의 가장 큰 관심사 중 하나는 수익을 낳으며 서비스를 시행할 수 있는가 하는 것이다. 그런데 제휴 업체, 이체 방식, 고객과의 인터페이스 방식을 선택하기 위해서는 복잡한 전략을 세워야 한다. 이런 식으로 전략을 세울 때는 시장의 요소, 규제 환경, 기관 스스로의 능력을 고려해야 한다. 가난한 사람들을 고객으로 하여 이체 시장에 진입하려는 PSF는 특히 시장을 신중하게 분석해야 한다.

이미 그곳을 점유하고 있고, 대부분 전문성을 갖춘 이체 서비스 기관이나 회사들과 경쟁해야 하기 때문이다. 따라서 PSF는 틈새시장을 찾아야 하고, 환경에 따라 현재의 전략을 수정해야 한다.

결국, 틈새시장을 찾으려는 PSF는 시장을 심도 있게 분석해 이체 서비스를 통해 어느 정도의 이익을 얻을 수 있는지를 평가해야 한다. 따라서 다음의 질문들을 제기해야 한다. 시장에서 규제의 정도는 어떠한가? 경쟁의 정도는 어떠한가? 현재의 이체 서비스로 고객의 필요가 충족되고 있는가? 고객의 필요를 더 충족시킬 방법이 있는가? 이 책의 3부에서는 고객에게 이체 서비스를 제안하기 위해 확고한 전략을 세우려는 PSF가 고객의 기호, 시장 경쟁의 정도, 규제 환경을 분석할 수 있는 방법을 자세히 설명하고 있다.

PSF는 돈을 보내는 고객과 돈을 받는 고객 모두를 연구해야 한다. 이 두 유형의 고객이 갖는 특징이 상품과 마케팅 개념에 영향을 끼친다. 나아가, 고객의 프로필을 이해하는 일은 교차 판매(돈을 보내는 사람과 돈을 받는 사람 모두에게 금융 상품을 제안하는 것)를 실행하려는 기관의 역량에 큰 영향을 미친다. 고객의 교육 수준과 직업에 관한 정보도 상품 · 시스템 · 마케팅 개념에 아주 중요하다. 고객이 될 사람들이 이미 금융 서비스를 이용하고 있는지도 파악해야 한다.

고객들은 어디에 위치해 있을까? 이체 시장에 새로이 진입하려는 기관은 고객의 돈이 어디로 이동하게 될지 지도로 그려볼 필요가 있다. 돈은 어디서 송금되어 어디로 입금되는가? 고객이 될 사람들은 현재 어떤 이체 시스템을 이용하는가? 국제 및 국내 이체 서비스의 총 횟수는 어느 정도인가? 각각 그 특징은 무엇인가? 이체 총액은 얼마인가? 이런 정보들은 수수료를 결정하고 수익을 전망하는 데 있어 반드시 필요한 요소다. 계절적인 특성도 마케팅을 구상하고 계획하고 실행하는 데 영향을 미친다.

그리고 다음과 같은 질문들이 있다. 고객들은 어떤 성격의 상품을 선호하는가? 고객들은 이체 서비스에 대해 어떤 점을 선호하는가? 고객들을 끌 수 있는 다른 금융 서비스는 무엇인가?

이체 서비스와 관련한 전략을 세울 때, 시장의 경쟁 정도는 규제 환경과 함께 가장 중요하게 고려해야 할 요소 중 하나다. PSF는 지역의 다른 공식·비공식 이체 사업자, 이 사업체들의 이체 시스템, 고객들이 그 서비스를 이용하는 횟수를 파악해야 한다. PSF는 자신의 상대적인 장점을 파악하기 위해, 고객의 선호도와 관련지어 (공식적이거나 비공식적인) 경쟁자의 장점과 단점을 파악할 필요가 있다.

시장의 규제 환경은 이체 시장에 진입하려는 기관의 의사 결정에 아주 큰 영향을 미친다. 외국 통화로 거래할 수 있도록 법적 허가를 받은 기관이 많지 않은 것과 마찬가지로, 비은행권의 PSF들 중에서 외국 통화로 이체 서비스를 시행할 수 있는 회사도 많지 않다.

한 국가의 물리적·금융적 인프라도 이체 시스템을 선택할 때, 나아가 서비스 자체의 존폐 여부를 결정할 때 중요한 영향을 미칠 것이다. 전기망과 통신망의 보급률은 외지에 실시간으로 이체 서비스를 제공하려는 기관의 능력에 영향을 미친다.

소액금융 섹터가 발전하는 데 있어서의 위험과 이점

지금까지, 수요 변화에 대한 적응을 우선의 과제로 삼아야 한다는 사실을 살펴보았다. 결론적으로, 한 가지 강조해야 할 사항이 있다. 자본주의의 공적 섹터에 있는 다른 기관들과 마찬가지로, 소액금융기관도 합병의 법칙에서 벗어나지 못한다. 합병은 비공식 섹터 내부에서 일어날 수도 있고, 소위 법적 권한을 가진 섹터와 비공식 섹터 사이에서 일어날 수도 있다. 이 문제는 전략을 시장의 구조에 맞춘다는 관점에서, '시장의 구조'에서부터 '기업의 성과'까지의 과정이라는 관점에서 거론되고는 했다. 다른 식으로 말하면, 자본주의의 다른 조직들과 마찬가지로, 비공식 섹터의 조직도 자본주의의 필연적 역학, 즉 "(시장의) 구조Structures-(기업의) 행위Comportements-(기업의) 성과Performances" 패러다임(이상 'SCP 패러다임'이라고 부르는데, 수요와 공급의 정도·경쟁의 정도·규제의 정도 같은 시장의 구조[환경]가 기업의 행위, 궁극적으로는 기업의 성과를 결정짓는다고 주장하는 이론이다. 이 'SCP 패러다임'은 결정론적인 관점을 내포하고 있다는 이유로 비판을 받기도 한다. 그와 반대로, 기업의 성과가 시장의 구조[환경]에 영향을 미칠 수도 있다: 옮긴이)의 역학에 의해 변화한다. 그리고 자본주의 섹터의 역학 내에서는 조직들이 차츰 합병하게 되는 특징적인 진화적 경향이 나타난다. 과거를 살펴볼 때, 외부 환경(경기景氣)이 경제의 기본 조건(수요와 공급)에 영향을 미쳤고, 기업의 전략을 매우 크게 바꾸어 놓았다. 외부 환경은 궁극적으로는 기업의 성과에 영향을 미쳤다. 그리고 지금 기업들이 시행하는 주요 전략은 합병이다. 소액금융 섹터도 이런 자본주의의 법칙을 따른다. 경제적 상황이 나아질 때 소액대출과 관련된 특정 수요가 나타나고, 이어서 소액대출 서비스를 제공하는 조직이 차츰 생겨난다. 그 다음, 소액금융기관들은 조금씩 합병 전략을 시행한다. 이는 상품을 다양화하기 위해서고, 곧이어 합병의 결과로 보다 발전된 새로운 상품들이 나온다. 이 상품들이 성숙기에 이르러 '젖소'(이는 경영학 용어로, 보스턴 컨설팅 그룹Boston Consulting Group이 내놓은 이론 BCG 매트릭스에 나온다. 한 기업의 각 사업 단위에 대한 설명을 제시하는 BCG 매트릭스에는 시장 성장률과 시장점유율의 높고 낮은 정도에 따라 네 단위, '물음표Question Marks,' '별Stars,' '젖소Cash Cow' '개Dogs'가 있다. 기업은 사업 전략을 세울 때, 현재의 사업이 이 네 가지 중 어디에 속하느냐에 따라 판단을 내릴 수 있다. '젖소'의 단계에서는 시장 성장률은 작지만 상대적으로 시장점유율은 높다. 시장 성장률이 낮기 때문에 새로운 투자를 위한 자금이 많이 필요하지 않은 대신, 시장점유율이 높기 때문에 판매량이 많아 기업에 이익을 가져다준다. 젖소가 우유를 공급하는 것같이 기업에 많은 자금이 공급된다고 하여 그런 명칭이 붙었다. 다른 예를 들면, '별'은 시장 성장률과 시장점유율이 모두 높다. 그런데 시장점유율이 높아 많은 매출을 올리기도 하지만, 시장 성장률이 높기 때문에 그만큼 많은 투자금을 들여야 한다. 요컨대, 네 단위 중에서 기업에 가장 많은 이익을 가져다주는 것은 '젖소'이다. 지금 이 글에서의 요점은, 소액금융의 경우 오늘날 시장 성장률은 높지 않지만(상업 은행과 비교할 때 총 대출액이나 예금액, 그리고 기타 금융상품은 여전히 아주 적은 편이다) 시장점유율이 차츰 커지고 있기 때문에 앞으로 '젖소'의 사업 단위가 될 수 있다는 것이다. 실제로, 많은 개발도상국의 국민들이 소액금융을 이용하고 있고, 선진국에서도 그것이 조금씩 발전하고 있기 때문에, 시장점유율이 커지고 있다고 말할 수 있다: 옮긴이)가 되면, 소액금융기관들은 공식 섹터의 커다란 관심 대상이 될 것으로 보인다. 이런 식으로 공식적인 조직과 비공식적인 조직이 합병하게 되는 경향이 나타나게 될 것이다. 그러니까 "구조-행위-성과"라는 자본주의의 패러다임은 소액금융기관들에도 적용된다. 상품을 다양화하고 발전시키려는 경향 때문에, 앞으로는 아주 자연스럽게 보다 많은 합병이 이뤄질 것이다. 그 역의 현상도 나타날 것이다. 기업들 사이에서 많은 합병이 이뤄지는 이 현상은 우연히도 소액금융 섹터가 처음으로 생겨난 30년 전부터 더욱 두드러진 것처럼 보인다.

II

우선의 과제: 기회 평등

1. 위험에 대한 공평한 접근을 향해

공적인 은행 시스템을 이용하지 못하는 사람들이 구성하는 시장이 커지고 있음에도 불구하고, 상업 은행과 금융기관들은 여전히 소액금융 섹터로 진입하는 데 주저하고 있다. 현재 많은 사람들이 소액금융을 자선·원조 활동의 대상으로 여긴다. 그러나 소액금융을 훌륭하게 관리할 수 있다면, 사회적으로 실효성 있는 동시에 경제적으로 수익성 있는 사업을 만들어 낼 수 있다는 게 증명되고 있다.

그런데 사회적 측면에서, 소액금융의 사회 참여 양식이 사회민주주의의 원칙들에 부합한다는 사실을 강조할 필요가 있다. 존 롤스는 정의에 관한 그의 이론을 통해, 사회민주주의의 원칙들을 분명히 하는 데 공헌했다.

롤스에 따르면, 사회의 정의를 실현하고 개인의 자유를 최대한 존중하려는 정치의 개념은 세 가지 측면을 내포한다. 그것들을 상기해 보자.

- 기본적인 권리, 자유, 가능성을 보장하는 것.
- 우선권을 부여하는 것.

• 자유와 가능성의 실천이 현실화될 수 있도록 만드는 수단들(예를 들어, 사람들이 가까이서 쉽게 이용할 수 있는 금융기관)을 모든 시민이 이용할 수 있도록 보장하는 것.

이런 맥락에서, 민주주의 사회의 정의의 두 가지 원칙을 떠올리고자 한다.

1) "모든 개인은 기본적인 동시에 동등한 권리와 자유 두 가지를 충분히 조화롭게 실현할 동일한 권한을 갖는다. 개인의 권리와 자유는 만인의 그것들과 양립한다. 그리고 권리와 자유 중에서 정치적 자유는, 그리고 오직 정치적 자유만이, 모든 사람에 대해 공평한 가치를 보장한다는 전제 하에서 권력을 얻는 혜택을 갖는다."

2) "두 가지 조건에서만 사회적이고 경제적인 불평등이 정당화될 수 있다. 첫째, 모든 사람은 직업을 얻기 위해 필요한 수단을 마련할 때 동등한 기회를 부여받고, 원하는 직업을 선택할 권리를 갖는다. 둘째, 사회에서 아주 불리한 환경에 놓인 계층에게는 더 유리한 조건을 허용한다. 이 두 번째 원칙을 차별성의 원칙으로 인정한다."

첫 번째 원칙이 두 번째 원칙보다 우선권을 갖고, 두 번째 원칙에서는 기회 균등의 원칙이 "차별성의 원칙"보다 우선권을 갖는다. 첫 번째 원칙의 "동일한 권한"은 모든 차별을 배제한다. 그리고 그 "동일한 권한"은 "시민이 자신에게 권리와 자유를 유효한 방식으로 실현할 가능성이 있다는 사실을 이해하고, 또한 그것들을 실현하는 데 요구되는" 필요충분한 수단이 충족되어야 한다는 걸 전제한다(Bressand, 1999 참조).

첫 번째 원칙에서 권리와 자유의 조항은 모든 시민에 대해 가장 기본적인 사회적 조건을 동등하게 보장해야 한다고 언급한다. 가장 기본적인 사회적 조건이란 다음의 조건을 말한다. 그러니까 우리가 개개의 시민이 갖고 있는 것으로 인정한 두 가지 정신적 능력, 즉 주어진 사회의 상황 내에서 정의의 개념을 구상할 수 있는 능력과 재산의 개념을 형성할 수 있는 능력을 개인이 적합하게 개발하고, 그 능력들을 충분히 실천하고, 그리고 그 능력들을 실행하는 데 있어 사회 내에서 올바른 정보를 얻는 일이 가능하게끔 만들어 주는 조건을 말한다. 개인은 삶의 계획(예를 들어, 기업을 설립하는 일)을 세울 때 이성적으로 생각해야 하는 동시에 자신의 능력·재원·성공의 가능성도 고려해야 한다. 따라서 롤스의 정의의 기준은 "사회적 개인"의 개념과 연관 있다. 이 사회적 개인은 자신이 갖고 있는 두 가지 능력을 통해 재산의 개념을 형성한다. 그는 사업을 시행할 때 그 목적과 이익을 구분하여 판단할 수 있고, 다른 개인이나 단체들과 지속적 관계를 맺을 수 있고, 이 목적과 관계에 의미를 부여하는 세계관을 가질 수 있다(이 세계관으로 인해 19세기와 20세기에 상호공제조합 유형의 조직들이 탄생할 수 있었다). 기업을 설립하는 개인은 이런 식으로 금융기관과 사회적 협력 관계를 맺고, 역으로 금융기관도 기업을 설립하는 개인과 사회적 협력 관계를 맺는다. 그리고 이 관계는 공평해야 한다. 다시 말해, 개인이 재산에 대해 갖고 있는 스스로의 개념을 실행에 옮길 때, 사회 정의의 원칙이 유지되는 한에서, 그 협력 관계로부터 이익을 얻을 수 있어야 한다. 사회적 협력 관계에는 이러한 상호주의 사상이 전제되어야 한다.

따라서 명확해지는 한 가지 사실이 있다. 사회가 조직 과정과 효율성 추구를 우선시하기 전에 이러한 원칙들을 준수해야 한다고 가정한다면, 소액금융기관이 수익을 목적으로 가난한 계층의 사람들을 착취한다고 주장하는 비합리적인 비판은 정당화될 수 없다. 이런 비판을 제기하는 사람들은 소액금융기관의 참여로 표현되는 민주주의 원칙, 사회-정치학의 원칙, 19세기 생시몽주의 운동의 역사에 대해 무지하다. 만일 무지하지 않다면, 그 비판은 진지성을 더 결여한다. 상호공제 기관은 소액금융의 영역에서 중요한 부분을 구성하는 조직 유형이다. 따라서 그런 비판은 우리가 이미 언급한 상호공제주의의 역사와 기원에 관한 개념에 배치된다. 나아가, 지금까지 이론적이고 이상적인 것으로만 알려진 섹터가 소액금융의 형태로 분명히 존재하고 있다. 실제로, 현재 자본주의 시스템 내에서 소액금융기관은 (방금 보았듯, 존 롤스가 그 이론적 원칙을 강조한) 공정한 사회의 실증적인 토대 중 하나가 될 수 있다. 따라서 수익을 추구하기 전에 정의에 관한 세 가지 원칙을 다시 한 번 상기할 필요가 있다. 기본적인 자유의 보장, 기회 평등, 그리고 전반적으로 사람들이 이전보다 나은 부를 누릴 때 가난한 사람들에게 유리한 조건을 부여하는 일. 이 원칙들을 준수한다는 조건에서만 효율성과 수익의 추구가 가능하다.

일반 은행들은 어떻게 위험을 관리하는가?

일반 은행들은 상당수의 규제(적정 자본금, 지급준비금, 유동성 수준 등에 대한 규정)를 적용하는 전략을 채택하며 위험을 관리한다. 이론적으로, 그 규제들은 과도한 위험이 발생하는 걸 방지한다. 이런 사실에는 은행 섹터의 건전성이 경제가 성장하는 데 필수적이라는 판단이 전제되어 있다. 하지만 그 규제들은 은행이 어떻게 경제 성장에 기여할 수 있는가에 대한 질문에 완전한 해답을 내놓지 못할 뿐 아니라, 우리가 앞으로 확인하게 될 것처럼, "분류-선택-배제"라는 자의적 도식을 통해 채무불이행의 위험을 방지하는 전략이 발달하는 과정에서 커다란 역할을 했다. 결론적으로, 그러한 규제들은 대출을 받으려는 대기업에는 유리하지만, 개발도상국의 경제 구조에는 적합하지 않다. 이러한 결과로 (개발도상국과 선진국에 사는) 인류의 반이 금융권으로로부터 배제된다.

인류의 반을 배제하는 부적합한 규제

실제로, 최근에 은행들 사이에 경쟁이 심화되면서 대출과 지불 시스템 영역에서 수익을 올려야 한다는 압력이 증가했다. 보스턴 컨설팅 그룹Boston Consulting Group(2003)의 연구에 의하면, 지난 몇 년 사이에 은행들이 수익성을 추구하는 경향은 커졌다. 짧은 시간 동안 다음과 같은 일이 발생한 걸 관찰하게 된다. 은행의 수익이 감소한 것은 금융 상품의 수가 감소하거나 영업비용이 높아졌기 때문이 아니라, 전반적으로 채무불이행이 증가하고 이에 대비한 준비금이 없었기 때문이다. 이 문제는 현재 소액금융기관의 고객들이 일반적인 은행 섹터에 편입할 수 없는 이유를 추정할 수 있기 때문에 중요하다. 불행히도, 이 문제를 다루기 위해서는 지나치게 기술적인 논쟁보다는, 은행 경제학의 몇몇 근본적 토대를 언급하는 것이 절대적으로 필요하다.

사실, 우리는 지난 몇 년 사이에 차용인의 신용 정보에 근거한 대출에서 예기치 않은 채무불이행이 발생하고, 이 현상이 오늘날 은행의 수익이 감소하는 주요 원인이 되는 걸 보게 된다. 이런 사실은 은행이 채무불이행의 위험을 더 잘 예측해야 한다는 걸 의미하는데, 결과적으로 은행이 고객 신용도에 관한 데이터베이스를 확장하고 더 잘 관리해야 한다는 걸 의미한다. 그러면 어떤 결과가 나타날까? 사실상, 은행은 더 엄격한 채무불이행 방지 전략을 채택하게 된다.

은행은 고객의 채무불이행에 따른 비용을 줄이기 위해, 국제적 기관들과 협력하여 점진적으로 채무불이행 위험 방지 기술을 도입했다. 이 기술은 사회-경제적이며 지리적인 기준을 토대로, 고객을 더 정확하게 선별한다. 은행은 채무불이행을 더 잘 예측하고 자기 자본을 경제적으로 극대화하기 위해, 채무불이행 방지를 위해 이전에 사용한 데이터베이스에 보통의 수준으로 손실을 분산시킬 매개변수적 모델을 도입했다. 그 결과, 현재 채무불이행 위험 방지 전략은 높은 수익성을 얻기 위한 가장 중요한 도구가 되고 있다.

일단, 매우 단순한 논리를 펼쳐보자. 은행의 순이익(PB: Produit Net Bancaire)은 자기 자본을 통해 생겨나고, 따라서 은행은 이 자기 자본을 가장 효율적으로 사용해야 한다. 이때 문제가 되는 건 절대적 수익이 아니라 경제적 수익이다. 채무불이행을 훌륭하게 예방하는 일과 경제적 수익을 얻는 일은 같은 의미를 갖는다. 왜냐하면 그 두 가지 경우 모두 자기 자본의 총액이 문제되기 때문이다. 이런 맥락을 따를 때, 은행은 어떻게 제한된 자기 자본으로 수익을 극대화할 수 있을까?

일정액의 자기 자본이 있다고 가정해 보자. 이 경우, 은행의 수익을 극대화하는 방법은 은행이 최소한의 채무불이행 위험을 경험하면서 높은 이자율을 제시하는 데 있다는 건 누구나 동의할 것이다. 하지만 이자율이 높다는 것은 고객이 더 큰 채무불이행의 위험을 안고 있다는 것, 그러니까 채무불이행이 발생할 경우 은행에 미칠 상당한 손실액에 대해 고객이 책임진다는 것을 의미한다. 따라서 은행은 채무불이행의 가능성, 그리고 그것이 발생했을 경우에 생겨날 결과를 평가할 수밖에 없다. 그런데 은행은 경제적 수익의 측면, 더 정확하게 말하면 전체적인 경제적 수익에 대출 포트폴리오가 기여하는 측면에서 거의 의미가 없다고 판단한 영역, 예를 들어 아주 가난한 고객에 대한 대출 서비스는 분명 다른 방식으로 취급할 것이다(수수료나 이자율을 더 올리거나 더 많은 서류를 요구하고, 아니면 직접적인 방식으로 서비스 대상에서 배제시킨다). 이런 관점에서 볼 때, 바젤위원회의 새로운 규제(바젤 II)(현재 국내외의 대부분의 상업 은행들이 준수하는 바젤협약은 은행의 자금 건전성을 위해 바젤위원회가 권고하는 정책으로서, BIS 자기 자본 비율(8%) 권고안이 그 대표적 예이다. 하지만 상업 은행들이 이 권고안을 시행하지 않으면 투자자나 고객들로부터 신용을 얻지 못하기 때문에, 사실상 권고 사항이라기보다 의무 사항이다. '신바젤협약' 으로도 불리는 바젤 II는 그동안 시행한 바젤 I이 몇몇 문제를 갖고 있어 1996년에 새롭게 만든 것이다. 가장 큰 차이점 중 하나는 바젤 I이 대출을 할 때 모든 차용인에 대해 동일한 위험 가중치를 적용했다면, 바젤 II는 차용인의 신용 등급에 따라 위험 가중치를 차등 적용한다는 것이다. 따라서 은행의 입장에서는, 차용인의 위험이 높은 경우에는 BIS 자기 자본 비율을 충족하기 위해 할당해야 할 자기 자본의 액수가 커지는 만큼 많은 부담을 떠안게 된다. 따라서 은행은 신용 등급이 낮은 차용인은 피하려고 할 것이다. BIS 자기 자본 비율은 자기 자본을 총 위험 자산으로 나눈 값이다. 바젤위원회는 이 값의 하한선을 8%로 규정하고 있는데, 은행이 신용 위험이 높은 고객에게 대출할수록 총 위험 자산은 커지고, 그 결과 자기 자본 비율은 떨어진다: 옮긴이)는 채무불이행 가능성과, 이것이 발생했을 경우에 생겨날 결과를 평가하는 일에 있어 중요한 역할을 했다고 할 수 있다. 따라서 소기업은 은행의 경제적 수익에 거의 기여를 하지 못한다는 이유로, 대체로 은행권에서 배제된다.

일정액의 대출 자금이 있다고 가정해 보자. 어떤 한 시기에, 일정한 수의 고객들이 각각 1만 유로의 대출을 요구한다. 이때 이자율이 높기 때문에, 고객은 개인적으로는 은행에 수익을 가져다줄 수 있지만, 전체적인 경제적 수익의 측면에서는 그렇지 않다. 왜냐하면 이 고객 그룹이 과거에 채무불이행 이력이 있는 것으로 확인되었기 때문에, 은행의 대손준비금을 포함한 여러 비용이 증가하기 때문이다. 따라서 자기 자본(FP: Fonds Propres)에서 이 고객 그룹에 할당할 금액은 증가하고, 결과적으로 PB/FP(이때의 FP는 은행이 갖고 있는 전체 자기 자본이 아니라, 전체 자기 자본 중에서 대출 서비스를 위해 할당한 총액을 가리킨다. 즉, FP는 주로 대출금과 함께 준비금으로 구성되어 있다: 옮긴이)의 비율은 감소한다. 그래서 은행은 이 고객 그룹에 대한 대출을 제한하게 될 것이다. 여기서, 우리는 다음과 같이 말할 수 있다. 은행은 대출 포트폴리오의 전 수준에서 PB/FP의 비율을 극대화시킬 수 있는 방식으로 대출할 것이다. 다소 기술적인 측면에 치중되었지만, 이런 설명은 우리에게 중요하다. 왜냐하면 은행들이 어떤 유형의 이력을 가진 고객에게만 대출하는 이유를 설명할 수 있기 때문이다. 위험이 높은 경우에는 이자율이 높기 때문에 절대적 수익은 증가하지만, 동시에 전체 자기 자본(여기서 전체 자기 자본은 앞서 설명한 FP가 아니라 은행이 갖고 있는 전체 자기 자본을 말한다: 옮긴이)에서 할당할 액수도 커지기 때문에 경제적 수익은 감소한다. 나아가, 많은 국가에서 위험(앞으로 이 글에서 '위험'은 '채무불이행의 위험'을 말한다: 옮긴이)이 높은 차용인은 이미 고리대금에 대한 이자를 부담하고 있을 수 있다는 걸 이해할 필요가 있다. 그렇기 때문에 은행은 당연히 대출을 제한하게 된다. 이 사실은 은행이 왜 위험이 높은 고객에게는 대출 서비스를 거부하는지를 설명하는 두 번째 이유가 된다.

이제는 대출금의 액수가 다른 경우를 가정해 보자. 대출금의 액수가 다를 때는, 경제적인 면에서는 수익을 가져다줄 수 있는 고객도 대출금의 액수 때문에 그렇지 못할 수 있다. 이런 이유로, 은행은 전략적으로 아주 큰 액수의 대출 서비스를 목표로 하여, 채무불이행의 가능성이 적은 동시에 높은 이익을 가져다줄 고객을 찾게 된다. 이러한 전략은 물론 그 섹터의 시스템을 주도하는 규칙에서 파생한 결과다. 그런데 소액금융의 경우, 그 대출금 액수는 은행이 경제적 수익을 달성하기에는 너무나도 적다. 여기에 은행의 입장에서는 운영비용을 추가해야 한다는 것도 잊지 말아야 한다.

결론적으로, 은행이 예외적인 평가를 내린 고객층에게 서비스를 제공하기를 주저하는 주요 이유는 다음과 같다. 첫 번째로, 영세사업자의 대출금 액수가 은행이 (당좌예금을 개설하거나 대출 서비스를 위해 서류를 분석하는 데 드는) 운영비용을 충당하기에는 너무나 적은 액수이다. 두 번째는, 종종 영세사업자는 금융기관이 요구하는 정보를 제시할 수 없다. 우리는 영세사업자가 일반적으로 은행이 요구하는 보증을 갖고 있지 못하고, 은행은 규격화된 채무불이행 방지 전략을 적용하기 때문에 기업인의 진정한 경제적 능력과 관련하여 위험을 평가하지 못한다는 사실을 이미 보았다. 은행이 영세사업자의 위험을 예측하기 위해 사용하는 도구는 가장 영업 성적이 좋은 다국적 기업들을 모델로 만든 것이고, 결론적으로 이 다국적 기업들이 공적 은행 섹터의 규칙들을 만들어 낸다. 그래서 영세사업자는 그 기업들과 비교하여 상당히 불리할 수밖에 없다. 끝으로, 우리가 이미 언급한 것처럼, 상업 은행은 영세사업자가 기본적인 자금 회전을 위해서 꼭 필요한 당좌 계좌를 개설하려 할 때도 종종 거부한다.

따라서 소액금융을 위해 법적 환경을 개선하고 수정하는 작업은 금융 섹터를 합리적으로 민주화시키는 데 있어 반드시 필요한 조건이다. 마리아 노바크에 따르면, "금융 섹터를 모든 경제 주체에게 개방하기

위해서는, 소액금융을 실시할 금융기관이나 비금융기관이 필요할 뿐
아니라, 이 기관들을 지지할 제도적 환경이 필요하다. 정부의 역할은
대출의 영역에 직접 개입하는 것이 아니다. 과거의 사례들을 볼 때, 정
부는 이 영역에서 무능력하고, 정치적으로 간섭할 위험이 있다. 반대
로, 정부의 역할은 경제적 시도를 가능하게 하고 모든 사람에게 개방
된 금융 섹터로 발전하도록 환경을 만드는 것이다." 정치인들이 시민
사회의 압력에 못 이겨 고무적이고 보다 완화된 규제를 내놓는 건 바
로 이런 시각이 있기 때문이다.

오늘날, 기업을 설립할 특권 對 선진국에서 대출 서비스를 받는 데 따르는 어려움

선진국에서 금융권의 배제

산업화된 선진국에서도, 성인의 2~14%가 (당좌예금이건 저축예금이건)
은행에 예금 계좌를 갖고 있지 않다.[1] 은행 서비스의 불평등 수준을 나
타내는 비율은 국가마다 다르지만, 대개 그 비율은 부분적으로 부의
불평등 수준을 반영한다. 이렇게 국민들의 소득 격차가 상대적으로 적
은 국가에서는 은행 서비스의 불평등 수준이 낮고, 국민들의 소득 격
차가 큰 곳에서는 은행 서비스의 불평등 수준이 높다. 스웨덴의 경우,
2000년에 단지 성인의 2%만이 은행에 아무런 예금 계좌도 갖고 있지
않았다.[2] 같은 해, 스웨덴보다 빈부 격차가 큰 미국에서는 성인의
6~8%가 예금 계좌를 갖고 있지 않았고, 영국의 경우에는 6~9%였다.[3]
다른 연구들에 의하면, 이 수치는 9.5~20%까지로 높아질 수 있다.[4] 전

---

1. Elaine Kempson(2001).
2. CSR Europe 2001.
3. CSR Europe 2001, Kempson et Whyley(1998).

체적으로, 연구 당시 계좌를 소유하고 있지 않았던 성인들의 반은 이전에도 계좌를 갖고 있지 않았다.

어떤 특정 계층의 사람들이 경제적인 취약성에 더 노출되어 있는 것으로 보인다. 일반적으로 그들은 수입이 아주 적고, 특히 직업 없이 사회 수당에 의지해 살아가는 사람들이다. 수입이 적은 사람들은 수입이 평균 수준인 사람들보다 은행 계좌를 소유할 가능성이 1/2밖에 안 되고, 이는 소수 민족 출신의 사람들도 마찬가지다.[5]

현재 영국에서, 은행 서비스 섹터(대출 및 지불 시스템 서비스)에서 배제된 가구들은 대개 비슷한 특징을 보인다. 그들은 경제활동을 해야 할 성인이지만 직업을 갖고 있지 않거나, 아이들의 부모인 경우 한쪽만이 아이들과 살고 있거나, "비非백인" 가구이다. 혹은 젊은 세대의 가구이거나, 국가에서 마련한 거주 공간에서 사는 가구이거나, 일찍 학업을 그만둔 성인 가구이다. 사회 수당을 받는 가구는 그렇지 않은 가구보다 은행 서비스 섹터에서 배제될 가능성이 세 배 높다.

일반 은행권에서 배제되어 소액금융기관을 찾을 수밖에 없는 사람들이 누구인지를 알 수 있다는 점에서, 이런 특징은 우리에게 중요한 것으로 보인다.

프랑스의 경우는 어떨까? 프랑스에서는 정확하게 어떤 사람들이 소기업에 대한 대출 서비스에서 배제되어 있을까? 이 질문에 답할 수 있는 한 가지 방법은 반대의 질문을 하는 것이다. 프랑스에서는 누가 기

---

4. Caskey J.(2000).

5. E. Kempson et Whyley C. (1998).

업을 설립할 때 일반 은행에 대출 서비스를 신청하는 대신 다른 방법으로 자금을 마련할까? (대부분의 경우, 소외된 계층의 사람들이 대출 서비스 신청 시에 일반 은행들로부터 거부당한 경험이 있기 때문이다.)

수많은 연대 금융기관들이 많은 사람들에게 사업 자금을 대출해 주었다. 이런 예들을 통해 질문에 대한 답을 내릴 수 있다. 아디Adie(경제적 시도를 위한 권리 협회Association pour le Droit à l'Initiative Économique)를 예로 들어 보자. 아디가 2000년에 시행한 연구에 따르면, 성별 측면에서, 아디로부터 자금을 조달해 기업을 설립한 사람들의 30%가 여성이었다. 반면에, 일반 은행에 대출 서비스를 신청할 수 있었던 여성은 아주 극소수에 불과했다. 아디를 이용한 사람들의 평균 연령은 37.4세였다. 아디로부터 혜택을 받은 사람들의 연령 분포는 상대적으로 일정하다. 그런데 최근에는 25~39세의 사람들이 차지하는 비율이 조금씩 줄어드는 경향을 보인다. 가족 유형을 보면, 1999년 말에 자금을 지원받은 사람들 중에 41%가 아이들을 둔 부부 가구였고, 32%는 성인 혼자서 아이들을 키우는 가구, 15%는 아이가 없는 부부 가구, 11%는 성인 혼자서 한 명의 아이를 키우는 가구였다. 사회적 상황을 보면, 아디 수혜자의 거의 반이 최저 통합 수당(Revenu Minimum d'Insertion, 수입이 전혀 없는 사람들에게 주는 수당으로, 그들이 직업을 갖도록 도와주는 데 이 제도의 목적이 있다: 옮긴이)의 혜택을 받고 있었다.

은행 서비스의 불평등 수준에서는 미국도 영국, 프랑스와 상당히 비슷하다.[6] 여기서 인용하는 통계는 1998년에 FSA(Financial Services Authority)의 "소비자 정책·연구" 부서가 1995년과 1998년에 미국 내

---

6. 『안 혹은 밖, 금융적 배제 *In or out, financial exclusion : a literature and research review*』, Elaine Kempson, Claire Whyley, John Caskey, et Sharon Collard.

가구들에 대한 설문지 조사를 토대로 한 「소비자 금융Consumer Finance」 연구에서 발췌한 것이다.

예금의 경우, 미국 가구 중 약 9.5%가 은행에 당좌예금이나 저축예금 등 아무런 은행 계좌를 갖고 있지 않았다. 다시 말하면, 1천만의 가구 구성원들이 은행에 통장을 갖고 있지 않았다.

당좌예금 서비스를 이용할 수 없는 사람들의 사회-경제적 특징은 영국이나 프랑스의 경우와 크게 다르지 않다. 그들은 아주 수익이 적은 세대이거나, 대체로 35세를 넘지 않은 젊은 사람들, 혹은 실업 상태에 있거나, 소수 민족이나 남아메리카 출신의 사람들이다.

허스트 앤드 에이원Hurst & A1은 은행 서비스의 불평등이 시간이 흘러도 지속되는 문제와 관련하여 특히 다음의 사실을 발견했다. 1989년에 저축예금을 소유하고 있던 가구들 중 9%가 1994년에는 더 이상 계좌를 갖고 있지 않았다. 이 사실은, 만일 시간이 흐르는 동안 다른 모든 상황들은 동일한 대신 은행 서비스의 불평등이 계속 커진다면, 소액금융에 대한 잠재적인 수요가 증가하게 된다는 것을 의미한다.

기업을 설립할 자유와 시도

방금 언급한 수치들(특히, 표 1)은 상당히 놀랍다. 그 이유는 기업이 우리 경제에서 핵심 위치를 차지하기 때문이다. 그리고 이 장의 서두에서 소액대출의 사회민주주의적 원칙을 언급할 때 명확히 한 것처럼, 기업은 우리 공화국과 그 가치들(자유, 평등, 박애) 내에서도 핵심 위치를 차지한다.

표1: 프랑스에서 기업을 설립하는 문제와 관련하여 나타나는 경제적 손실

실제로, 프랑스는 기업이 활발하게 활동할 수 있는 나라가 아니다. 책임 있는 정치인들이 기업 활동의 환경에 많은 관심을 기울이지 않는 것도 이런 사실을 보여 준다. 영국이나 미국과 비교할 때, 프랑스에서는 높은 현실적 잠재성을 지닌 기업이 거의 창출되지 않는다. 미국에서는 성인의 12%가 기업을 설립하지만, 프랑스에서는 성인의 8%만이 기업을 설립한다(IFRAP, 2002). 이런 이유에서 프랑스의 첫 번째 경제적 손실이 생겨난다. 매년 10만 개의 기업이 사라지는 동시에 15만 개의 일자리도 없어진다! 나아가, 10년 전부터 기업을 설립하는 비율이 더 이상 경제 성장률을 따라가지 못한다. 더구나 현실적 잠재성을 갖춘 기업이 설립되는 경우는 매우 드물다. INSEE(국립통계경제연구소Institut National de la Statistique et des Études Économique: 옮긴이)에 따르면, 프랑스에서 2004년에 약 20만 개의 기업이 생겨났지만, 같은 시기에 현실적 잠재성이 있는 기업, 즉 사람들이 실직된 상황에서 벗어나기 위해서가 아니라 실제적 기회를 고려하여 설립한 기업의 수는 8,000개, 즉 2004년에 생겨난 기업들 중 4%에 그친다. 미국의 경우는 10%였다(UN, 2002).

이어서 두 번째 손실이 있다. 대부분의 기업들이 설립되는 과정에서 충분한 자금지원을 받지 못한다. ABA(Associations et Business Angels)는 약 3,000개의 기업, 즉 전체 중 1.5%의 기업에 대출을 한 반면(평균 7만 유로), 영국의 경우에는 2만 개의 기업, 미국의 경우에는 10만 개의 기업에 대출을 했다(IFRAP, 2002). 나아가, 공공기금(20만 유로 이상)으로 자금을 지원받을 수 있었던 기업은 600개로 전체의 0.3%에 그치고(ANVAR/MER, 2004), 사적인 자금을 지원받은 기업의 수는 60개로 전체의 0.03%에 그친다. 따라서 일자리가 아주 적게 창출되는 것은 대출 서비스가 "블랙홀" 같은 정체 현상에서 벗어나지 못하기 때문이다.

자유: 기업을 설립할 자유, 그리고 상업과 산업의 자유는 우리 공화국의 헌법적 가치의 한 부분을 이룬다. '인간과 시민의 권리 선언 _Déclaration des droits de l'homme et du citoyen_'이 우리 헌법의 기원을 이룬다. 기업을 설립할 자유는 우리가 경제적 번영을 이룰 수 있는 토대이다. 부를 만들어 내는 건 기업들이다. 비유를 한다면, 기업을 만드는 일은 꽃을 피우는 것과 같다. 그런데 이러한 자유가 사라지지 않도록 하기 위해서는 규칙이 필요하다.

평등: 기업은 사회 발전의 동력이다. 기업을 통해 개인의 사회적 지위가 향상되고, 숙명적인 것으로 간주되는 불평등과의 싸움이 진행된다. 물론 기업에는 임금을 받기 위해 일하는 사람들이 있다. 그러나 무엇보다도 거기에는 기업을 만드는 정신이 있다. 마이크로소프트만이 성공한 기업은 아니다. 수많은 중소기업들이 성공했다. (피자 등의) 요리를 제조해 판매하는 소데보Sodebo는 30년 전에 방데에서 한 정육점 주인이 설립한 회사다. 오늘날 소데보는 약 2,000명의 직원을 두고 연간 4억 유로의 매출을 올린다.

학교와 함께, 기업은 만인을 위한 지식과 기술이 전수되는 드문 장소 중 하나이다. 이런 측면에서, 기업은 모든 사람들이 평등하게 지식을 공유하도록 공헌한다. 그런데 기업이 이런 역할을 맡고 있다는 사실이 충분히 인식되지 않고 있다. 그렇기 때문에 전문 기술에 대한 법적 권한을 개선해야 할 필요성이 제기된다.

박애: 우리 사회는 과잉 생산의 열기를 특징으로 하는 노동의 사회다. 우리 사회는 점점 빠른 속도로 성장하지만, 동시에 그 경제 섹터는 점차 좁아진다. 결과적으로, 실업과 불완전 고용으로 인해 생겨나는

주변부는 점차 커지고 있다. 이런 우리 사회의 파괴적 논리를 단절시켜야 한다. 그리고 기업은 가정과 더불어 사회적 상호 인간관계가 창조되는 주요한 장소이고, 지난 세기의 "노동조합"이 보여 주는 것처럼, 세대世代간의 관계가 창조되는 주요한 장소다. 기업은 어려운 상황에 처한 소외 계층, 특히 외국 국적의 프랑스인들을 통합하는 역할을 했다. 예를 들어, 플라넷 피낭스는 경제적으로 어려운 환경에 있는 도시 주변부의 젊은이들에게 정보를 제공하고 직업교육의 기회를 부여한다. 그들은 이러한 도움을 통해 기업을 보다 쉽게 창립할 수 있었다.

오늘날, 더 멀리까지 분석을 진행할 필요가 있다. 문제를 낳는 건 기업이 아니라, 바로 새로운 자본주의이다. 이전의 산업 자본주의 환경 내에서 프랑스의 사회적 모델은 시장과 국가, 생산과 분배, 성장과 사회적 정의 사이에서 균형을 찾아낼 수 있었다. 한마디로 표현하면, 그 균형은 복지국가였다.

하지만 오늘날 현대 자본주의가 변화하면서 우리의 사회적 모델이 위협받고 있다. 이 현상에 대해 더 이상 해답을 찾지 못하는 정치인들에게나, 이 현상을 경험하는 시민과 기업인들에게나, 우리의 사회적 모델이 이런 식으로 균형이 깨지는 일은 대처하기 어려운 문제다. 그럴 수밖에 없다.

금융 자본주의. 금융 자본주의는 점증하는 불평등을 양성한다. 자본에게는 보다 큰 수익이 돌아가고, 따라서 임금 노동자에게는 보다 적은 가치가 부여된다. 금융 자본주의는 소기업들도 불안정하게 만드는데, 왜냐하면 대기업들은 금융시장에 아주 쉽게 접근할 수 있지만, 소기업들은 그것을 이용할 수 없기 때문이다.

세계화된 자본주의. 세계화는 더 큰 불평등을 만들어 낸다. 능력을 갖지 못한 국내의 임금 노동자들은 개발도상국의 노동자들과 경쟁해야 한다. 반면에, 세계화를 조직하는 대기업의 임원들은 보너스, 스톡옵션, 웰컴 패키지(welcome package, 회사에서 새로 고용한 사람에게 주는 일종의 선물 패키지. 신입 사원인 경우에는 노트북, 다이어리, 펜 등이 든 가방을 받는 경우가 있다. CEO나 임원인 경우에는 다양한 주식 옵션이나 보너스를 선물로 받는다: 옮긴이)를 통해 임금이 치솟는다.

이런 변칙적 행위 때문에 기업의 이미지가 퇴색된다. 또한 대부분의 기업들이 지역 경제의 한계에 갇혀 있다. 예를 들어, 유럽의 경제는 인도나 중국의 경제와 아주 조금밖에 교류하지 않는다. 오늘날은 새로운 모델을 위해 행동할 때이고, 위험에 대해 새롭게 접근할 때이다. 소액 금융을 통해 이에 대한 해답을 얻을 수 있다.

더 많은 기회 균등을 위해 위험에 대해 새롭게 접근하기

위험을 관리하는 영역에서 다른 방법을 개발해야 한다. 그리고 현재 그 개발이 가능하다! 바로 그라민 은행이 그 방법을 최초로 시행하고 있다. 우선, 사법기관으로부터 차용인에게 부과되는 규제의 문제가 있다.

그라민 은행이 사법기관을 통해 대출금을 상환 받은 예는 한 번도 없었다. 그라민 은행의 경우에는, 직원과 고객 간의 인간관계가 계약서를 통해 성립되지는 않는다. 아주 성실하지 못한 차용인은 상호부조 모임에서 제외되고, 어느 정도 사회적 명예를 잃는 경험을 한다. 이 경우, 대출 서비스의 원칙을 이루는 건 사실상 믿음이다. 반면, 사법기관이 개입할 경우, 차용인과 대출자 사이의 관계는 악화된다. 무하마드 유누스가 정확하게 지적한 것처럼, "오늘날 은행들은 어떤 차용인이든 돈을 갚지 않을 거라고 생각한다. 그래서 변호사들이 상세히 연구해야 이해할 만한 온갖 종류의 법적 문서를 작성해 차용인을 통제한다."

일반 은행과 고객과의 관계는 매우 먼 반면, 그라민 은행의 운영상의 다른 원칙은 고객과의 인접성이다. 이런 이유로, 그라민 은행의 직원은 회사로 출근하지 않을 수 있다. 이는 일반 은행들의 경우와 반대다. 상업 은행의 경우에 성공은 수익으로 측정되는데, 그라민 은행의 경우도 마찬가지다. 그러나 그라민 은행은 주주들에게 수익을 되돌려 줄 때 그들의 생활환경과 삶의 수준이 나아지도록 현물을 지급한다. 주주들이 필요로 하는 것은 대개 현금이 아니라 현물이다. 상업 은행과 달리, 그라민 은행의 사회적 의식은 누구에겐가 보여 주기 위한 것이 아니다. 상업 은행은 사회적 명분에 따라 대출 서비스를 시행할 때 이미지를 부각시키려고 노력한다. "그라민 은행은 고객의 사회적 지위가 향상되는 것, 그의 필요가 충족되고 그의 복지가 보장되는 것이 주요한 목적이다." 그라민 은행의 대출 서비스의 목적은 경제활동을 통해 차용인과 그 가족의 삶의 환경을 개선시키는 것이다. 따라서 그라민 은행은 부유한 지역이 아니라, 가난한 사람들이 사는 현지에서 성장한다.

그라민 은행에서는 직원의 업무 성과가 아니라 차용인의 경제활동 성과를 가장 중요하게 평가한다. 그라민 은행의 보증 시스템은 상업 은행의 그것과는 전혀 다르다. 상업 은행의 경우, 차용인이 채무를 이행하면 은행과 접촉할 일이 거의 없다. 그러나 채무를 이행하지 않으면 신용을 잃고, 다시 기한 내에 문제를 해결하지 못하면 법적으로 처벌받는다.

그라민 은행이 위험을 관리하는 방식은 전혀 다르다. 그라민 은행의 직원들은 고객을 자주 찾아가 위험과 활동에 대해 평가한다. "상업 은행은 계획한 사업 프로젝트에 따라 영향 평가를 시행하지 않을 수 없을 때를 제외하고는, 대출금이 사회적으로 어떤 영향을 미치고 있는지에 대해 거의 관심을 갖지 않는다." 그라민은 "유아 사망률, 피임약 복용, 위생 조건, 삶의 질 같은 측면에서 차용인들이 다른 주민들보다 나은 환경인지 알기 위해 많은 시간을 들인다. 이런 식으로 주택 관련 특별 대출 서비스를 시행하여, 32만 5천 가구가 튼튼하고 빗물이 새지 않는 주택을 마련할 수 있었다. 또 다른 15만의 가구는 대출받은 돈으로 사업을 해 집을 지을 수 있었다." 무하마드 유누스는 "서구 국가의 상업 은행들은 사회 변화를 이끌어 내기 위해 아무런 행동도 하지 않는데, 비록 그들이 행동을 원한다 하더라도, 그들이 처한 환경 때문에 그렇게 할 수 없을 것이다"라고 말한다.

그런데 영세기업/중소기업들은 경제 내에서 핵심 위치를 차지한다. 그들이 아주 많은 일자리를 창출하기 때문에, 더 많은 영세기업/중소기업들을 역동적으로 육성해야 한다. 예를 들어, 프랑스의 경우에는 종업원 20인 이하의 기업들이 240만 개에 이른다. 이 기업들이 10년 동안 200만 개 이상의 일자리를 창출했다. 같은 기간 동안, 종업원 100인 이상의 기업들은 120만 개의 일자리를 없앴다! 2004년에는 22만 5천 개의 기업들이 생겨났는데, 그중 영세기업/중소기업들이 60만 개의 일자리를 창출했다. 이 수치들만으로도 왜 영세기업/중소기업들을 우선적으로 지원해야 하는지 충분히 알 수 있다.

영세기업/중소기업들이 지역의 발전과 경제생활에 영향을 미치기 때문에, 또한 프랑스에서나 다른 국가에서 그 기업들이 일자리를 창출하기 때문에(국제적으로 활동하는 대기업들은 주로 외국에서 일자리를 창출한다), 한 국가의 경제는 영세기업/중소기업들을 중심으로 형성되고, 이 기업들이 형성한 경제 네트워크는 작은 도시의 산업 단지로부터 시작해 "경쟁력을 갖춘 복합 단지"(실리콘밸리의 하이테크 클러스터, 이탈리아의 가구와 의류 산업 단지 등)에 이르기까지 아주 다양하다.

그런데 이렇게 경제 네트워크를 형성하는 영세기업/중소기업들은 자본주의의 다른 얼굴이다.

젊거나 조금 더 나이 든 기업인이 열심히 노력한 끝에(오늘날에는 이런 창업의 과정이 훨씬 더 단순화된 경향이 있다) 만든 새로운 기업이 고객들을 찾아 나서고, 이 고객들로부터 대금을 지불받고, 처음으로 직원을 고용하기에 이른다. 이것이 일종의 창조적 자본주의다.

어떤 중소기업은 기업주가 직접 납품업자에게 대금을 지불하고, 고객에게 대금을 독촉하고, 직원에게 동기를 부여하며, 처음부터 끝까지 간섭하며 회사를 운영한다. 이것은 기업가 정신의 자본주의다.
어떤 노동조합은 중요한 사안을 회원들의 투표를 통해 결정한다. 이것은 궁극적으로 노동자 자본주의의 한 형식이다.

조합의 주인이 회원들이고, 회원들이 낮은 액수로나마 "이익"을 동등하게 나눠 갖는 상호공제조합은 오히려 사회적 자본주의의 완성된 형태이다.

희귀병을 연구하고 퇴치하기 위해 자금을 모으는 단체는 궁극적으로 연합 자본주의에 속한다.

단순히 이러한 이유들 때문에 소액대출이 필요한 것은 아니다. 소액대출은 사회가 하나의 공동체가 되기 위해 없어서는 안 될 요소다. 프랑스에는 이미 전통적인 은행권을 대체하고 있는 대출기관이 몇 개 존재한다. OSEO, 신용협동조합Crédit Coopératif, 아디(CDC와 제휴한 이 기관은 매년 2,000~3,000개의 영세기업에 지원한다), 기업 지원 네트워크réseau Entreprendre(매년 1,000개의 영세기업을 지원한다), 무이자 대출기관prêts d'honneur, 집단연대 대출기관prêts de groupes solidaires, 에댕Eden, 그리고 다른 형태의 소액대출기관들이 존재한다….

이 기관이나 제도들은 중소기업이 금융 서비스를 보다 쉽게 이용하게 하기 위해서 앞으로 무슨 일을 더 해야 하는지를 보여 준다. 해결책은 위험에 대해 새롭게 접근하고, 모두에게 동등한 기회를 주는 것이다. 그런데 이제 우리는 현 경제 시스템 내에서 이런 해결책이 얼마나 큰 수익을 낼 수 있고, 또한 수익을 낼 수 있는 조건이 무엇인지 평가할 필요가 있다.

2. 매력적이고 수익성 있는 대출 서비스의 조건과 소액금융기관의 역사적 진화

다른 모든 경제 부문과 마찬가지로, 소액금융도 이따금씩 상당수의 어려움에 부딪힌다. 가장 중요한 목적인 경제 발전을 최상으로 실현하기 위해서는 이 어려움을 해결할 "최상의 실천 방안best practice"을 알아야 한다.

이전에 최상의 실천 방안 중 하나는 은행이 비공식 대출자의 자금으로 영세사업자에게 대출 서비스를 시행하는 것이었다. 이어서, 특히 1980년대 초반에는, 영세사업자가 전통적인 은행의 금융 서비스를 유리하게 이용할 수 있도록 대출 서비스 신청과 관련한 서류 작성 방식을 교육하자는 의견이 제시됐다.

이러한 접근법들은 오히려 실망스런 결과를 낳았고, 그 결과 다른 해결책들이 고안되었다. 그중 하나는 소액대출 서비스 과정을 용이하게 만들 중간 기관을 설치하자는 것이었다. 특히 NGO는 은행 대신 영세사업자의 서류를 검토하거나 그들에 대해 보증을 서는 일을 할 수 있었기 때문에, 간접적으로 금융 서비스를 중개하는 역할을 맡길 수 있다는 의견이 제시됐다.

하지만 이 방법도 실망스런 결과를 낳아, 금융 서비스를 직접 시행해야 할 특수한 기관이 생겨났다. 이런 이유 때문에, 오늘날에 지배적으로 나타나는 몇 가지 현상에 대해 언급할 수 있다. 첫 번째는 영세사업자가 예금과 대출 서비스를 동시에 이용할 수 있는 서민 기관이 설립되거나 널리 정착되는 현상인데, 그런 서민 기관은 전통적인 협동조합으로부터 영감을 받아 생겨났다. 이 기관의 특징은 미래에 수혜자가 될 사람이 회원이라는 데 있다. 두 번째는 기존 은행이 영세사업자를 위한 전문 은행으로 탈바꿈하는 것이다. 인도네시아의 BRI가 대표적인 예다. 세 번째는 소액대출 NGO가 설립되는 것이다. 이 NGO는 기부금이나 대출을 받아 자금을 마련한 다음, 이 돈으로 영세사업자에게 대출 서비스를 직접 제공한다. 이때 NGO는 주로 대출 서비스만을 시행하는데, 그 이유는 일반적으로 NGO에게는 예금을 유치하는 일이 법적으로 금지되어 있기 때문이다.

이 마지막 현상은 1980년대 후반과 1990년대에 전례 없이 두드러지게 나타났다. 여기에 대해서는 몇 가지 이유를 지적할 수 있다. 우선, 그라민 은행이 모델로서 커다란 성공을 거둔 사실이 있다. 다음은, 개발원조 기금이 차츰 감소하면서, 이 분야에서 활동하던 국제기구들이 적어도 이론적으로나마 투자된 자금에 대하여 충분한 수익을 이끌어 낼 방법에 관심을 갖지 않을 수 없었다는 것이다. 세계은행에 따르면, 당시 5억의 영세사업자 중 2%만이 금융 서비스를 이용하고 있었고, 따라서 소액금융 시장은 큰 발전의 가능성을 안고 있었다. 그래서 국제기구들은 NGO를 통해 소액금융 시장에 투자하려 했다. 끝으로, 개발도상국의 영세기업을 직접 지원하는 데 있어 국제기구들보다는 NGO가 더 나은 기구로 인식된 사실을 지적할 수 있다.

　실제로, 여러 개발도상국의 영세기업들을 연계해 지원한다는 건 오히려 어려운 일일 수 있다. 또한 비록 상업 은행들이 영세기업을 지원한다는 전략을 갖고 있다 하더라도, 그들에게 국제 개발원조 기금을 직접 맡긴다는 건 생각하기 어려운 일이다. 따라서 NGO를 거쳐 영세기업을 지원하는 것이 논쟁의 여지가 없는 실천적인 해결책으로 제시됐다.

　그런데 사람들은 이미 1990년대 초반부터 소액금융 NGO를 설립하는 전략이 한계가 있다는 걸 인식했다. 실제로, 훌륭한 성과를 기록한 NGO들은 곧 이전의 자금으로는 지탱하기 어려울 만큼 매우 빠르게 성장했다. 또한 NGO들은 여전히 예금 서비스를 시행할 수 없었다. 이러한 맥락에서, NGO들을 제도화institutionalisation(이후의 글에서 더 자세하게 설명되지만, 여기서 '제도화'는 기관을 특정한 법적 권한, 가령 NGO의 경우에는 예금 서비스를 시행하거나 주주를 둘 수 있는 등의 법적 권한을 가진 은행으로 변모시키는 작업을 말한다. 다른 식으로는, 기관을 은행[금융]권 내로 편입[통합]시킨다고 표현하기도 한다: 옮긴이)하기 위한 호의적인 움직임이 일어났다. 일정 수준 이상으로 성장한 NGO가 독립적인 금융기관으로 탈바꿈(업스케일링upscaling)할 수 있도록 허용하자는 움직임이 생겨난 것이다. 오늘날, 소액금융의 세계에서 이러한 움직임은 지배적 현상이다. 하지만 이런 탈바꿈의 과정에서 이따금씩 문제가 발생한다.

작은 기관은 어떤 과정을 거쳐 상업 은행이 되며,
금융 시스템에 통합되는가

소액금융기관의 발전과 그 장애

오늘날, 소액금융기관들은 다른 여러 기관들과 제휴나 합병을 하거나, 그 기관들을 인수하기도 하고, 효율적인 방법론을 도입하기 위해 그 기관들로부터 도움을 받기도 한다.[1] 무엇보다, 약 20년 전부터 소액금융기관의 활동 환경이 상당히 복잡해졌다는 사실을 기억할 필요가 있다. 일반적으로, 금융 섹터 내의 합병이나 인수 작업들 때문에, NGO · 특수 기관 · 상업 은행 사이의 전통적인 구분들이 복잡해진다. 금융 섹터가 오랜 시간에 걸쳐 복잡해지는 동안, 소액금융 섹터도 중요한 발전 과정을 겪었다. 국가, 공공 출자 기관, 상업 은행, 특수 펀드, 평가 기관들이 모두 소액금융 섹터가 발전하는 데 어느 정도 이바지했다.

우선, 소액금융기관을 원조하는 기관을 언급할 수 있다. 소액금융기관이 처음 생겨날 때 개발원조 기관들이 중심적인 역할을 담당한다. 개발원조 기관들은 자금을 마련할 기회를 제공하거나, 이것이 여의치 않을 경우에는, 직접 투자를 하며 소액금융기관을 지원한다. 소액금융기관이 고객의 서류를 검토하기 위해 중개 기관의 도움을 필요로 할 때는 국가나 지역의 비영리단체도 중요한 역할을 맡는다. 끝으로, 지역의 카운슬링 기관들도 소액금융기관이 "최상의 실천 방안"을 실천

---

1. 또한 『소액금융 가이드 *le guide de la microfinance*』(Sébastien Boyé, Jérémy Hajdenberg, Christine Poursat, 2006) 참조

하려 할 때 많은 도움을 주고, 나아가 내부 평가를 시행하려 할 때 은행 운영에 대해 총괄적 평가를 시행하는 감사기관들처럼 조언을 한다.

이어서 법과 규제, 그러니까 제도적 환경을 마련하는 국가가 있다. 이 경우 다음과 같은 사실을 주목해야 한다. 바젤위원회의 권고 사항 같은 국제적 권고 사항을 충족하는 일도 소액금융기관이 다른 상업 은행과 유사한 능력을 갖추는 데 도움이 된다. 그 결과, 소액금융기관은 큰 비용을 치르지 않고서도 금융기관에 필요한 자체 평가 능력을 갖출 수 있다.

자금 출자 기관에 대해 언급하자면, (세계은행, 프랑스개발기구Agence Française de Développement, USAID 등과 같은) 공공 출자 기관을 언급할 수 있다. 이 기관들의 출자금은 직접 소액금융기관에로 할당되거나, 아니면 다른 특수 기관이나 국제 출자 기금에로 전달된다. 다음으로 상업 은행을 언급할 수 있다. 어떤 상업 은행은 소액금융기관에 융자를 하거나, 내부에서 직접 소액금융 서비스를 시행한다.

끝으로, 소액금융 서비스를 시행하는 많은 나라들의 공공 은행, 특수 펀드, 평가 기관을 기억할 필요가 있다. 평가 기관의 역할은 미래의 잠재적인 대출자나 투자자들을 위해 소액금융기관을 평가해 전반적 경영 능력을 반영하는 성적을 부여하는 것이다.

제도화의 토대: 대출과 인접성의 비용

영세사업자들로 하여금 이전의 비용보다 싼 비용으로 금융 서비스를 이용하게 할 수 있다면, 그들의 상황을 개선하는 것이 가능하다. 마르크 라비는 정확히 다음과 같이 언급하고 있다.[2] "제도적 대출 시스템을 이용할 수 없는 영세사업자는 처음에는 무엇보다 스스로 자금을 대고, 그 다음에는 다른 개인 대출자에게서 돈을 빌린다는 사실을 잊어서는 안 된다. 이런 이유 때문에, 제도적 대출 시스템은 특수한 NGO에 의해 시행되건, 상업 은행에 의해 시행되건, 아니면 다른 어떤 기관에 의해 시행되건 간에, 결과적으로 차용인에게 그 총 대출 비용이 과거의 그것보다 낮을 때만 진정한 의미가 있다. 그런데 많은 연구들이 다음과 같은 사실을 보여 주었다. 대출을 받는 영세사업자에게 가장 많은 비용이 드는 부분은 종종 — 이자율이 높은 것이 사실이긴 하더라도 — 높은 이자율이 아니라, 대출을 받기 위해 부담해야 하는 거래 비용이다." 그러니까 문제가 되는 건 영세사업자가 대출 서비스를 받는 과정에서 생겨나는 총 비용이다. 대출금의 액수가 상당히 큰 경우, 이러한 요소는 무시할 수 있다. 하지만 반대로, 소액대출처럼 적은 액수의 돈을 대출받는 경우, 종종 그러한 부담금은 결정적으로 중요한 요소다. 이런 사실은 종종 왜 어떤 사람은 어떤 대출 시스템을 찾고, 왜 다른 사람은 그 시스템을 찾지 않는지 이해할 수 있게 만드는 핵심적 요소이다. 따라서 영세사업자의 경우, 대출 비용은 이자율보다는 대출 서비스를 받기 위해 들이는 절차와 시간에 의해 훨씬 더 많이 좌우된다.

이런 이유 때문에, 우리는 노벨상 수상자인 코스Ronald Coase가 1937년부터 확립했고, '신제도 경제학New Institutional Economics' (Williamson, 1994)의 일환으로 활발히 전개되는 거래비용의 개념에 의지할 필요가 있다. 이렇게 함으로써, 우리는 사람들이 이 주제와 관련하여 갖고 있

---

2. 더 상세한 내용을 위해서는 마르크 라비의 『소액금융의 문제 *La microfinance en question*』(Édition Luc Pire, 1999) 참조.

는 생각을 잘 이해할 수 있을 것이다.

여기서 문제되는 건 소액금융기관이 공식 금융권 내로 통합되는 절차를 용이하게 만드는 방법이다. 대체로, 사람들은 다음과 같은 사실을 단언하는 것으로 만족해한다. 그러니까 탈중심화된 대출 서비스(즉, 기관은 영세사업자의 활동 현장에서 신용 분석을 실시한다. 따라서 대출 자격을 부여하는 절차가 최대한 감소된다)를 시행하는 소액대출기관의 영업 구조로 인해 거래비용이 줄어든다는 것이다. 우리는 여기서 잠시 생각할 필요가 있다. 서류상으로 고객을 평가하는 일과 현장에서 고객을 평가하는 일을 쉽게 비교하는 건 무리다. 따라서 거래비용을 측정하는 문제를 포괄적으로 제시할 필요가 있다. 더구나 기존의 거래비용에 관한 연구들이 대부분 취약점을 갖고 있다는 사실을 보여 준 아주 많은 저자들이 그것을 포괄적으로 다룰 필요가 있다고 주장했다.

따라서 거래비용을 측정할 지표를 더 연구할 필요가 있다. 중요한 것은 거래비용을 최소화시키는 것이고, 이와 더불어, 소액금융기관이 가능한 가장 싼 비용으로 대출을 시행하고, 지속적으로 영업할 능력을 갖는 것이다. 거래비용이 너무 높으면, 소액금융기관이 비용을 영세사업자에 전가하려는 상황이 생긴다. 지역에서 경쟁이 약할 때 특히 그렇다. 이 경우, 소액금융기관은 영세사업자에 대한 대출 환경을 개선한다는 목표를 더 이상 성취할 수 없다. 그래서 구체적으로 말하면, 소액금융기관은 한편으로는 조직의 구조와 운영 방식에 대해 연구를 해야 하고, 다른 한편으로는 차용인을 위해 거래비용에 대해 연구해야 할 것이다.

끝으로, 거래비용을 회계적으로 측정하는 일이 어렵다는 이유로, 그것을 일반 모형으로 만들기 위한 연구가 제대로 시행되지 않았다는 사실을 이해할 필요가 있다. 지금부터는 거기서 더 나아가 소액금융에서의 거래비용 메커니즘을 이해하고자 시도해 보자.

거래비용은 시장에서 경제활동을 하기 위해 들이는 비용을 나타낸다. 거기에는 교통비("대출을 시행하는 기관에 여러 차례 가야 하는가?"), 대출 서비스를 받는 데 들어가는 시간(이 시간 동안 생산 활동을 하지 못함으로써 생겨난 손실을 비용으로 나타낸다), (대출 서비스에 필요한 문건 등을 마련하기 위해 드는) 서류 비용, (기관의 담당자와 "커피 한 잔"을 하는 일에서부터 그를 정중한 식사에 초대하는 데 드는) 접대비까지 포함시킬 수 있다. 이런 요소들은 소액금융기관의 발전 과정을 이해하는 데 있어 매우 중요하다.

우리는 바로 이러한 맥락에서 거래비용을 분석함으로써, 대출자가 "개인 대출자"(대개 고리대금업을 시행하는 이 "개인 대출자"는 이따금씩 악명이 높다)와 상업 은행 사이에서 어디에 위치하는지 자리 매김할 수 있다. 그런데 모든 기관이 그 사이에서 효율적인 위치를 차지할 수 있는 건 아니다. 소액금융기관이, 시장이 메우지 못한 수요와 공급 사이의 간극을 메우기를 바란다고 해서, 반드시 그 일에 성공한다고는 말할 수 없다. 사실, 여기서 제기되는 문제는 단순한 비용과 가격의 문제를 훨씬 넘어선다. 우리는 서비스를 제공하는 방식(우리는 이를 "영업 방식"이라 부를 것이다)이 고객의 기대와 특성에 잘 부합하는가, 다른 한편으로는 그 서비스를 제공하는 기관의 구조가 적합한 것인지도 자문해야 한다.

이미 언급한 것처럼, 소액금융 분야에서 활동하는 기관들은 많고, 그것들을 한 범주 안에 묶는 것은 놀라운 일처럼 보일 수 있다. 저축협

동조합, 마을금고, 상업 은행, 개발 은행, 그리고 차츰 많은 수의 NGO
들이 이 영역에서 활동하고 있다. 하지만 이 모든 기관들의 공통점은
영세사업자에게 탈중심화된 방식으로 금융 서비스를 제공한다는 것,
그러니까 인접성의 개념notion de proximité을 이용한다는 것에 있다. 이
현상은 대출과 예금 서비스 모두에 적용된다. 인접성의 개념은 두 가
지 방식으로 나타난다. 첫 번째는 지역적 인접성으로, 소액금융기관은
다른 은행이나 기관들이 영업을 포기한 지역에서 영업을 한다. 이런
사실은 문화적 인접성으로도 해석할 수 있는데, 이 경우 소액금융기관
은 모든 고객들이 수용할 수 있는, 가능한 한 단순한 절차를 채택한다.
두 번째는 대출 서비스 직원이 항상 개인적이고 직접적인 만남을 통해
고객과 접촉하며 만남을 발전시킨다는 것이다.

그러나 영업 방식이 탈중심화되어야 한다고 해서 어떤 특정 조직 형
태를 선택해야 한다는 것을 의미하는 건 아니다. 우리는 모든 형태의
소액금융기관들에 대해서 성공한 사례와 실패한 사례들을 찾아볼 수
있다. BRI는 국가 소유의 은행이지만 상업 은행처럼 운영되고, 그라민
과 방코솔(볼리비아)은 NGO의 지위에서 출발했다. 세계의 몇몇 지역
에서는 특히 협동조합이 전통적인 금융권에서 배제되어 있던 사람들
로부터 예금을 유치하는 데 성공하고 있다.

여러 해 동안, 상업 은행은 이 금융 섹터에 전혀 관심을 보이지 않았
다. 오늘날에도 이 분야에 관심을 보이는 상업 은행의 수는 아주 조금
증가했을 뿐이다. 이와 대조적으로, 협동조합은 이따금씩 놀라운 성과
를 보여 주었고, 특히 예금 분야에서 그러했다. 하지만 그들은 고객의
매우 많은 수요를 만족시키는 데 이르지는 못했다. 이 섹터에서 효과
적으로 영업할 수 있다는 것을 차츰 이해하게 된 NGO에 사람들의 관

심이 향하게 된 것은 바로 이런 맥락에서였다.

오늘날에는 소액대출의 영역에서 수십 년의 경험이 쌓인 만큼, 가장 효율적인 조직을 만드는 데 필요한 실천 방안을 이끌어 낼 수 있다고 말할 수 있다. 그런데 이미 널리 알려져 있듯이, NGO는 국가의 규제 때문에 고객에게서 예금을 유치할 수 없다는 불리한 점을 지니고 있다. 하지만 이따금씩 고객들에게는 예금 서비스가 대출 서비스만큼이나 절실히 필요한 서비스다. 다른 한편으로, NGO들은 개발원조 기금을 받기가 어렵거나 출자금을 얻을 가능성이 적은 경우에 자주 자금난에 처했다. 이런 이유에서, 사람들은 법적 권한을 가진 섹터 내로 NGO를 통합시키기를 원했다. 따라서 우리는 제도화의 문제가 중요한 논리적 근거를 갖는다는 것을 이해할 수 있다. 법적 자격을 갖지 않은 NGO나 여타의 기관들은 자격을 갖춘 기구로 변모될 필요가 있다.

바로 이 문제가 오늘날의 커다란 관심 사항인 것처럼 보이기 때문에, 여기서 몇 가지 사실을 강조할 필요가 있다. 제도화 과정에 도움을 준다는 건 결국에는 다른 무엇보다 기관이 (경제적) 생존 능력을 갖추는 데 도움을 준다는 것이다. 마르크 라비가 말하는 것처럼,[3] "그것은 가능한 최대의 수익을 올리는 동시에 가능한 최소의 비용을 들이는 방법을 찾아야 한다는 걸 의미한다." 그런데 대출금의 현실적 액수를 생각할 때, 이따금씩 인접성의 전략을 실행하기가 매우 어렵다. 따라서 소액금융의 영역에서는, 내부적 운영 구조를 선택하는 게 훨씬 더 중요한 문제다. 카운슬링, 직업교육 등 여러 보충적 서비스를 실시하는 것도 아주 큰 역할을 할 수 있다.

---

3. Marc Labie, 『소액금융의 문제 *La microfinance en question*』, Éditions Luc Pire, 1999.

따라서 목표는 수익이다. 이를 이루기 위해서는 기관의 크기가 최소화되어야 한다. 인접성의 요구를 충족하기 위해서는 "최상의 실천 방안"도 필요하다. 처음에, NGO는 지역적으로 영세사업자를 지지하기 위해 창설될 것이다. 초기에는 작은 규모의 조직을 바탕으로 소액대출 프로그램이 시행된다. NGO는 성장을 하는 동안 영세기업들의 요구를 충족시키기 위해 규모를 확대할 필요성을 느낀다. 이런 변화에 적응하기 위해서는 세 가지 조건이 필요하다. 첫 번째는 추가적인 자금원을 찾아야 한다(이는 충분한 운전 자금이 필요하기 때문이다). 두 번째는 추가적으로 직원을 고용해야 한다(인접성의 전략 때문에 더 많은 수의 직원이 필요하다). 세 번째는 새롭게 적용한 방법론을 구조화하는 일이 필요하다.

이런 변화 과정에서, 기관은 대출 서비스 분야의 직원 중에서 새로운 사원을 채용하고 교육시키는 데 가장 적합한 능력을 가졌다고 판단되는 사람을 간부로 진급시키는 결정을 내리게 된다. 계속 성장하는 기관은 이런 식으로 수직적 성장(사업을 시작한 지역에서 대출 서비스의 양과 종류가 증가한다)에 더불어, 수평적 성장(다른 지역들에 지점이 개설된다)을 이루게 된다. 이어서 지점들을 관리하는 작업이 차츰 정착된다. 이런 변화가 진행되는 동안, 자금을 관리하는 일이 더 큰 중요성을 갖게 되고, 다른 기관들과 많은 계약도 맺게 된다. 이때 기관의 몇몇 직원을 점차 복잡해지는 자금과 계약 작업을 같이 관리하는 일에 할당하는 것이 필요하다. 결정 기구로 변모한 본사는 인수 합병 같은 다른 구조적 전략을 시행할 수 있다. 여기서는 바로 규모의 경제가 추구된다.

이때 제도화의 과정이 진행될 수 있다. 직원 교육 프로그램이 마련되고, 기관은 차츰 금융권 출신의 직원을 채용하게 된다. 이런 관점을 따를 때, 현재는 변화하는 기관의 유형을 구분하는 것이 더욱 합리적인 일로 보인다. 이 경우, 두 가지 다른 모델이 존재한다. 우선, 어떤 기관은 서로 다른 프로그램을 위해 각기 다른 회계 부서를 갖추는데, 이는 각 프로그램에 적합하게 회계 작업을 시행할 필요가 있기 때문이다. 다른 한편으로, 기관 자체가 이중적 구조를 갖는다. 그러니까 소액금융 서비스와 관련한 프로그램은 새롭게 만든 기관에서 시행하고, 다른 프로그램은 NGO 내부에서 계속 시행한다.

만일 이런 발전 과정이 이뤄지는 데 최소한 10년이라는 긴 시간이 요구된다고 생각한다면, 소액금융기관이 영속성을 보장받는 데 있어 필수불가결한 조건은 사회적 의무를 유지해 나가는 데 있다는 걸 기억할 필요가 있다. 코르포솔이 경험한 위기는 여러 기관이 경험할 수 있는 어려움을 매우 명확히 보여 준다. 끝으로, 제도적 환경, 특히 국가가 금융권 내에서 시행하는 우선적 과제를 잘 파악하고 있어야 하고, 소액금융 활동이 다른 공공 정책과 혼합되어 실행될 가능성도 무시해서는 안 된다.

적절한 구조의 선택

몇 가지 기본 원칙을 제시해 보자. '고정 비용Coûts Fixes = 수수료Commissions + 이자율taux d'intérêt'이라고 가정하자.

대출 총액[MP: Montant Prêté](이것은 가장 중요한 변수다)과 이에 적용한 이자율[i: taux d'intérêt]을 제외하고도, 다섯 가지 변수를 더 고려해야 한다.

FF: 영세사업자가 소액금융 프로그램을 소개받는 데 드는 금융 비용Frais Financiers pour introduction, FD: 서류 비용Frais de Documentation, FT: 교통비Frais de Transport, T: 소액금융 서비스를 받기 위해 할애한 시간

Temps consacré(이 시간을 비용으로 환산하여 표현한다), FC: 접대비Frais de Courtoisie. 따라서 우리는 영세사업자가 대출을 받는 데 드는 필요한 총비용[CT: Coût Total]을 다음과 같이 표현할 수 있다.

$$CT = CF + Ct$$

$$CT = [(MP.i) + FF] + [FD + FT + T + FC]$$

여기서, [(MP.i)(MP에 적용된 i[이자율]: 옮긴이) + FF]는 일반적으로 고전 경제학이 언급하는 "총금융비용Coût Financier total"(CF)에 해당한다. 이것에 대출 서비스를 받기 위해 영세사업자가 필요로 하는 거래비용(Ct: Coût de transaction)을 나타내는 [FD + FT + T + FC]를 추가해야 한다.

그러면 이제부터 적절한 구조를 선택하는 문제를 살펴보자. 소액금융기관은 영세사업자가 다른 개인 대출자로부터 돈을 차용할 때 드는 총비용(CT)보다 적은 총비용(CT)을 제시할 수 있어야 한다. 거래비용(Ct)과 관련하여, 상업 은행이 비공식 금융권의 개인 대출자보다 더 경제적일 수 있다고 생각하기는 어렵다. 따라서 상업 은행이 추가적으로 생겨나는 거래비용을 상쇄하려 한다면 개인 대출자의 그것보다 상당히 적은 총금융비용(CF)을 제시해야 한다. 그런데 다른 한편으로, 소액대출 영역에서 특수화된 기관이 상업 은행의 총금융비용(CF)보다 적은 총금융비용(CF)으로 대출 서비스를 시행하기는 거의 불가능하다.

따라서 이론적으로는 영세사업자에게 상업 은행의 그것보다는 적은 거래비용(Ct)을 제시하면서 개인 대출자의 그것보다 적은 총비용(CT)으로 대출 서비스를 시행할 수 있으면, 소액대출 영역에서 특수화된 기관은 시장의 불완전성을 해소할 수 있는 기구가 될 수 있다.

오늘날, 소액금융을 시행하는 상업 은행은 극히 적다. (상호공제 운동의) 협동조합은 이따금씩 놀라운 성공을 거두었고, 특히 예금 서비스 영역에서 그러했지만, 공식 금융 시스템과 비공식 금융 시스템 사이에 존재하는 틈을 메우지는 못했다.

바로 이런 맥락에서 사람들의 관심이 NGO로 향하게 되었다. NGO는 다른 금융기관들이 적용받는 바젤협약을 적용받지 않고, 일반적으로 고객의 예금을 유치할 자격이 없다. 그래서 국내외의 기구나 정부 기관들은 금융권의 이 새로운 기관을 다른 법적 기관들과 같은 지위로 올려놓는 것이 바람직하다고 차츰 생각하게 되었다. 그리고 1990년대 초반에 훌륭한 성과를 기록한 NGO들이 자신들의 자금으로 감당하기 어려울 만큼 빠른 속도로 성장했다. 이러한 결과들이 계속 파생하면서, 소액금융 NGO 중 위험할 정도로 규모가 커진 기관을 독립적인 금융기관으로 만들려는 움직임이 생겨났다. 이러한 움직임은 지금도 소액금융 분야에서 지배적으로 나타나는 현상이다. 그동안 NGO는 서류 분석이나 보증의 영역(NGO는 은행에 대해 자신의 자금으로 영세사업자의 대출 상환을 보증했다)에서 활동할 수 있었기 때문에, 계속 간접적인 금융 중재 기능을 맡고 있었다.

이런 방안이 종종 실망스런 결과를 낳았기 때문에, 이후로 직접적인 금융 중재 기능을 맡는 특정 기관을 만드는 것이 지배적인 경향이 되었다.

마지막으로 언급할 것은 경영의 문제와 직접 관련이 있다. NGO와 다른 금융기관과의 근본적인 차이점은 전자가 보조금이나 지원금을 통해 사업을 운영하는 반면, 후자는 일반적으로 그렇지 않다는 것이다. 대체로, 한 기관이 보조금이나 지원금의 지원을 넘어서 경영할 수 있을 때 독립적인 기관이 된다는 사실에 동의가 이뤄지고 있다. 그렇게 되기 위해서는 일반적으로 두 가지를 이용하는 길밖에 없다. 그러니까 비용과 수익을 이용하는 것이다. 비용의 측면에서 말하면, 기관은 보조금을 받지 않으려는 의도 때문에, 흔히 가능한 작은 영세기업을 상대하려 한다. 수익의 측면에서 말하면, 기관은 금융적으로 독립적인 기관이 되려는 동일한 의도 때문에 (정부가 허용하는 범위 내에서) 이자율을 높게 적용하는데, 이 일은 금융 서비스를 제공하는 데 드는 비용을 실제적으로 충당하기 위해서다. 그러나 (거래비용[Ct]을 포함한) 고객이 부담하는 총비용(CT)이 개인 대출자의 경우보다 커서는 안 된다. 따라서 우리가 소액대출 영역에서 특수화된 기관이 요구하는 이자율이 이론적으로 상업 은행이 요구하는 그것보다 높다는 사실을 인정한다 하더라도, 대개 그 상한선에는 어떤 한계가 있다.

이자율은 자금을 마련하는 데 드는 비용과 운영비용을 충당할 만큼 책정되어야 하고, 또한 그것을 계산할 때는 인플레이션과 대출금이 회수되지 못할 경우를 대비한 준비금도 고려해야 한다. 그런데 인플레이션은 어떤 소액금융기관도 어쩔 수 없는 요소다. 따라서 소액금융기관은 다른 세 가지를 최대한 적절하게 관리해야 한다. 그런데 비록 소액금융기관이 국내외의 중개 기관을 통해 유리한 이자율로 자금을 빌릴 수 있다 하더라도, 자금을 얻는 데 필요한 비용은 소액금융기관이 어쩌기 힘든 측면이 있다. 나머지 두 요소, 즉 운영비용과 고객의 채무불이행의 경우를 대비한 준비금은 소액금융기관이 상대적으로 많은 영향을 끼칠 수 있다. 따라서 소액금융기관은 자금을 관리할 때 그 두 요소들에 핵심적 비중을 두어야 한다. 어떻게 그것들을 최소화할 수 있을까? 지난 20년간의 경험을 통해서 볼 때, 탈중심화된 대출 서비스 방법론의 원칙들을 모두 잘 준수한 경우에는 채무불이행의 사례를 3% 줄일 수 있는 것으로 나타난다.

제도화는 복잡한 문제다. 제도화로 생겨날 새로운 기구가 소액금융의 고유하면서도 가장 중요한 특성을 지속적으로 유지할 수 있어야 하기 때문이다. 하지만 이런 접근법의 한계도 의식할 필요가 있다. 제도화는 현재 활동 중인 모든 소액금융기관에 적용할 수 없다. 어떤 기관은 너무 작거나 운영 방식에 있어 너무 비전문적이고, 어떤 기관은 영세기업들의 통합적 발전이라는 이상에 너무 집착하고, 다른 어떤 기관은 영세기업을 지원하는 데 너무 혁신적인 방법만을 쓰려 한다. 이러한 기관들은 제도화의 대상이 될 수 없다. 다음과 같은 사실을 잊어서는 안 된다. 소액금융은 태어난 지 얼마 안 됐고, 그 세계를 어떤 단일한 시각으로만 바라본다면, 달리 분석할 수도 있는 영역을 제한하게 될 뿐 아니라, 소액금융이 현재 엄청난 규모로 존재하는 수요에 응답하며 전해 주는 희망을 축소시킬 수 있다는 것이다.

소액금융의 금융권 내로의 진입

이제부터 우리는 소액금융기관이 갖고 있는 몇몇 위상을 살펴보려 한다. 특히 금융 시스템과 관련해 그렇게 해볼 것이다. 소액대출을 시행하는 어떤 기관은 은행으로 변모하고 있고, 어떤 은행은 소액대출기관으로 변모하고 있다. 여기서 우리가 주요하게 생각하는 것은 언제나 같다. 그러니까 소액대출을 시행하는 기관이 법적 자격이 있는 금융권 내로 어느 정도는 통합될 수 있어야 한다.

소액금융기관의 은행으로의 변모(혹은 업스케일링)

오늘날, 소액금융기관이 가장 중요시하는 건 무엇보다도 자금 확보이다. 최근에, 몇몇 소액금융 NGO(볼리비아의 프로뎀과 방코솔, 케냐의 K-Rep, 도미니카 공화국의 방코 아데미Banco Ademi)들은 공식 금융기관으로 변모하는 작업을 성공적으로 마무리했다. 이 기관들은 출자자들로부터 자금을 빌리기보다는 상업적 활동을 통해 직접 그것을 마련해야 한다는 사실을 인정한 것이다.

이런 식으로 "변모한" 기관들의 수, 즉 NGO에서 상업 은행으로 전환한 기관들의 수는 전 세계적으로 활동하는 소액금융기관들(이 기관들은 NGO, 상호공제조합, 톤티조합 등 다양한 위상을 갖는다)의 엄청난 수(10,000개 이상)와 비교할 때 여전히 적다. 1992년부터 2003년 3월 사이에 15개국에서 40여 개의 소액금융 NGO가 변화를 이뤄냈다. 그중 23개의 기관이 남아메리카에서 활동하는데, 가장 유명한 것이 방코솔, 카하 로스 안데스Caja Los Andes(볼리비아), 미방코Mibanco(페루), 방코 아데미(도미니카 공화국)이다. 15개 기관은 아시아에서 활동하고, 대표적으로 카드 루럴 뱅크CARD Rural Bank(필리핀)가 있다. 다른 하나는 아프리카의 케냐에 있는 K-Rep이다.[4]

이 중 몇몇 기관들은 전통적인 금융기관들보다 훨씬 더 큰 성공을 거두었다. 많은 기관들이 사회적 사명을 잘 수행해 나가면서도, 경쟁력 있는 상업적 금융기관으로서 부각할 수 있었다.[5] 그런데 특히 스스로

---

4. 「소액금융의 변화하는 얼굴The changing face of Microfinance」, Nimal A. Fernando, Asian Development Bank.
5. 『소액 성공 이야기Micro Success Story?』의 서문, Geert van Der Linden, vice president, Knowledge management and sustainable development, Asian Development Bank(영어 텍스트에서 번역).

의 영업을 통해 손익분기점을 넘어서고, 연구 영역을 넓히기 위해 지속적으로 노력하는 기관들만이 이런 과정을 시작한다. 어떤 경우, 기관은 정부로부터 특정 영역에서 활동할 수 있는 권한을 얻어 낼 수도 있다. 볼리비아에서는 NGO가 예금을 유치하고 이체 등 여러 서비스를 제공하는 공식적 권한을 가진 FTP(민간 금융 기금fonds financiers privées)로 전환할 수 있다.

페루에서, ACP는 1998년에 미방코로 변모하면서 그 역할 역시 바뀌었다. 처음에 ACP는 스스로를 가난을 감소시키기 위해 활동하는 기구로 인식했지만, 미방코는 스스로를 무엇보다도 상업적 금융기관으로 인식한다. 이러한 변화 과정에서, 어려움은 거의 대개 사회적 사명과 상업적 목적 사이에서 균형을 찾는 데 있다. NGO의 초기 이사회가 기관을 전문적으로 운영할 능력을 반드시 갖추고 있어야 할 필요는 없다. 이 기관들 중 많은 기관이 금융기관으로 변화하기 한 해 전에 직원들에게 필요한 직업교육을 실시하며 훌륭하게 변화 작업을 완수할 수 있었다.[6] 어떤 기관들은 공식 금융기관에서 이미 능력을 인정받은 사람을 채용하기도 했다. 실제로, 사업 전환 과정에서는 새로운 조직을 편성하고, 전문 인력을 채용하고, 새로운 업무 과정에 대해 직원 교육을 실시하는 등 내부를 재조정하는 작업이 핵심 단계를 이룬다.

이런 변화 과정에서 흔히 커다란 결과가 생겨난다 하더라도, 이런 현상은 논리적으로 수익성과 독립성을 추구해야 할 NGO에게는 자연스

---

6. 방코솔(볼리비아)은 직원 교육에 아주 많은 돈을 투자했다. 미방코(페루)는 금융기관으로 변모하기 한 해 전에 직원 교육을 실시했다. K-Rep(케냐)와 카드(필리핀)는 외부의 서비스 회사와 계약을 맺어 그들의 직원들에게 전통적인 은행 시스템과 관련한 사항들을 교육했다. 「NGO의 변모, 소액금융의 최상의 실천 방안들NGO Transformation, MF Best Practices」.

런 일이다.[7] 나아가, 그 변화 과정을 통해 기관은 새로운 자금 구조를 갖게 되고, 그 결과 쉽게 자금원을 구하는 혜택을 누린다. 주주들이 이 새로운 금융기관에 관심을 나타내게 되면, 이것으로 지속적인 자금원이 마련되는 길이 열린다. 흔히 융자를 받아 사업을 시작할 수밖에 없었던 많은 NGO들에게 이러한 일은 새로운 현상이다.[8] 엘리자베스 린느Élisabeth Rhyne는 "NGO의 구조는 어떤 금융기관의 그것과도 다르다. 왜냐하면 NGO가 아무리 안정된 기관이라 하더라도, 그것이 주식이나 융자금 같은 위험이 있는 자본을 보유할 수는 없기 때문이다"라고 설명한다.[9] NGO는 자금 구조의 취약성 때문에 민간 투자자들로부터 자금을 조달할 수 있는 신용 있는 기관이 되지 못한다. 그녀는 계속 말한다. "NGO의 자산은 고객의 채무불이행 가능성 때문에 쉽게 측정할 수 없고, 따라서 NGO에 출자한 사람에게는 안정성이 아주 적게 보장된다." 따라서 NGO를 주주를 둘 수 있는 법적 자격을 가진 금융기관으로 변모시키는 일이 해결책이다. 드물기는 하지만, 어떤 경우에는 이러한 변화 과정을 통해 소액금융기관의 임원이나 직원들이 기관의 소유주가 될 수도 있다. NGO인 카드(필리핀)의 창시자이자 사장은 땅을 소유하지 못한 가난한 사람들이 공동 주주의 자격을 갖고 경영에 참여할 수 있는 은행, 그러니까 궁극적으로 그들이 소유하고 경영할 수 있는 은행을 창설한다는 비전을 갖고 있었다.

NGO는 이런 변화 과정에서 생겨나는 중대한 결과에 대처하는 것

---

7. 출처: 「NGO의 변모NGO Transformation」, p. 12, Microentreprise Best Practices(영어 텍스트에서 번역).
8. 대부분의 NGO들은 여전히 외부의 출자자(출자기관, 협동조합기구 등)들로부터 자금을 조달한다. 그런데 기관의 성장 필요성을 감안할 때, 그 자금의 총 액수가 적은 편이다. 나아가, 일반적으로 자금 액수와 기일도 잘 예측할 수 없는 실정이다.
9. Élisabeth Rhyne는 악시온 네트워크 서아프리카 부서의 수석 부의장이다.

말고도, 투명한 자금과 회계 시스템을 갖기 위해 내적 통제를 잘 수행해야 한다. 이렇게 할 수 있다면, NGO는 금융기관으로서의 인정과 합법성을 부여받은 새로운 기관이 될 수 있다. (케냐의) K-Rep의 경우에, 도전 과제는 자체의 상업적 이미지를 탈바꿈하는 것이었다.[10]

다른 많은 기관들이 이러한 변화를 이용해 예전에는 제공할 수 없었던 이체, 임대, 지불 시스템 서비스를 시행할 수 있었다. 실제로, 대다수의 기관들이 사업 전환을 가난한 사람들에게 확대된 서비스를 제공할 기회로 여기는데, 이런 일은 그들의 사회적 사명과도 부합한다. 이런 식으로 카하 로스 안데스[11](볼리비아)는 2001년부터 2006년 사이에 고객 수가 43,500명에서 80,000명으로 증가했고, 같은 시기에 대출금 총액도 5,500만 달러에서 1억 6천만 달러로 증가했다….

그럼에도 불구하고, 기관은 이런 변화 과정 동안 많은 장애를 겪고, 많은 시간을 소모하고, 값비싼 비용을 들인다. 더구나 기관은 공통적인 관심사를 갖는 투자자를 찾을 수 없을 때, 이따금씩 충분한 자금을 마련하지 못한다.

몇몇 전문가들은 소액금융의 성장 과정에서 제도적 변화가 필수적인 단계는 아니라고 여긴다. 그들은 그 증거로 몇몇 대규모 NGO들이 아주 효율적으로 운영되는 사례를 내세운다. 그렇다 하더라도, 소액금융 분야에서 활동하는 NGO는 어쨌든 효율적이고 투명한 운영 방식을 택하며 변화를 거듭해 나가야 한다. "NGO에게 있어 이런 변화는 기관

---

10. 출처 : K-Rep(케냐) : 『제도화 과정에서 이끌어낸 교훈 *Leçons tirées de l'institutionnalisation*』
11. 원래는 "PRO CREDITO"라고 불렸는데, 1995년 7월에 사업 전환을 하여 FTP가 된 다음, 볼리비아어로 "Caja Los Andes"라는 이름을 갖게 되었다.

이 초기에 갖고 있던 사회적 사명과 어울릴 수 있는 새로운 상업적 접근법을 채택한다는 걸 의미한다."[12]

나아가, 두 가지 요소가 소액금융기관-상업 은행의 변모에 장애가 될 수 있다. 우선, 은행은 영세사업자들의 위험에 대해 선험적 평가를 내리고, 그들이 제시할 수 없는 정보와 보증을 요구한다. 또한 은행이 소액대출 서비스를 시행하려면 이전에는 존재하지 않은 다른 비용, 예를 들어 인접성의 전략을 위한 비용을 지불해야 한다. 소액금융을 반드시 실시하려 할 때, 이러한 경우들이 커다란 문제가 된다면, 상업 은행이 소액금융기관으로 변모(즉, 다운스케일링)하는 해결책 이외에 다른 해결책을 생각하기는 어렵다.

은행의 소액금융기관으로의 변모(다운스케일링) 혹은 계열화

우리가 연구한 바에 의하면, 최근에 상업 은행들이 소액금융 영역에 진입하는 현상은 그 섹터에서 일어나고 있는 근본적인 변화의 징후인 것으로 보인다. 지금까지, 소액금융을 자선 활동으로 간주한 은행과 다른 금융기관들은 그 섹터에 실제적으로 진입할 생각을 거의 않고 있었다. 하지만 최근에 소액금융의 사회적·경제적 효율성 두 가지를 모두 신중하게 고려하게 된(2004년에 시티그룹Citigroup의 자기 자본에 대한 수익률이 21.3%였던 반면, 남아메리카의 12개 소액금융기관들은 20.2~50%였다) 상당수의 상업 은행들이 간접적으로 소액금융기관에 투자하며 소액금융 활동을 하거나(즉, 기술적 지원을 하거나, 자본금을 빌려주거나, 기관의 경영에 참여한다), 다운스케일링을 거쳐 직접 소액금융을 시행한다.

---

12. 출처 : 「소액 성공 이야기Micro Success Story?」, Nimal A. Fernando (영어 텍스트에서 번역).

특수화된 조직의 창설

이 모델을 따르는 은행은 내부에 만든 특별한 한 부서(내부 조직)에 경영을 일임해 소액금융 서비스를 실시한다. 이 조직은 은행과 법적으로 다른 자격을 갖지도 않고, 구분되는 규제도 받지 않는다.

은행은 이 내부 조직의 시스템과 업무 과정을 소액금융의 특정한 필요성에 맞추어 조정해야 한다. 은행은 이 조직에 대출 서비스와 관련한 시스템과 절차를 따르고, 인적 자원을 관리할 특정 정책을 실시하고, 그 목적과 조화를 이루는 경영 규칙을 지키도록 아주 큰 권한을 부여할 수 있다.

다른 한편으로, 이 내부 조직은 은행의 다른 여러 부서와 연계하여 활동할 수 있다. 예를 들어, 이 조직은 은행의 여러 세부 서비스를 맡은 부서나 기본 생활비 대출을 시행하는 부서와 함께 서비스를 시행할 수 있다.

예를 들어 보자. 이 방식을 선택한 몽골의 농업은행Banque agricole은 몽골에서 가장 큰 은행으로, 전국에 410개의 지점을 두고 있다. 1999년에 이 공공 은행을 민영화하려는 야심찬 정책이 시작되었고, 그 결실이 이루어졌다. 이후로, 은행은 서비스 영역을 확대해 이체와 다양한 예금 서비스를 시행하고, 177,500명에게 총 1억 700만 달러를 대출하며 중간 규모의 기업 · 퇴직자 · 영농업자에 대해 대출 서비스를 실시했다. 나아가, 2003년에 이 은행은 자기자본 대비 36.4%의 수익률을 기록했고, 모든 지점을 평가했을 때, 그중 최고의 연체율을 기록한 곳이 2%에 이르지 않았다. 이 농업은행은 현재 몽골에서 가장 큰 수익을 올리는 은행 중 하나다. 이 은행을 모델로 세계 여러 곳에서 다른 은행들이 생겨나고 있다. 특히, 탄자니아의 아키바 상업은행Akiba Commercial Bank, 인도네시아의 라캬트 은행Bank Rakyat, 이집트의 카이로 은행Banque du Caire, 에콰도르의 방코솔리다리오BancoSolidario, 케냐의 협동은행Cooperative Bank을 예로 들 수 있다.

특수 금융기관

은행은 내부 조직을 만드는 대신, 다른 법적 자격을 가진 IFS(특수금융기관Institution Financière Spécialisé)를 만들어 소액금융 사업을 일임할 수 있다. IFS는 지역의 금융 감독 당국으로부터 권한을 인정받고, 그에 의해 감독이나 통제를 받는다. 이때 IFS는 은행만이 소유권을 갖는 회사일 수도 있고, 아니면 은행이 다른 투자자들과 함께 소유하거나 전략적인 제휴 관계를 통해 운영하는 합작 투자 회사일 수도 있다. 이 IFS는 정관이 명시하는 여러 금융 서비스 이외에도 다른 세부 소액금융 서비스, 특히 대출금의 지불·회수, 수표 발행을 실시한다.

IFS는 모회사인 은행과는 다른 법적 자격·경영 구조·경영진·인적 자원·업무 과정을 갖는다. 이 새로운 기구가 모회사의 인프라(예를 들어, 사무실, 정보 시스템, 회계 시스템 등)를 이용하도록 할 수도 있고, 혹은 그 기구가 더 독립적으로 되어 은행과 거의 다른 구조를 갖도록 모델에 변화를 줄 수도 있다.

소액금융 영역으로 다운스케일링한 몇 가지 예

방콜롬비아

콜롬비아 최초의 은행 방콜롬비아Bancolombia는 현재 전국에 걸쳐

600여 개의 지점을 두고 있다. 2003년에 "엠프레데도르Emprededor" 프로그램이 생겨나, 2004년 3월에 최초의 소액대출 서비스가 시행되었다. 2005년 4월 말, 이 프로그램을 이용하는 고객의 수는 3,800명이 넘고, 총 대출액은 880만 페소(약 300만 유로)가 넘었다. 방콜롬비아는 2010년까지 프로그램을 이용하는 고객의 수가 5배 증가하고, 총 대출액도 6배 증가할 것으로 바라본다. 특히 방콜롬비아의 프로그램은 시작할 당시에 플라넷 피낭스로부터 기술적 도움을 받았다.

피나데브 SA

1995년에, 베냉의 파이낸셜 뱅크Financial Bank는 근로자의 주택비와 기본 생활비에 대한 대출 서비스를 시행하고, 다른 소액금융기관들에게 자본금을 융자하며 소액금융 분야로 진입했다.

같은 시기에, 이 은행은 자본금을 융자해 준 소액금융기관들에게 은행 창구의 일부를 무상으로 제공했다. 파이낸셜 뱅크는 이러한 경험을 쌓는 동안 소액금융 섹터의 고객들은 물론 그들의 거래 방식에 친숙해질 수 있었다. 파이낸셜 뱅크는 1998년 11월에 소액금융 섹터로 사업을 확장하기로 결정을 내린 다음, 프로그램을 실시할 내부 부서를 만들었다. 이어서 커다란 성공에 고무된 파이낸셜 뱅크는 독립적으로 소액금융 프로그램을 시행하는 기관을 두기로 결정하면서 IFS인 피나데브FINADEV를 창설했다. 2001년 7월에 이 새로운 기관은 사업을 시작했고, 더치Dutch FMO, 라 파이예트 파르티시파시옹La Fayette Participations, 베냉 파이낸셜 뱅크, 파이낸셜 뱅크 홀딩Financial Bank Holding 등 몇몇 주주들도 모을 수 있었다. 피나데브는 파이낸셜 뱅크의 6개 지점 가운데 5개 지점에서 사무실을 빌리고 있고, 자체적으로 2개의 지점을 두고 있다. 만일 모회사 은행에서 두 명의 임원이 퇴사를 하면, 이 2개의 지점으로부터 1명씩 직원을 채용한다.

우니방코

1924년에 창설된 브라질의 세 번째 상업 은행인 우니방코Unibanco는 약 5년 전부터 소액금융 분야에서 활동하고 있다. 2000년 12월부터, 우니방코는 브라질의 가장 큰 대출 회사 가운데 하나인 피니베스트Finivest의 경영에 참여하여, 오늘날에는 그 회사의 주식을 100% 소유하고 있다. 또한 우니방코는 피니베스트를 통해, 2001년에 NGO인 리도크레드RidoCred가 변모하여 태어난 마이크로인베스트 SA의 주식을 대부분 보유하고 있다. 이런 식으로 우니방코는 5년 동안 4,800명의 영세사업자들에게 약 700만 레알(스페인의 화폐 단위. 1레알은 약 12.5센트: 옮긴이)을 대출했다.

여기에 덧붙여, 다른 은행들도 소액금융 영역에서 특수화된 기관에 경영 참여를 하는 경우가 상당히 증가하고 있다. 나아가, 그 은행들은 오직 소액금융 활동만을 하기 위해 이 영역에 투자를 하거나(예를 들어, 덱시아 마이크로크레디트 펀드Dexia MicroCredit Fund[DMCF], 덱시아가 설립한 룩셈부르크의 시카브SICAV, 스위스의 4개 은행이 설립하고 프랑스의 한 대형 은행이 원조하는 룩셈부르크의 리폰서빌러티 펀드ReponsAbility Fund), 자산의 일정 비율을 소액금융기관에 할당한다(CDC Ixis AM의 남북발전기금 등). 은행의 경우, 이미 지점망을 갖추고 있는 동시에 소비자들로부터 좋은 이미지를 갖고 있기 때문에, 소액금융 영역에서 활동할 때 핵심적인 경쟁력을 갖게 된다.

은행이나 소액금융기관이 어떤 구조를 갖든, 그 목적은 주어진 제도적 환경 내에서 영세사업자들의 특정한 요구를 충족시키는 것이다. 각 기관이 환경에 맞게 가능한 더 나은 운영 구조를 선택하는 동시에 사회적이고 경제적인 목적에 맞춘 전략을 시행한다면, 지속적으로 활동할 수 있을 것이다.

어떻게 사회적 사명을 실현할 것인가?

오늘날 소액금융의 몇몇 영역에서 규칙을 잘 지킨 덕분에 수익이 생겨나고 있다 하더라도, 이 장에서 제기한 질문은 소액금융의 사회적 목적을 포함한 여러 목적을 어떻게 실현할 것인가 하는 것이다. 이를 위해서는 "최상의 실천 방안"을 따르고, 경제적이고 사회적인 목표를 추구하는 일이 필요하다. 이런 이유 때문에, 무엇보다 '평가Ratings' 작업이 필요하다. 비록 소액금융이 가난과의 싸움을 목표로 하고 있지만, 기관이 박애 정신에 따라 사업할 수만은 없다. 이런 이유로, 소액금융기관은 상업 은행처럼 스스로를 평가하거나, 출자자들에게 투자의 이유를 설득적으로 전달하기 위해 평가 시스템을 이용한다.

경제적 평가를 통한 사업 검토

특별히 소액금융만을 위한 평가 기관은 1996년에 남아메리카에서 처음으로 생겨났다. 당시 그런 서비스는 완전히 새로운 것이었고, 한 해 동안 50차례 미만의 서비스가 시행됐다. 이런 상황이었기 때문에, 평가 기관의 최초 고객들은 자신들이 투자한 회사가 어떻게 운영되는지 진지하게 알고 싶어 하는 출자자들이었다. 오늘날에는 소액금융기관이 자발적으로 평가를 받으려 하고, 투자자들도 이 일을 요구한다. 평가 기관이 공인된 평가 시스템으로 소액금융기관을 평가하는 절차가 생겨난 것은 CGAP 때문이다. 나아가, 소액금융기관에 평가 비용의 80%까지(소액금융기관이 나머지 20%의 비용을 충당한다) 비용을 지원해 준 CGAP는 소액금융의 평가 활동이 발전하는 데 아주 중요한 역할을 했다.

오늘날, 10개의 평가 기관이 활동하고 있고, 상위 3개의 기관은 한 해에 평균 30차례의 서비스를 시행한다. 모두 합하여, 1년 동안 약 150차례의 서비스를 시행한다고 생각할 수 있다. 이 분야에서 전문적인 활동을 하는 상위 3개의 평가 기관은 플라넷 레이팅PlaNet Rating, 미크로피난사Microfinanza Ltd, 마이크로레이트MicroRate이다.

기관 평가가 리스크 전반(소액금융기관의 전략, 상위 조직, 인적 자원, 정보 처리 과정과 시스템, 자금 조달 능력, 자산의 구조와 질)을 중점으로 이루어지고 있다면, **신용 평가**_rating credit_는 소액금융기관의 채무이행 능력을 평가하기 위해 그 기관의 수익을 예측하는 일에 관심을 갖는다. 오늘날에는 주로 기관 평가가 실시되고 있는데, 이 경우 운영 평가 기술과 자금 분석 기술을 이용해 소액금융기관이 견실한 구조를 갖추었는지 판단한다. 그러나 미래에는 특히 **신용 평가**를 통해 평가가 다양해질 전망이다.

예를 들어 보자. 마이크로레이트는 아프리카에서 요하네스버그에 있는 자회사 글로벌 마이크로레이트 아프리카를 통해 활동한다. 자회사 글로벌 마이크로레이트 아프리카는 마이크로레이트가 아프리카에서 가장 큰 상업적 평가 기관인 글로벌 크레디트 레이팅Global Credit

Rating과 합병하는 과정에서 태어났다. 남아메리카의 경우에는 페루의 리마에 지점이 있다. 지난 8년간에 걸쳐, 마이크로레이트는 인터아메리칸 개발은행Banque de Développement Inter-Américain, 다국적투자펀드 Fonds d'Investissement Multilatéral, USAID, UNDP, 카리브해 개발은행Banque de Développement Caribéenne, 세계여성은행Women's World Banking, 대안 대출기관 국제 네트워크Reseau International d'Institutions de Financement Alternatif 와 함께 일했다.

전 세계의 소액금융 영역에서 선도적인 평가 기관의 역할을 하는 플라넷 레이팅은 GIRAFE라 부르는 평가 시스템을 제공한다. 이 시스템은 회사의 자금 상황을 분석하는 일을 주안점으로 삼지만, 기관의 전략·조직 구조·영업 방식도 분석한다. 이 시스템은 여섯 가지 영역의 질적 측면과 양적 측면을 모두 분석의 대상으로 삼는다: 경영 Gouvernance, 정보Information, 위험Risques: 확인과 통제, 영업 활동 Activitiés, 자금과 유동성Financement et liquidité, 효율성과 수익성Efficacité et rentabilité. 현재 소액금융기관의 효율성을 제대로 평가하기 위해서는, 신용 점수credits scoring를 통해 체계적인 분석 작업을 추가적으로 시행하는 것이 적합하다. 오늘날 가난한 국가들에서는 이 신용 점수 시스템이 거의 발달하지 않았지만, 출자자들이 결정을 내리기 위해 차츰 이 시스템을 많이 참조하는 경향이다. 또한 예를 들어, 소액금융기관은 이 평가 시스템을 통해 투자자들의 과거 성향을 보다 잘 알 수 있고, 결과적으로 마케팅과 고객 정책을 보다 쉽게 세울 수 있다.

여기에, CAMEL(S)라는 평가 시스템을 덧붙일 필요가 있다. 오늘날 금융 당국들은 금융기관의 채무이행 능력을 평가하기 위한 아주 다양한 도구들을 갖고 있다. 예를 들어, 은행을 한 군데씩 직접 방문하여

질적 검사를 수행하는 방식("현장 평가on-site examination")에서부터, 순수하게 통계 자료들을 근거로 은행을 평가하는 방식("비현장 평가off-site examination)에 이르기까지 많은 방식을 사용한다.[13] 그런데 은행의 자금 건전성을 평가하는 시스템 중에 CAMEL(S) 시스템이 있다. 미국의 3대 금융 감독 기관인 연방준비제도이사회Federal Reserve, 연방예금보험공사Federal Deposit Insurance Corporation, 통화감독청Options Clearing Corporation이 1980년대 초반부터 사용한 이 시스템이 소액금융의 영역에도 적용됐다. CAMEL(S)은 각 은행에 점수(평가)를 부여할 때 평가 대상이 되는 다섯 가지 기준 요소를 가리킨다.

다섯 가지 기준 요소: 자본 적절성Capital adequacy, 자산의 질Asset quality, 경영의 질Management quality, 수익 실현 능력Earnings ability, 유동성 수준Liquidity position. 괄호 안의 S는 시장의 리스크에 대한 반응의 정도Sensibility를 가리키지만, 금융 감독 기관들은 이것을 거의 사용하지 않는다.

금융 감독 기관들은 (바젤 II와 더불어) 금융기관의 채무이행 능력을 평가하는 공식적인 시스템에 차츰 큰 중요성을 부여하고 있다. 그래서 CAMEL(S) 평가 시스템이 공식 은행권과 소액금융권 내에서 다시 주목을 받고 있다. 일반적으로 파산 가능성에 대한 선험적 지표를 구성하기 위해 만든 CAMEL(S)의 다섯 가지 기준 요소들 중에서, 네 가지 — C, A, E, L — 만이 수치적으로 평가할 수 있다. 종종 분석가의 질적 연구를 통해서만 평가할 수 있는 경영의 질(M)은 이 경우에 해당되지 않

---

13. Cf. Gunther Capelle-Blancard et Thierry Chauveau, 「기술적 효율성이 채무불이행 위험의 평가에 도움을 줄 수 있는가? 유럽 상업 은행들의 경우L'efficacité technique peut-elle contribuer à l'évaluation du risque d'insolvabilité? Le cas des banques commerciales européennes」, TEAM, WP, décembre 2002.

는다. 따라서 금융 감독 기관들은 종종 변수 C, A, E, L만을 사용한다. 세 번째 변수 M이 제외된 건 유감스럽다. 왜냐하면 대부분의 경우 우리는 경영 기술과 채무이행 능력 사이에 상호 관계가 존재하는 것을 관찰하기 때문이다.

충분한 채무이행 능력을 갖고 있다는 것은 투자자와 출자자들의 관심을 끌 수 있다는 걸 의미하고, 따라서 외부 재원을 이용해 자본을 모을 수 있는 능력을 갖고 있다는 걸 의미한다. 비공식 금융 시스템이 안정성을 갖는다는 의미에서뿐 아니라, 비공식 금융 시스템이 바젤 II가 적용되는 공식 금융권 내로 통합될 가능성이 커진다는 의미에서, 그런 상황은 좋은 것이다. 그리고 소액금융기관을 인수하려는 은행(은행은 채무불이행의 리스크와 관련한 프로젝트를 개발해야 하고, 또한 채무이행 성과를 재무 기관에 보고해야 하는 의무를 진다)에 있어서도 채무불이행의 위험을 관리하기가 쉬워질 것이다.

여기서 우리가 주장하고자 하는 바는 다음과 같다. 오늘날에는 운영의 측면에서나 채무이행 능력의 측면에서 소액금융기관을 아주 견실한 기관으로 인식하는 평가가 많다는 것이다. 이 평가 시스템이 금융 감독 기관들에 의해 만들어졌고, 심지어 공식 섹터의 은행들에도 적용된다는 사실은 주목할 만하다. 그래서 다음과 같은 질문을 제기할 수밖에 없다. 공식 섹터의 평가 도구로 평가받는 소액금융기관들이 어떻게 그 섹터의 기관들보다 나은 평가를 받는가? 결론적으로, 공식 섹터를 따라야 할 절대적 모범으로 정립하려는 시도는 명백히 정당화될 수 없고, 또한 그 질문에 답하기 위해서는 정치적 측면(베를린 장벽의 붕괴, 유럽 공산권의 몰락 등)도 생각해야 할 것으로 보인다.

오늘날 최상의 실천 방안들은 알려져 있다

여러 국가의 대외협력부서 대표, 국제기구들의 경영자, 그리고 CGAP의 발의에 의해, 소액금융에 출자하는 기관들에게 조언을 하기 위한 '교차 감사' 프로그램이 마련되었다. 이 프로그램을 통해, 17개의 출자 기관들이 운영 방식에 대한 상호 감사를 실시했다. 그 목적은 왜 그들의 운영 방식에 최상의 실천 방안들이 제대로 반영되지 않는지 이해하고, 이런 상황을 시정하기 위해서였다. 이 감사는 클리어Clear라는 이름으로 불린다.[14]

클리어 감사의 주요 목적은 출자기관들로 하여금 효과적인 협력에 필요한 조건들을 인식하게 만들어 나은 선택을 하도록 유도하는 데 있다. 이 감사를 수행하는 팀은 개발원조의 성공 사례와 함께, 그들이 공동으로 관찰한 위험하고 나쁜 실천 방안들을 보고한다.

사회적 사명에 대한 평가

또한 소액대출 서비스의 수혜자들이 자신들의 경제활동과 생활환경에 대해 갖는 생각을 잊어서는 안 된다. 그들의 경험을 반영하는 지표와 변수를 선택할 때, 질적 분석은 필수불가결한 데도 불구하고, "과학적인" 연구 영역에서는 거의 사용되지 않는다. 그러나 질적 분석도 "과학적인" 연구와 동일한 목표를 추구한다. 그러니까 그것도 소액대출 서비스 수혜자와 그렇지 않은 사람들 사이의 수입 · 소비 · 가난의 정도를 비교한다.

---

14. 더 자세한 내용을 위해서는 CGAP의 논문 「원조의 효율성을 높이기 위한 시도L'initiative pour l'efficacité de l'aide」 참조.

오늘날 존재하는 두 가지 지표 "CHI(CASHPOR House Index)"와 "PWR (Participatory Wealth Ranking)"은 가난이 감소하거나 증가한 정도를 신뢰할 수 있게 측정하는 도구이다. 첫 번째 지표는 조사원의 수가 아주 많아, 빠른 시간 안에 가난한 사람들과 접촉하며 조사를 실시할 수 있다. 이 경우, 조사원은 가난한 가구들의 집안을 주의 깊게 살피면서 그들에게 질문한다.

인도에서 실시한 조사에 의하면, 두 시기 사이에(2년의 간격을 두고 조사가 실시되었다) 소액대출 서비스를 이용한 사람은 평균 수입이 16.2%, 예금 서비스를 이용한 사람은 17.3% 증가한 반면, 소액금융 프로그램을 이용하지 않은 사람은 6.8%만 증가했다. 경제학자 헐미와 모슬리에 따르면(1996),[15] 인도네시아에서도 평균 수입이 10~12% 증가해 앞서와 비슷한 결과가 나왔고, 방글라데시와 인도에서도 30% 증가한 결과가 나왔다. 한편, 방글라데시의 경우에, 피트와 칸드커는 소액금융 프로그램을 이용한 가구들 중 5%가 매년 절대 빈곤을 벗어난다는 사실을 지적했다. 장기간에 걸쳐 진행한 연구의 자료들도 동일한 사실을 보여준다. 두 시기(91/92년~98/99년)에 설문에 참여한 사람들의 경우, 일반적인 수준의 가난은 8.5% 감소했고, 극빈은 18.2% 감소했다.

나아가, 가난한 가구들은 자신들의 사업에 대한 투자와 저축에 더 큰 관심을 보이게 되고, 이전에는 관심을 두지 않았던 은행이나 다른 금융기관들에 대해서도 기대와 신뢰를 갖게 된다.

더 넓은 측면에서 바라볼 때, 소액금융은 수혜자들의 복지, 특히 교

---

15. Hulme et Mosley, 『금융 대對 가난 *Finance against Poverty*』, Routledge, London, 1996.

육·위생·영양에 아주 큰 영향을 미친다. 특히 인도와 짐바브웨에서 이런 현상이 관찰된다. 피트와 칸드커도 그라민 은행의 대출 서비스가 여성들의 자녀 교육에 중요한 영향을 끼친 사실을 지적한다.[16] 그들의 자녀들이 학업을 계속 수행할 가능성은 1.86% 증가하고, 남학생들과 비교할 때는 2~3% 증가한다. 임펙트ImpAct가 인도의 프라담PRADAM과 함께 실시한 조사에서도, 소액대출 서비스의 수혜자가 비수혜자보다 자녀를 학교에 보낼 가능성이 더 높은 것으로 나타난다.

만일 소액금융이 아무도 부정할 수 없을 만큼 긍정적인 영향을 끼친 요소가 있다면, 그건 여성의 해방이다. 그녀들은 스스로 돈을 벌고 가능성을 탐색하게 된다. 예를 들어, 여성들이 일할 권리를 거의 갖지 못하는 이슬람 국가인 방글라데시에서, 여성들이 제약을 극복하며 자신들에게 적합한 일을 할 수 있게 됐다. 그 결과, 그녀들과 그 가족들은 미래를 보장받을 수 있었다. 더구나, 많은 소액금융기관들은 대개 여성들이 채무 상환과 관련하여 남성들보다 책임감이 더 강하다고 판단하여 여성들에게만 대출 서비스를 시행하고 있다.

남성/여성의 구분을 근거로 한 영향 평가의 대부분은 피트와 칸드커에 의해 방글라데시에서 시행됐다. 소액금융의 영향들을 곡선이나 숫자들을 이용해 평가하기는 어렵다. 그럼에도 불구하고, 영세사업자들은 어느 정도 비슷한 사실들을 말한다. 즉, 그들은 스스로에 대해 이전보다 나은 자긍심을 갖게 되었고, 미래에 대한 믿음을 되찾게 되었고, 존엄성도 갖게 되었다. 아마도 이런 결과가 가장 중요한 성과일 것이다.

---

16. M. M. Pitt et S. R. Khandker, 『그룹에 대한 대출 프로그램이 방글라데시의 '가난한 가구들'에 끼친 영향. 프로그램 참여자의 '성性'이 문제가 될까? *The impact of group-based credit programs on Poor Households in Bangladesh. Does the Gender of participants matter?*』, 1997.

III

원조는 다양해지고, 연대는 구조화된다:
국가의 역할과 국제사회로부터의 지원

　소액금융 섹터의 중요한 특성 중 하나는 자금 조달 방법의 이중성이다. 그러니까 소액금융기관은 사업을 지속하기 위해 공공 기금과 민간 자금을 적극적으로 함께 사용한다. 실제로, 소액금융기관은 지난 수년간 가난과 싸우는 데 필요한 자금을 조달하는 능력에서 매우 커다란 향상을 보였고, 그 결과 사회적 사명을 용이하게 실천할 수 있었다.

　그러나 소액금융과 관련된 화려한 통계 수치와 소액금융을 통해 가난에서 벗어난 수백만 남성과 여성들의 증언에도 불구하고, 매년 우리가 이용할 수 있는 수단은 여전히 제한되어 있다.

1. 국가의 역할

정의상, 제도화의 개념에는 국가의 역할도 포함되어 있다. 특히, 국가는 소액금융기관의 발전을 위해 일관된 제도적 환경을 마련할 의무를 지닌다. 여기서, 우리는 거시경제 정책 실시, 법률 마련, 직접적 원조 세 가지를 구분하여 생각할 수 있다.

우선, 거시경제적 측면에 대해 말하면, 소액금융기관이 모든 운영비용을 충당하고 수익률을 자유롭게 결정하고 구조적 전략을 시행할 수 있도록, 이자율 자율화 같은 경제 정책을 강조할 필요가 있다….

이어서, 국가가 적절한 법률을 마련한다면, 소액금융기관이 직접적인 지원을 받고, 예금자가 보호받고, 금융 시스템이 안정을 이루는 데 도움을 줄 수 있다. 그런데 1980년대와 달리, 국가의 역할은 단지 (개발 기관이나 개발 은행을 통해) 소액금융기관에 직접 자금을 출자하는 데만 있지 않다. 국가는 소액금융기관을 위한 전문인과 전문 기술을 개발해야 한다.

끝으로, 개발에 대한 직접 원조의 경우에, OECD 회원국들은 각기 자신들의 우선 과제에 어울리는 전략을 만들어 낸다. 물론, 개발원조 정책도 그들의 우선 과제 안에 포함된다. 그럼에도 불구하고, 여전히 자금이 부족하다. 오늘날에 가난과 효과적으로 싸우기 위해서는, 현재 많은 국가들이 내는 기부금 700억 달러 이외에도 매년 500억 달러가 더 필요하다.

이 상황을 이해하기 위해서는 30년 전으로 거슬러 올라갈 필요가 있다. 당시, 국제사회는 개발원조에 할당할 돈을 국내총생산의 0.7%까지 올리기로 만장일치로 결정했다. 그러나 얼마 전에 프랑스를 필두로 유럽의 여러 국가들이 2010년까지 APD(공적 개발원조Aide Publique au Développemnt)에 국내총생산의 0.56%를 할당하고, 그 유명한 0.7% 목표 달성은 2015년으로 미루기로 약속했다. 이런 상황 때문에, 세계경제에 비약적인 발전이 없는 한, 매년 추가적으로 생겨나는 돈은 320억 달러에 그친다. 세계 제1의 경제 대국 미국은 이 원조 행렬에서 가장 뒤쳐져 있다. 미국은 현재 국내총생산에서 0.16%밖에 할당하지 않고 있다.

사실상, 국민총생산을 감안할 때, 가장 부유한 나라들이 가장 인색하다. 1969년에 약속한 대로 국내총생산의 0.7%를 개발원조에 할당한 나라의 수는 다섯 손가락으로 셀 수 있을 뿐이다(노르웨이, 스웨덴, 덴마크, 네덜란드, 룩셈부르크).

이런 모든 상황은 다음의 사실을 의미한다. 소액금융기관의 개발(우리의 두 번째 주제)에 유리한 제도적 환경을 만들며 그 영역에 개입하려는 정책은 주로 네 가지로 구분할 수 있다: 규제, 보조금 지원, 지도, 협력.

규제: 법률을 만드는 일은 자주 가장 핵심적 요소로 인식된다

개요

규제 적용의 문제를 통해, 소액금융기관을 만드는 일, 나아가 소액 금융기관이 (인가를 얻고 자본금을 마련해) 전략대로 사업을 수행하는 일의 성공 여부가 결정된다. 그런데 이때, 소액대출 활동의 특수성에 맞추어 바젤 II를 조정하여 적용하고, 회계 정보에 관한 규칙을 재조정하여 (자본시장과 출자자를 위한) 정보의 투명성을 촉진하는 일이 필요하다. 사실, 특히 남아메리카에서, 은행 섹터를 이러한 방향으로 현대화하기 위한 많은 개혁이 시도되었다. 그러나 소액금융의 특수성이 자주 무시됐고, 그 결과 소액금융 섹터를 현대화하고 그 기관의 경영의 질을 개선해야 할 시기에 많은 시간이 허비되었다.

이자율에 대한 법적 규제

이자율과 관련된 법은 일반적으로 민법에 속하고(혹은 보통법 체계 내에서 그 내용을 규정하는 경우도 있다), 국가 소속의 기관(대개 중앙은행)으로 하여금 이자율에 상한선을 두도록 규정한다. 어떤 경우에는, 은행법의 적용을 받는 동시에 중앙은행으로부터 통제받는 금융기관이라도 이자율 상한선 규제를 받지 않을 때가 있다. 주로 개인 대출자와 은행의 일반 대출에만 이자율 상한선 규제가 적용된다. 그럼에도 불구하고, NGO가 설립한 소액금융기관도 자주 그 법의 규제를 받는다.[1]

---

1. Cf. 조금 더 자세한 내용을 위해서는 Bright Helms et Xavier Reille의 『특수한 연구, 이자율 상한선과 소액금융: 현재 무슨 일이 발생하고 있을까*Études spéciales, Le plafonnement des*

이자율 상한선을 결정하는 정부 부서는 일반적으로 대출 서비스와 관련된 소액금융기관의 비용 구조를 고려하지 않는다. 실제로, 정부 부서는 항상 소액대출기관보다 훨씬 많은 액수의 돈을 대출하는 동시에 대출 비용이 상대적으로 적게 드는 상업 은행 섹터를 기준으로 삼는다. 이렇게 하면, 당연히 소액금융의 특수성을 고려할 수 없다. 이자율 상한선을 정하게 되면, 시장이 축소되거나 소액대출을 시행하는 기관이 감소되는 결과가 발생해 영세사업자가 대출 서비스를 쉽게 이용할 수 없게 되고, 대출 서비스에 드는 총비용의 투명성이 감소한다(이자율 상한제가 없으면, 소액금융기관은 적합한 이자율을 적용해 비용의 많은 부분을 충당할 수 있다. 그러나 이자율 상한제가 있으면, 소액금융기관은 이자율이 아닌 다른 수단을 통해, 즉 서비스 수수료를 높이거나 고객에게 보험 같은 다른 서비스에 의무적으로 가입하게 해 비용을 충당할 수밖에 없다. 이런 식으로 대출 서비스와 직접 관련이 없는 부분에서 비용이 발생하면, 결과적으로 대출 서비스에 드는 총비용의 투명성은 감소한다. 이 내용은 뒤에서 더 자세히 다룬다: 옮긴이).

대출 서비스 접근의 제한

이자율 상한선이 있으면, 많은 소액금융기관들이 시장에서 빠져나가거나, 자신들의 영업비용을 충당할 수 있을 정도로만 사업 영역을 천천히 개발하거나, 아니면 축소시킨다. 이 이자율 상한제 때문에 시장에서 활동하는 다른 경제 주체의 수효, 특히 상업 은행의 수효도 감소한다. 따라서 이자율 상한선을 두는 정책은 명백히 추천할 만한 정책은 아니다. 모든 연구들이 강제로 이자율 상한선을 정하면 소액금융 서비스를 제공받는 사람들의 수효, 역설적이게도 그중에서도 특히 아주 가난한 사람들의 수효가 감소한다는 사실을 보여 주었다.

---

taux d'intérêt et la microfinance : qu'en est-il à présent?』, CGAP, septembre 2004.

서아프리카에서, BCEAO(서아프리카 중앙은행Banque centrale des États de l'Afrique de l'Ouest)는 현재 은행이 아닌 다른 대출자(대출기관)가 요구하는 이자율을 27%까지로 제한하고 있다. 이 규제 때문에, 몇몇 대형 소액금융기관들이 가난하고 소외된 공동체들에게 제공하던 서비스를 그만두기로 결정내린 다음, 거래비용이 덜 드는 도시 지역에서 그들의 사업을 다시 시작했다. 결과적으로, 아주 많은 소액금융기관들이 영업 효율성과 수익성을 높이기 위해 대출금의 평균 액수를 높이고, 보다 부유한 고객층에게 서비스를 제공하기 시작했다.

나아가, 악시온 인터내셔널이 최근에 수행한 연구에 의하면, 콜롬비아에서는 이자율 상한제 때문에 NGO들이 은행으로 탈바꿈하려는 의지가 근본적으로 좌절되면서 상업적 소액대출이 발전할 통로가 차단됐다.

케냐에서는 이자율 상한제에 대한 아주 엄격한 새로운 법령 때문에, 케냐 협동은행Cooperative Bank of Kenya은 소액대출 시장에서 사업 영역을 확대하려는 중요한 프로젝트를 후일로 미루었다.

이자율 상한제를 실시하는 23개국과 그것을 시행하지 않는 7개국의 (소액금융기관들의) 시장점유율을 비교하면, 상한제를 시행하지 않는 7개국이 더 높은 것으로 나타난다. 모로코와 볼리비아는 비교 연구 대상이 된 어느 국가들보다 현저하게 높은 비율을 보인다.

역설적으로, 이자율 상한제는 부정적인 효과를 가져온다. 이자율에 상한선이 생기자, 니카라과의 소액금융기관들은 비용을 충당하기 위해 수수료를 높이고 다른 요금들을 부과하기 시작했다. 예를 들어, 다른 소액금융 프로그램들을 통해 운영비용을 충당하기 시작했고, 그 결과 고객들은 혼란을 겪었다.

남아프리카에서 소액대출과 관련된 활동을 규제하는 일을 하는 MFRC(소액금융규제위원회Micro Finance Regulatory Council)는 몇몇 소액금융기관들이 이자율 상한제를 우회적으로 피해, 차용인들로 하여금 보증으로 생명보험에 들게 하고 여러 수수료를 공제해 간다는 사실을 알게 되었다. 그리고 이런 이유 때문에, 대출 서비스에 드는 총비용의 투명성이 감소하게 되었다(이자율 상한제는 명목 이자율에만 적용된다).

아르메니아는 이자율 책정에 관한 규칙을 명확하게 명시하지 않고, 이자율을 책정할 때 이자율에 다른 수수료나 비용을 포함시키는 일이 적법인지도 명확하게 규정하지 않고 있다. 그 결과, 소액금융기관이나 은행들은 이자율을 통해 여러 종류의 수수료와 요금들을 공제해 간다. 아르메니아의 예는 이자율 책정에 관한 규칙을 명료하게 만들지 않을 경우에 생겨날 역효과를 보여 준다.

그런데 상황을 공정하게 바라보기 위해서는 많은 개발도상국들이 1980년대에 금융권에 대한 개혁의 일환으로 이자율을 자율화시킨 사실을 기억할 필요가 있다. 몇몇 국가만이 초라한 개혁을 수행하며 상한제 원칙을 고수했다. 일반적으로 말하면, 오늘날 이자율 상한제의 대부분은 특정하게 소액금융을 겨냥하여 만든 것은 아니다. 그렇지만 많은 경우에, 이자율이 운영비용을 충당할 수 있는 비율(소위 "생존을 가능하게 하는 비율")보다 아래서 책정되어, 그 섹터에 부정적인 영향을 많이 끼치고 있다.

이런 측면 때문에, 최근 볼리비아와 방글라데시의 발전적 상황은 특별한 관심을 불러일으킨다. 잘 알려져 있듯이, 소액금융 영역의 두 승자국인 이 국가들은 이자율이 자율화된 국가로, 소액금융기관이 높은 시장점유율을 기록하고 있다.

또 다른 예를 들면, 모로코에서는 '소액대출기관'과 관련한 1999년의 법에 따라, 금융 영역을 담당하는 정부 부서는 명목 이자율의 최고 상한선을 정할 권한을 지녔음에도 불구하고, 아직까지 그 권한을 시행한 사례가 없다. 그런데 소액금융 섹터의 눈부신 발전, 소액금융기관 상호 간의 경쟁, 선도적 기관인 알 아마나AL AMANA(그리고 이 기관의 카리스마 넘치는 사장 푸아드 압델뭄니Fouad Abdelmoumni)의 강력한 개입으로, 몇 년에 걸쳐 이자율이 60% 이상 감소할 수 있었다. 모로코는 이자율 상한제의 부재가 자동적으로 이자율 감소라는 결과로 이어진 예이다. 오늘날 모로코 내의 소액금융기관들이 적용하는 이자율은 모로코 내의 상업 은행들의 그것과 거의 비슷하다(모두 같은 부류의 고객들을 대상으로 같은 서비스를 시행한다).

반면, 어떤 국가들에서는 이자율과 관련된 문제가 정책에 관한 토론의 주제로 새롭게 다루어지고 있다. 예를 들어, 케냐에서는 돈드 법안loi Donde을 통해 많은 종류의 대출자(대출기관)가 적용하는 이자율에 상한선을 두려 하고 있다.

결론을 말하자면, 이자율 상한제는 역설적으로 가난한 고객층을 보호하지 못할 뿐 아니라, 그들이 쉽게 금융 서비스를 이용하지 못하게 함으로써 피해를 줄 수 있다. 비록 이자율 상한제를 통해 단기적으로 소액대출금의 이자율을 낮출 수 있다 하더라도, 이런 상태를 지속적으로 유지하기란 어렵다. 소액금융기관, 심지어 상업 은행도 자연히 다른 방법을 통해 비용을 청구하게 되는데, 이 방법은 대개 불투명하다.

하지만 이자율 상한제가 없다 하더라도, 가장 가난하고 소외된 사람들에게 지속적인 서비스를 제공하기 위해서는, 대출 서비스의 비용을 줄이고 혁신을 이루려고 노력하는 게 여전히 중요하다. 이렇게 할 수 있을 때, 소액금융기관은 경제적으로 수익을 남기면서도, 동시에 보다 나은 경제 평등의 기회를 제공할 수 있다. 따라서 한편으로는, 영세사업자가 금융 서비스를 자유롭게 이용하도록 하기 위해 이 섹터의 이자율을 자율화시키고, 섹터 내의 경쟁을 강화시키는 것이 필요하다. 다른 한편으로는, 많은 리스크를 가진 고객들 때문에 이자율이 상승하게 되어 다른 고객들이 피해를 보는 상황이 발생해서는 안 된다. 이자율 자율화는 대개 상반되는 두 가지 결과를 내놓는다. 이런 이유로, 오늘날에는 여러 국가들이 이자율 자율화에서 생겨나는 영향들을 통제할 방안을 찾고 있다.

우선, 시장경제가 작동하도록 놔두는 것이 중요하다. 경쟁은 소액금융 영역에서 이자율을 감소시킬 최상의 방법이다. 경쟁이 있는 수많은 시장에서 영업의 효율성은 증가했고, 소액대출의 이자율은 감소했다(볼리비아, 보스니아, 캄보디아, 니카라과). 그 결과, 같은 시기에 걸쳐 운영의 효율성도 개선되곤 했다.

볼리비아에서 방코솔은, 1992년에 은행 영업을 시작했을 때, 고객으로 하여금 이자와 수수료를 포함한 연 65%의 이자율을 지불하도록 했다. 오늘날 방코솔은 아주 경쟁이 심화된 시장에서 활동하고 있고, 따라서 비용을 낮추어 고객으로 하여금 연 22%의 이자율을 지불하게끔 한다. 비교적 최근에 소액금융 시장이 생겨났지만 경쟁적 활동이 이루어지는 캄보디아에서는 지난 몇 년 사이에 이자율이 매달 약 5~3.5%씩 떨어졌다. 소액금융기관이 아주 활발하게 영업하는 몇몇 지방에서는 비공식 섹터의 개인 대부업자들이 이자율을 소액금융기관의 이자율과 비슷한 수준으로까지 낮췄다. 앞으로는 정부 기관, 조합, 소액금융 네트워크, 국제 출자 기관 등이 협력하여 아주 많은 소액금융기관들 사이에 경쟁적인 환경이 생겨나도록 만들어야 하고, 동시에 영업비용을 감소시키기 위한 혁신적 방안을 추진해야 할 것이다.

그런데 소액금융기관이 안정적인 거시경제 환경 내에서 영업할 수 있을 때만, 경쟁이 생겨날 수 있다. 그리고 적합한 법적·규제적 환경을 마련해, 시장에 쉽게 진입할 수 있고 합리적인 경쟁적 환경 내에서 영업할 수 있는 기회를 모든 종류의 금융기관들에게 동등하게 부여하는 일이 중요하다. 기본적인 통신 인프라·도로·교육에 투자를 하는 일도 미래에 소액금융 활동의 효율성을 증대시키는 데 없어서는 안 될 요소이다. 다른 한편으로, 국제적 출자 기관들이 이 영역에서 아주 큰 역할을 수행하고 있는 동안에, 그 출자 기관들의 자금을 이용해 혁신적 방법들을 만들어 내는 일이 필요하다. 그 자금을 통해 무엇보다 운영 업무 과정을 합리화하거나 개선하고, 비용을 낮출 수 있는 그들의 기술도 이용해야 한다. 한 국가 내에는 기관의 성과·이자율(혹은 금융 상품의 가격)·고객과 관련된 정보가 투명하게 전달되도록 하고, 이 정보의 질도 개선하는 일을 담당하면서 금융 시스템 내에서 중요한 구성 요소 역할을 하는 여러 기관들(예를 들어, 고객 신용정보기관[최근에는 소액 금융기관들 사이에서 경쟁이 심화되면서 많은 사람들이 소액금융기관을 쉽게 이용할 수 있는 편이다. 그러나 이 과정에서, 여러 소액금융기관을 전전하며 채무이행을 하지 않거나 과채무를 지는 사람들의 수가 증가하는 부정적인 결과도 늘고 있다. 그래서 이 '고객 신용 정보기관'이 소액금융기관들 사이에서 고객의 신용 정도를 확인하는 정보를 전달하는 기능을 맡는다. 그런데 이 시스템은 선진국에서는 많이 이용되는 반면, 개발도상국에서는 소액금융 활동이 더 활발한데도 불구하고 거의 정착되지 않았다고 한다: 옮긴이], 평가 기관, 감사기관 등)이 있기 마련인데, 소액금융기관은 이런 기관들과도 직접 연계하여 활동할 수 있다.

그런데 대출 서비스 영업의 비효율성으로 인한 높은 이자율을 차용인이 부담하는 상황이 생겨나서는 안 된다. 정부 부서나 출자 기관들이 소액금융기관의 운영 능력을 훼손하지 않으면서 이자율을 낮출 수 있는 가장 좋은 방법은 경쟁 환경을 만들고, 혁신을 이루게끔 촉진하는 것이다. 만일 이 두 가지가 모두 현실화될 수 있다면, 소액금융기관은 효율성을 높이는 동시에 이자율을 낮추는 결과를 얻을 수 있을 것이다.

그리고 어떤 소액금융기관들은 대출 서비스를 시행할 때 종래의 착취적 관행을 따른다. 가령, 그들은 차용인의 채무 상환 능력에 중요한 비중을 두지 않거나, 차용인과 맺는 계약서에 거짓 내용을 담거나, 차용인으로부터 대출금을 분할하여 회수할 때 부담할 수 없는 액수의 돈을 요구한다. 가난한 사람들에게 이러한 일들은 높은 이자율보다 더 해로운 것이다. 가난한 사람들에게 소비자로서의 권한을 교육하면, 그들은 금융과 관련된 결정을 논리적으로 내릴 수 있게 되고, 더불어 정보를 이용할 줄 아는 합리적 소비자가 될 수 있다. 따라서 정부 부서와 출자 기관들은 이자율 상한제에 관심을 갖기보다, 오히려 소액금융의 소비자들을 교육하고 그들을 보호할 법을 마련하며 착취적 관행을 시정하는 일에 관심을 가져야 한다.

규제 대 자유방임

소액금융 섹터가 오랫동안 법적 권한이 없는 환경에서 성장한 반면, 그동안 국가들은 주로 예금자를 보호하고 은행 섹터의 안정성을 유지할 목적으로 법을 마련해 왔다.

UEMOA(서아프리카 경제 · 통화 연합Union économique et monétaire d'Afrique de l'Ouest)가 활발하게 활동하는 서아프리카(세네갈, 부르키나파소, 니제르, 말리, 베냉, 코트디부아르, 기니비사우, 토고)에서는 소액금융 섹터를 규제하고, 예금자를 양성하는 동시에 보호하고, 대출 서비스 영업에 규칙을 부여하기 위해 법을 마련했다. 1993년에 채택한 파르메크 법loi Parmec이 그것이다(금융기관의 법적 자격을 규정하고 있다). 사실상, 이 법은 무엇보다 UEMOA의 모든 국가들이 소액금융을 규제하는 법을 계속 제정할 때 토대의 역할을 할 것이다. 예금과 대출 서비스를 시행하는 상호공제 및 협동 기관을 규제하는 이 법의 취지는 당시 확장일로에 있던 (예금과 대출을 위한) 협동조합 섹터를 돕는 동시에 규제하는 것이었다.

이 법은 상호공제 기관의 조직 구조 · 경영 방식 · 영업 방식을 규제한다. 재무 부처와 중앙은행의 지휘 아래서 투명한 감독이 실시된다. 나아가, 상호공제 기관은 예금을 유치하거나 대출을 시행할 때 부과되는 모든 직 · 간접세에서 "면제되어" 있기 때문에, 이 법은 그 기관이 아주 큰 흑자를 기록하는 경우를 대비한 과세 조항을 마련했다.

그리고 이 법은 협동조합 혹은 상호공제조합의 지위를 갖지 않는 금융기관의 경우에는 전통적으로 은행에 적용되던 규제를 따르거나, 법에 위반이 될 특정한 활동을 수행해야 할 경우에는 재무 부처와 협의한 다음 인가를 얻어 최소한 5년 동안 그 활동을 수행하도록 규정하고 있다.

따라서 구체적으로 말하면, 서아프리카에서 소액금융 활동을 하려는 기관은 다음 두 가지 중 하나를 선택할 수 있다:

- 상호공제조합이나 협동조합의 지위를 선택하여 유리한 파르메크 법의 적용을 받는다.
- 다른 법적 자격을 가진 지위(개인 자본의 비영리단체나 기업)를 선택한 이후, 다음 두 가지 사항 중 하나를 따른다:
  - 상업 은행에 적용되는 규제를 따른다. 이 경우, 대개 소액금융 활동이 정부 기관의 규제나 감독에 의해 상당히 제약받을 수 있다.
  - 법에 저촉되는 활동에 대해서는 재무부와 협의하여 5년 동안 시행한다. 그 활동 기간이 지난 다음 재협의가 이루어질지는 확실치 않다. 이런 불확실성은 오랜 시일을 내다보고 전략을 수립하는 소액금융기관에게는 바람직하지 않은 일이다.

파르메크 법의 목표는 원래 비공식 소액금융기관들로 하여금 공식 시스템 내로 보다 많이 진입하게 하는 것이었다. 하지만 엄격한 규제 때문에, 공식 시스템 내로 진입하더라도 소액금융기관들은 불리한 환경에 놓이게 된다. 이전에 예금과 대출 서비스를 시행하던 작은 비공식 기관이나 큰 협동조합들은 공식 시스템 내로 들어오더라도 일반 금융기관과 동일한 법적 권한을 부여받지 못한다. 더구나, 정부는 소액금융기관이 비용을 충당하기 위해 실제로 필요로 하는 이자율보다 훨씬 낮은 27%의 이자율 상한선을 두며 그 기관의 생존 가능성을 위협한다.

세계은행은 2000년 6월에 발표한 「파르메크 법의 적용la mise en application de la loi Parmec」이라는 보고서를 통해, 이러한 개혁에서 발생할 수 있는 문제점들을 정확하게 지적했다. 특정한 활동을 허용하는 정책과 관련한 경우, 그 활동을 얼마 동안 지속시킬 것인가에 대한 질문이 제기되기 마련이다. 세계은행은 "처음에는 그 활동을 5년간만 지속하기로 계약 맺는다. 그런데 그 5년 동안 아무 문제가 발생하지 않을 때만 계약이 갱신되는데, 이런 과정이 계속 되풀이된다. 따라서 소액금융기관은 항상 법적 권한의 테두리 밖에 남아 있게 되고, 그 결과 소액금융기관은 민간 투자자(투자기관)들에게 매력 있는 기관이 될 수 없다"라고 명확하게 지적한다. 나아가, 얼마 전부터 UEMOA의 국가들도 여러 비판, 특히 상호공제 기관이 아닌 기관들의 발전에 불확실성이 내재한다는 비판에 대한 해결책을 찾기 위해 파르메크 법을 재고하고 있는 듯 보인다.

중앙아프리카(카메룬, 중앙아프리카공화국, 콩고, 가봉, 적도 기니, 차드)의 경우, 소액금융과 관련된 법은 서아프리카보다 덜 제약적이다. 2002년에 중앙아프리카 은행위원회Commission Bancaire de l'Afrique Centrale는 특별히 소액금융 활동을 위해 세마크CEMAC라는 새로운 법을 채택했다. 이 법은 소액금융 활동의 다양한 면을 존중하고자, 여러 기준을 근거로 그 기관을 분류한다.[2] 어떤 경우에는 소액금융기관을 예금 서비스나 대출 서비스, 혹은 영농인에게 비료나 농기구를 제공하는 부가 서비스 같은 실제적인 서비스 활동을 기준으로 분류하고, 어떤 경우에는 협동 기관, 상호공제 기관, 조합, 개인 회사, 심지어는 아직 특정한 법적 자격을 획득하지 않은 회사 등 법적 자격을 기준으로 분류한다.

세마크처럼 소액금융기관을 여러 기준에 따라 분류하면, 소액금융의 여러 측면을 쉽게 이해할 수 있다. 어떤 활동에 대한 정의가 사전에 내려져 있고, 어디서 그 활동이 이루어지는지도 언급되어 있다. 이렇게 하면 소액금융기관은 보다 원활히 활동할 수 있다. 따라서 중앙아프리카에서는 소액금융기관들 간의 상호 활동은 물론 소액금융기관과

---

2. BEAC(중앙아프리카 국가간 은행Banque des États d'Afrique Centrale)의 2002년 활동 보고서, 「소액금융의 규제La réglementatiojn de la microfinance」.

전통적인 은행 섹터 간의 상호 활동이 수월히 진행된다. 나아가, 네트워크를 이루어 연합 활동을 하는 기관들에게는 은행의 지위를 가질 수 있는 권한이 부여된다. 이 경우, 권한을 부여받은 기관들은 국제 영업과 지불 시스템 영역 이외에는 전통적인 은행 섹터와 동일하게 활동할 수 있다.

코모로Comoros(인도양 서부에 위치한 섬나라 공화국: 옮긴이)에서는 중앙은행장이 2001년부터 노력하여 법안을 마련했다. 이전에 코모로의 소액금융기관들은 "바젤협약을 준수하고, 거래의 안전을 보장하고, 운영의 원칙을 지킨다"는 조건 아래[3] 다양한 형태의 법적 지위를 가지며 무질서하게 성장했고, 그 결과 "성장의 위기"를 초래했다.

코모로가 그 법안을 만든 이유는 소액금융기관의 인가 · 운영 · 감사 · 제재의 과정을 예측 가능한 것으로 만들고, 기관으로 하여금 일정한 수준의 유동성을 유지하도록 하기 위해서였다. 그리고 제도적 환경이 바뀔 때 일어날 문제에 대비해, (최소 자본금, 감사 횟수, 감사기관에 제출할 보고서의 횟수와 질에 관한) 다양한 여러 규칙들을 마련했다. 소액금융기관이 보증 기금을 마련하는 경우에 대한 규칙도 있다.

앞으로는 소액금융기관이 잠재적 대출자(대출기관)를 고려하는 일도 필요할 것이다. 현재는 소액금융기관이 지급 불능의 상황에 놓이지 않도록 단지 이자율에 대해서만 규제를 한다. 소액금융기관이 의무적으로 지급준비금을 마련하거나, 정부에서 소액금융의 예금자를 보호하기 위한 감독 기구를 설치해야 한다는 규제 조항은 없다. 그런데 소액

---

3. Christophe Le Picard, 「코모로의 소액금융 섹터의 규제Réglementation du secteur de la microfinance aux Comores」, BIM n° 17-21 mai 2002.

금융기관이 파산을 하는 경우, 피해를 보는 이들은 무엇보다도 가난한 사람들이다.

잠재적으로는 어떤 기관이 대출자의 역할을 수행할까? 중앙은행이나 상업 은행들이 그 역할을 할 수 있다. 그러나 이를 위해서는 제도적 환경이 필요하고, 엄연히 소액금융에 대한 감독 기관도 있어야 한다. 하지만 우리는 대개 개발도상국의 금융 시스템이 이런 환경을 결여하고 있다는 사실을 관찰한다. 다만 인도와 브라질 같은 몇몇 나라에서 은행이 대출 서비스를 통해 얻은 수익의 일부분을 의무적으로 소액금융기관에 투자한다. 이 같은 국가들의 "모든 사람들이 연대하고, 채무를 이행하고, 수익을 얻는다"는 원칙은 금융에 적용된 사회민주주의의 새로운 모습을 보여 준다.

끝으로, 캄보디아에서는 소액금융기관에 대해 보다 유연한 규제가 적용되고 있다. 그곳에선 NGO들이 1980년대 초반에 소액금융 활동을 시작했고, 특히 (AMRET 같은) 오랫동안 지속적으로 활동하는 기관들이 생겨나며 소액금융이 급성장했다. 이 과정에서 정부의 자유방임 정책이 큰 영향을 미쳤다. 정부는 특정한 규제를 전혀 두지 않고, 자율적으로 이자율을 정하는 것도 문제 삼지 않았다. 그 결과, 소액금융기관은 비용을 충당하며 사업을 영위할 수 있었다. 1999년에 의회에서 통과된 새로운 은행법에 의하면, 소액금융기관은 일반적인 법 적용을 받지 않는 대신, 중앙은행의 특별 법령을 따른다. 이 특별 법령은 2000년에 의회에서 통과되었는데, 바젤협약의 적용 여부, 사업 영역, 감사 절차를 명시하고 있다. 이러한 특별 법령 때문에, 소액금융기관은 상업 은행보다 훨씬 적은 제약을 받는다(예를 들어, 상업 은행은 최소 자본금이 1천만 유로인데 반해, 소액금융기관은 5만 유로이다). 더구나, 정부는 소액금융기관들이 이 새 법령에 적응할 수 있도록 충분한 유예 기간을 허용했다. 오늘날 캄보디아에서는 10여 개의 소액금융기관이 중앙은 행의 감독 하에 성공적으로 운영되고 있다.

<h2 style="text-align:center">보조금 혹은 출자?</h2>

공적 보조금

1980년대에 아시아 국가들은 상업 은행 섹터에 개입하는 공공 정책을 폈다. 그 목적은 상업 은행이 불이익을 받지 않는다는 조건에서, 특정 혜택을 필요로 하는 섹터나 개인 혹은 지역들에 대출 서비스를 시행하는 것이었다. 정부들은 대개 대출 서비스의 이자에 보조금을 지원하는 형식을 택하며, 투자를 적극적으로 장려하고 부가 재분배되도록 정책을 시행했다. 우리는 이 공공 정책에 사용한 기술에서 적어도 여섯 개의 커다란 카테고리를 구분할 수 있다: ① 이자에 대한 보조금 지원, ② "차별 이자율제," ③ 예산 지원, ④ 할당제, ⑤ 이자율 상한제, ⑥ 특정 기업 지원. 가장 많이 시행한 정책은 우선적으로 혜택을 받아야 할 섹터에 대한 이자 보조금 지원이었다. 차별 이자율제의 경우(문맥을 볼 때 "차별 이자율제"는 소기업에 다른 기업보다 낮은 이자율을 차별적으로 적용시킨 제도일 것이다: 옮긴이), 은행은 중앙은행으로부터 차용금에 대한 이자를 할인받으며 부분적으로 보상받는다. 따라서 이런 대출 정책에서는 대부분 중앙은행이 자금을 지원하는 형식이 나타난다. 세 번째는 은행 예산에 보조금을 지원하는 것이다. 인도네시아 · 파키스탄 · 스리랑카에서는 은행이 예대마진율에서 마이너스(-)를 기록하면 정부가 은행

국 가	이자에 대한 보조금 지원	차별 이자율제	예산 지원	할당제	이자율 상한제	특정 기업 지원
방글라데시	○	○		○	○	○
미얀마	○			○	○	○
한국	○	○		○	○	○
홍콩						
인도	○	○			○	○
인도네시아	○	○	○	○	○	○
말레이시아	○	○		○		
네팔	○	○		○	○	○
파키스탄	○	○	○	○	○	
필리핀	○	○				○
싱가포르						
스리랑카	○	○	○		○	
대만	○	○				
태국	○	○		○		

아시아 14개국의 영세기업에 대한 공공 지원 정책

을 지원했다. 할당제의 경우, 은행은 자산이나 부채의 일정 비율을 특정 경제 섹터에 할당해야 한다. 한국에서는 상업 은행이 총 대출액의 최소 30%를 중소기업에 대출해야 했고, 네팔에서는 상업 은행이 고객으로부터 유치한 총 예금액의 7%를 영세기업에 대출해야 했다. 태국에서도 상업 은행이 자산의 13%를 '영농 활동' 대출에 사용해야 했다. 마지막 지원 정책은 구조적인 것으로, 특정 기업을 지원하는 것이다. 그러니까 비특정 기업들로 하여금 자금을 적립하게 하는 의무 적립금 제도를 마련해 중소기업을 지원했다. 결과적으로, 높은 사회적 가치를 갖지만 수익성이 크지 않은 일에 이 적립금이 사용됐다. 그런데 이 과정에서도, 종종 행정 비용이 정책의 실효성을 약화시키는 요인이다.

그런데 아쉽게도, 이러한 정책들로 인해 종종 예금액이 감소하고(예금에 대한 이자율이 감소하기 때문이다), 그 결과 국가적 차원에서 계속 자금을 지원하는 일이 한계를 맞게 된 사실을 주목할 필요가 있다. 나아가, 특히 인도 · 인도네시아 · 네팔에서는 채무불이행의 비율이 증가하며 공공 정책의 실효성에 계속적인 악영향을 미쳤다. 결국, 보조금 지원 정책은 전 세계적으로 기대에 못 미친 결과를 낳았다. 그리고 1990년대에도 이 정책을 고수한 국가들이 현재 가장 낮은 경제 성장률을 보이는 걸 확인하게 된다! 보조금 지원 정책을 고수하려 한 데에 정치적 동기가 있었을까? 아마 그럴 것이다. 하지만 중요한 문제는 부와 수익의 분배이다. 인도 · 인도네시아 · 말레이시아 · 파키스탄 · 필리핀에서 보조금 지원 정책이 아무런 결실을 맺지 못했다는 건 자명하다(M. J. Fry 참조). 현장의 실제 경험에 의하면, 보조금을 통한 대출 제도는 부의 불균형을 더 가중시킨다.[4]

그러면 앞으로 소액금융기관에 대한 공공 보조금 지원 제도에 대해 무엇을 언급할 수 있을까? 동일한 실패의 결과가 나올까? 일반적으로 소액금융기관은 영업을 시작할 때 공공 보조금을 지원받는다. 소액금융기관에게 공공 보조금은 중요하고 필요하다. 그리고 은행 섹터에서 공공 보조금 지원 제도가 상대적으로 실패했다 하더라도, 우리가 앞서 분석한 이유 때문에, 소액금융기관이 처음으로 영업을 시작할 때 보조금은 여전히 매우 유용하게 쓰일 수 있다. 그런데 아쉽게도, 보조금 지원 정책은 장기적으로는 일련의 바람직하지 않은 결과들을 낳을 수 있

---

4. D. W. Adams, D. H. Graham et J. D. Von Pischke, 『낮은 이자율의 농업 대출을 지지하는 논거들이 타당할까 *Are the Arguments for Cheap Agricultural Credit Sound?*』, 1984.

다. 그 결과 정책이 타당성을 잃고, 특히 정부의 선의 어린 노력으로부터 도움을 받으려는 사람이나 기관들이 피해를 입는다. 따라서 보다 효과적인 방법을 찾을 필요가 있다.

무상 지원, 혹은 호의적 조건의 대출

특히 사업 초기에 직접 출자를 하는 일은 국가가 소액금융기관을 도울 수 있는 일 중 하나로 자주 인식된다. 국가는 아주 다양한 방식으로 출자할 수 있다. 어떤 경우에는 무상으로 자본금을 지원하고, 어떤 경우에는 호의적인 조건에서 자본금을 대출한다.

국가의 역할은 상당히 복잡하다. 실제로도, 우리는 아주 상반된 두 가지 시각을 제시할 수 있다. 첫 번째는 국가가 시장의 환경을 왜곡시키더라도 사회적 목적에 부합하는 자금 지원을 제공해야 한다는 것이다. 두 번째는 국가가 전적으로 시장으로부터 거리를 두어야 한다는 것이다. 따라서 현실적으로, 보조금 지원제의 실패로부터 교훈을 이끌어낼 수 있는 금융기관만이 경쟁력 있는 해결책을 낳을 수 있을 것이다.

현실적으로, 앞서 언급한 국가의 여러 입장 중에서, (예를 들어 인도네시아처럼) 국책 은행을 상업적으로 운영하는 중간적 위치가 존재할 수 있다. 그런데 이 경우, 영세기업을 위한 사회적 활동(예를 든다면, 직업 교육 프로그램이나 위생과 관련된 프로젝트)과 고유한 금융 활동을 구분할 수 있다. 이때, 전자의 경우에는 보조금을 지원하고, 후자의 경우에는 보조금을 지불하지 않아야 한다. 국가는 시장에 특정한 출자 제도가 등장하도록 기존 대출금을 다른 방식으로 이용할 수도 있다. 이때 국가가 사용하는 돈은 보조금보다는 자본시장을 개선하기 위한 투자금

처럼 인식해야 한다. 따라서 다시금 언급되는 문제는 시장을 대체할
요소를 찾기보다 시장을 도울 방법을 찾아야 한다는 것이다.

지도: "특정한 지도를 수행하는" 기관이나 제도 만들기

공공 기관을 설립하는 방식을 통해 소액금융기관을 지도하는 일이
가능하다. 이 기능을 수행할 기관들에 은행법의 준수 여부를 감시할
감독 기관도 포함시킬 수 있다. 볼리비아 · 에콰도르 · 콜롬비아 · 칠
레 · 페루 같은 국가에서는 소액금융과 관련된 공공 기관들이 효율성
을 개선하기 위해 아주 많은 변화를 겪었다. 그럼에도 불구하고, 그 기
관들은 소액금융기관들을 지도하거나 감독하는 데 있어 종종 비효율
적인 것으로 밝혀졌다. 실제로, 많은 개발도상국에서는 NGO와 국가
의 감독 기관들(각 소액금융기관에 대해 빠른 감독을 시행해야 한다) 사이에
상호 관계가 전혀 이뤄지지 않는 경우가 빈번하다. 그래서 NGO들은
감독 기관의 통제 없이 소액대출 프로그램을 개발한다.

어떤 기관이든 성장 단계에서 불안정한 상황에 직면할 수 있다. 그럼
에도 불구하고, 그 기관은 (비록 새롭게 생겨난 기관이라 하더라도) 신용을
유지하기 위해선 모든 의무 조항, 특히 채무이행과 관련한 의무 조항
을 완수해야 한다. 커다란 변화의 과정을 겪는 소액금융기관으로 하여
금 그런 의무 조항을 실천하도록 만드는 방법을 두고 수많은 토론이
진행되었다. 여기서도 언급해야 할 사실은 국가의 역할이 바뀌어야 한
다는 것이다. 국가는 더 이상 승인이나 거부 사이에서 선택하는 일에
머무르는 대신, 금융시장에 막 들어선 소액금융기관으로 하여금 현실

적인 환경을 이해하도록 진정한 안내자의 역할을 수행해야 한다.

협력: 국가의 협력

국가는 소액금융 시스템의 효율성을 강화하기 위해, 지도 업무와 병행하여 협력 전략을 개발해 왔다. 프랑스에서는 몇몇 국가 기구들이 소액금융 활동에 협력하고 있다. 오르세 항구에 위치한 DGCID(국제협력개발청 Direction Générale de la Coopération Internationale et du Développement)는 개발의 문제와 관련해 정치적이고 외교적인 업무를 취급하고 개발 정책을 지도하기도 한다. AFD(프랑스개발기구)는 경제재무부 직속이고, 프로파르코 PROPARCO(경제 협력을 위한 추진과 참여 Promotion et Participation pour la Coopération économique)는 특히 기술, 미시경제, 금융 분야를 취급한다.

소액금융 섹터에 대한 "프랑스의 개발원조"가 몇 해 전에 적극적으로 시작되었다. 이 과정에서 소액금융기관의 전문경영인을 양성하고, 소액대출을 위한 법 시스템을 구성하는 일에 지원이 있었다. 그리고 소액금융기관의 주요 출자자(출자기관)들이 (프랑스로부터 원조를 받는) 국가들과 협력할 수 있도록 조언과 정보를 제공하고, 특정한 NGO들을 지원한다는 등의 정책들이 제시됐다. 프랑스는 소액금융에 적합한 법적 환경을 마련하려는 BEAC(중앙아프리카 국가간 중앙은행) 같은 아프리카 국가들의 중앙은행들과 긴밀한 협력 관계를 맺고 있다. 프랑스가 COBAC(중앙아프리카 은행위원회)의 설립에 참여한 것도 바로 이런 맥락에서였다.

미국의 USAID(미국국제개발처)는 이라크, 아프가니스탄, 그리고 최근에는 파키스탄을 재건하는 데 큰 원조를 했다. 미국의 개발 전략은 미국 행정부가 시행하는 정책과 결코 분리할 수 없다. 사실 USAID의 연구팀은 개발도상국들의 현실을 파악하기 위해 특수 교육을 받은 카운슬러들로 구성되었다. 그리고 미국 대학들은 학생들을 선발해 개발도상국들의 NGO에 10개월간 파견하도록 하는 교환 학생 프로그램을 마련해 놓고 있다.

USAID는 소액금융 분야에서 적극적으로 활동하는 국내외 기관에 대해 무상 지원 프로그램을 시행했고, CGAP(CGAP는 현재 우리가 다루고 있는 주제와 관련하여 여러 지식을 얻고 탐구할 수 있는 아주 중요한 기구이다)의 주요 출자 기관이 되었다. 공식적으로는, USAID는 아프리카, 남아메리카, 카리브해 국가들, 아시아, 근동, 유럽, 유라시아에 공평하게 자금을 지원하고 있고, 실효성과 지속성 있는 큰 프로젝트들에 대해 매년 1억 달러를 할당한다고 말한다. USAID는 이런 목적을 달성하기 위해, 소액대출 전문가들로 하여금 지식을 공유하고 개선하게 하는 "전문가 학습 프로그램Practitioner Learning Program," 그리고 가장 혁신적으로 기업을 운영하는 영세기업에 공동 자금을 지원하는 "영세기업 혁신 프로그램Programme pour l'Innovation dans les Microentreprises"을 시행했다.

다른 모든 출자 기관들과 마찬가지로, USAID는 소액금융에 새로운 기운을 불어넣어야 할 필요성을 의식하기 때문에, 수많은 다양한 도구들을 개발했다. USAID는 세미나나 여름학교를 이용하는 직원 교육에서부터, (분쟁 지역이나 시골 같은) 특정 환경을 이해하기 위해 연구를 장려하고 특수 연구팀을 운영하는 일에 이르기까지 많은 노력을 했다.

2. 국제적 지지

출자 기관과 다국적 기구들

여기서 우리가 다루는 대상은 공공 기관이나 민간 기관들이다. 이들은 무상으로 지원을 하거나 낮은 이자율로 대출을 하며 소액금융 프로젝트에 자금을 지원한다. 출자 기관에는 여러 유형이 있다. 국가 출자 기관bailleur national은 한 국가가 만든 기관으로, 이 기관의 목적은 개발 원조 활동에 자금을 지원하는 것이다. 다국적 출자 기관bailleurs multi-latéraux은 여러 국가가 협력하여 만든 상부 기관에 소속되어 있는 경우가 많다. 끝으로, 민간 기금fondation privée은 기업이나 개인이 기부한 돈으로 만든 기관이다. 민간 기금이 다른 기관들과 비교하여 구조적으로 큰 중요성을 띠어 가고 있다.[1]

---

1. 더 자세한 내용을 위해서는 『소액금융 가이드 *Le guide de la microfinance*』(Sébastien Boyé, Jeremy Hajdenberg, Christine Poursat) 참조.

NGO에 출자하는 기관들

1990년대 이후로, 국제적인 출자 기관들은 NGO가 개발 프로젝트를 시행할 강력한 능력을 갖추었다고 간주한다. 심지어, NGO가 국가들보다 낫다고 판단한다. NGO는, 그 성격상, 인간의 본성에 어울리는 적절한 규모를 갖추었고, 이런 사실 때문에 여러 사람들은 그 기관이 유연성과 적응성이 있다고 신뢰한다. NGO는 대체로 시민과 가까이서 접촉하고, 지역의 윤리-문화적 차이에도 능숙하게 대처한다. 스웨덴의 경우, 오늘날 공적인 개발원조금의 30%를 NGO에게 직접 할당한다. 많은 사람들이 이런 현상들을 주목하고 있다. 실제로도 여러 국제 출자 기관들이 인도주의 단체들과 함께 일하고, 이런 과정을 통해 아주 많은 긍정적 결과들이 산출되었다. 몇몇 보고에 따르면, 개발도상국들에서 NGO 수가 크게 불어나고 있는 것은 이런 식의 공적 자금이 증가하는 현상과 분명한 연관이 있다.

세계은행은 주요 출자 기관 중 하나이다. 세계은행은 가난한 국가들 중에서 몇 가지 기준을 만족시키고 명확한 개발 프로젝트를 갖고 있는 국가들에게 거액의 돈을 대출한다.

현재 대부분의 소액금융기관이 예금을 유치할 수 없고, 상업적인 자금원을 이용할 만큼 충분한 경제력을 갖추고 있지 않기 때문에, 그중 많은 기관들이 출자 기관이나 정부의 보조금, 혹은 보조금이 지원된 대출 서비스로 자금을 마련한다.[2] 사실상, 출자 기관이 소액금융기관의 가장 중요한 "자금원"이다. 그런데 출자 기관이 갖고 있는 전문성,

---

2. Joanna Ledgerwood, 『소액금융 핸드북: 제도적 · 금융적 전망 *The Microfinance Handbook: an Institutional & Financial Perspective*』, World Bank Publication.

출자 기관이 소액금융기관에 부과하는 많은 조건들 때문에, 종종 소액금융 활동이 제약을 받는다.

이러한 출자 기관의 보조금은 성숙한 소액금융기관, 즉 보편적으로 사회적 이익을 창출하고, 새로운 상품을 개발하고, 고객의 만족도를 높이기 위한 연구를 수행하는 등 혁신을 위해 노력하는 소액금융기관에 유용하다. 출자 기관도 금융 상품, 연구 성과, 타국에서의 "사업 계획"의 개발이나 성장 가능성을 테스트해 보기 위해, 이렇게 전망 있고 "시범적인" 소액금융기관에 우선 지원한다. 경우에 따라, 출자 기관은 대출 포트폴리오를 구성하기 위해 처음 사업을 시작하는 기관에 출자하기도 한다.

NGO가 사기업으로 변모하는 경우, 보조금의 수익이 원래의 목적과는 달리 미래의 주주들에게 돌아갈 수 있다는 이유 때문에, 어떤 사람들은 보조금 제도에 문제가 있다고 비판할 것이다. 그러나 현실적으로 다른 중요한 측면이 있다. 이러한 출자 기관들이 찾는 고객은 경제 발전과 불평등 해소에 가장 훌륭하게 기여한다고 인정받은 기관이다. 따라서 출자 기관들이 계속 이 섹터에 자금을 지원하고 기술을 원조하는 것이 중요하다. 그런데 이때의 보조금은 소액금융기관의 대출 서비스 자금을 충당하기 위해서가 아니라, 기술적 지원, 그러니까 직업교육과 카운슬링 같은 일을 하는 데에만 사용해야 할 것이다.

지방 은행에 출자하는 출자 기관들

끝으로, 출자 기관은 지방의 은행이 소액금융 활동에 협력하도록 시도할 수 있다. 즉, 한편으로, 출자 기관은 은행이 내부적으로 직접 소액금융 활동을 하도록 기술적 혹은 자금적인 지원을 할 수 있다. 다른 한편으로, 출자 기관은 소액금융기관을 위해 은행에 체감형 보증(시간이 갈수록 보증 대상을 축소하는 것: 옮긴이)을 설 수 있다. 그런데 이 아이디어는 현재 문제가 많아 보인다. 예를 들어, 모로코에서 알 아마나는 USAID의 보증을 통해 지방 은행들로부터 5~7년의 상환 기간을 조건으로 대출을 받을 수 있었다. 그런데 USAID가 총 대출금 중 50%에 대해서만 보증을 서면서 이자율이 너무 높아지자, 결과적으로 알 아마나는 영세기업에 대한 대출 이자율을 높인 것으로 보인다.

세계은행

세계은행이 주로 하는 일 중 하나는 경제적 어려움에 처한 국가의 국제수지를 개선하는 것이다. 이 목적을 위해, 세계은행은 과거의 경제적 폐습에서 벗어나도록 구조와 섹터 조정에 필요한 비용을 대상 국가에 대출한다. 세계은행은 네 개의 주요 기구로 구성되어 있다: 국제부흥개발은행(세계은행)IBRD, 국제개발협회IDA, 국제금융공사IFC(이 기구는 민간 섹터에 투자하며, 경제 개발을 추진한다), 다자간투자보증기구MIGA(이 기구는 각 회원국들로 하여금 외국에 직접 투자를 하도록 유도한다). 세계은행은 대출 이자 할인 · 무이자 대출 · 무상 지원의 방식을 통해, 여러 개발 정책에 성공적으로 자금 지원을 하고 있다.

164개 회원국을 두고 있는 IDA는 연간 1인당 국민총생산이 895달러 이하인 국가들에게 무상 지원을 하는 등 특별한 조건(즉, 호의적인 조건)의 대출을 시행한다.

그런데 민간 섹터의 개발 정책에 자금을 지원하는 건 무엇보다 IFC이다. 세계은행은 소액금융기관을 지원할 때 IFC를 가장 많이 이용한다. 따라서 IFC는 개발도상국의 많은 중소기업들이 대기업과 비공식 경제 섹터 사이의 틈을 메우며 자국 경제에 기여하는 일에 도움을 준다.

현재 IFC는 경쟁력 있는 소액금융기관들을 만들어, 가난한 사람들로 하여금 모든 종류의 금융 서비스(대출 서비스는 물론 보험과 예금 서비스)를 이용할 수 있도록 (가난과) 전쟁을 벌이고 있다. 그런 금융 서비스들을 통해, 대륙의 경계에 관계없이 많은 극빈자들이 재봉실을 갖추고, 작은 상점을 마련하고, 심지어 자동차 운전 학원까지 설립하게 됐다! 2003년에 IFC는 회원국의 소액금융기관들에 6,700만 달러를 투자했다. 현재 그 투자액은 2억 4,500만 달러에 이른다. 나아가, 얼마 전에는 아주 가난한 계층을 위한 소액대출 사업에 투자하려는 민간 은행들을 지원하기 위해, 소액금융 영역에서 전문화된 남아메리카의 NGO인 악시온 인터내셔널과 협력하여 아주 큰 규모의 프로젝트에 착수했다. IFC는 이 프로젝트를 위해 1,500만 달러를 투자하고 5백만 달러를 무상 지원할 것을 약속했다. 하루에 2달러 미만의 돈으로 생계를 잇는 극빈자들의 취업 프로젝트에 참가하는 여러 은행들도 이 프로젝트에 자금 지원을 할 것이다.

세계은행의 활동은 여기서 멈추지 않는다. 실제로, 소액금융기관이 능력을 충분히 활용할 제도적 장치가 마련되어 있지 않으면, 세계은행의 활동은 결코 큰 효과를 낳을 수 없다. 이런 시각에 따라, 세계은행은 1999년부터 마다가스카르에 1,640만 달러를 지원했다. 마다가스카르에 적절한 규제 환경이 마련되어, 그곳에서 강한 경쟁력을 갖춘 소액금융기관이 개발되도록 하는 게 그 목적이었다.

세계은행은 각국 정부와 "특별한" 관계를 맺고 있기 때문에, 카운슬러의 역할을 수행하는 일과 함께, 소액금융과 공식 은행 섹터가 가까워지도록 적극 개입할 수 있다. 나아가, 소액금융 활동의 영속성을 보장하기 위한 특정한 규정과 규칙을 개발하는 일에도 기여할 수 있을 것이다.

다국적 기구

주로 두 개 이상의 국가로부터 자금을 지원받는 이 기구는 그 국가들의 개발 정책과 병행해 자신의 고유한 개발 정책을 수행한다.

다국적 기구는 다양한 영역에서 전문성을 갖추고 있다. 주요 다국적 기구를 언급하면, UNCDF(UN자본개발기금United Nations Capital Development Fund), FAO(식량농업기구Food and Agricultural Organization), IFAD(국제농업개발기금International Fund for Agricultural Development), UNhabitat(UN거주프로그램), UNIfem(여성개발기금UN development fund for women), INSTRAW(여성지위향상을 위한 국제여성연구훈련원International research and training institute for the advancement of women) 등이 있다. 이 모든 기구들이 소액대출을 장려하고, 심지어 그 활동을 돕는 일에 참여한다.

예를 들어, UNDP(UN개발계획Programme de Nations Unies pour le Développement) 산하 기관인 UNCDF는 지역 개발 프로그램을 통해 특별히 PMA, 즉 저개발국(이 국가들은 거의 대부분 사하라 이남에 위치해 있다)에 대해서만 원조한다. UNCDF는 대개 기부금이나, 국제기관 · 지역 개발 은행 · 민간 섹터로부터 지원받은 자금으로 활동한다. UNCDF는 "마이크로 스타트Micro Start"와 같은 아주 적절한 프로그램들을 시행했고, 새로 생겨

난 전망 있는 소액금융기관들에 대해 3년간 기술 지원을 했다. UNCDF
는 저개발국 중 가장 가난한 국가들 내에 견고한 금융 섹터를 만드는
일에도 참여한다. 가령, UNCDF는 기존 금융 섹터에 대해 진단을 내리
고 전략을 제시한다. 대개 일정 기간 안에 금융 섹터에 시장경제를 도
입하는 일이 이 전략의 목표이다.

제2차 세계대전 직후에 창설된 FAO는 기아와 싸우는 일에 활동을
집중하고 있다. 선진국과 개발도상국이 함께 운영하는 FAO는 종종 정
치적 협상과 논쟁의 장 역할을 하는 중립적 기구이다. 이 기구는 사막
지대의 지속적인 위협 요소인 기근을 저지할 목적으로, 무엇보다 농
업, 어업, 삼림 자원 관리, 농업 현대화 정책에 개입한다. FAO는 국가
의 차원에서 시행해야 할 정책부터 시작해 현장에서 시행해야 할 정책
에 대해 지식을 공유한다. 또한 FAO는 인터넷 상에서 지방 출자 센터
를 개설하여, 대출·예금·보험 서비스에 대한 정보들을 제공하고, 소
액대출 경영에 필요한 프로그램도 판매한다. 이 프로그램을 이용하면
지방에 사는 고객들에게 적합한 시간에 실시간으로 서비스를 제공할
수 있다.

상업 은행

CGAP에 의하면, 오늘날 전 세계에 걸쳐 약 227개의 상업 은행이 소
액금융 활동을 하고 있다. 상업 은행이 이 섹터에 관심을 갖는 이유는
비공식 섹터의 금융 관련 활동이 활발하고, 따라서 이 섹터에서 수익
을 얻을 수 있기 때문이다. 그 다음은, 널리 알려진 상업 은행으로서의

이미지가 좋은 영향을 미치기 때문이다.

실제로, CGAP는 이미 1998년에 상업 은행을 "소액금융 섹터의 새로운 주체"로 소개한 바 있다. 따라서 그로부터 7년이 지난 오늘날, 세계의 수많은 소액금융 시장에서 상업 은행이 점점 더 많은 역할을 맡고 있는 건 놀라운 일이 아니다. 소액금융 섹터에서 활동하는 다른 기관들과 비교할 때, 상업 은행은 소비자들이 인지하는 명성과 이미지, 그리고 기존 인프라와 시스템 때문에 실제로 몇 가지 상대적 장점을 가질 수 있다. 나아가, 상업 은행은 자금도 쉽게 마련할 수 있다.

이런 이유들 때문에, 상업 은행은 소액금융기관에 대출을 하거나 투자를 해서 이익을 얻을 수도 있다. 세바스티앙 브와예Sébastien Boyé, 제레미 하이덴베르그Jeremy Hajdenberg, 크리스틴 푸르사Christine Poursat(2005)는 『소액금융 가이드Le guide de la microfinance』에서 상업 은행이 소액금융 활동을 할 수 있는 여러 방법을 소개하고 있다. 예를 들어, 상업 은행은 소액금융기관의 중개를 거쳐 자사 상품을 판매하거나, 아니면 소액금융기관 자회사를 설립할 수 있다. 혹은 내부 조직을 두어 직접 소액금융 활동을 할 수 있다. 그런데 상업 은행은 운영의 유연성을 결여하고 인접성의 전략을 시행하기 어려운 위치에 있기 때문에, 이 마지막 진입 전략은 한계가 있다.

특수 기금

선진국들은 1990년대 중후반에 생겨난 이 기금을 거쳐, 개발도상국가들의 소액금융기관에 투자를 하고 있다. 따라서 어떤 의미에서는 이 기금을 통해 선진국과 개발도상국이 보다 직접적으로 연결된다고 말할 수 있다. 선진국들은 대출을 하거나 자본 투자를 하는데, 대출 시에는 이자의 형식으로 수익을 얻고, 자본 투자 시에는 배당금을 얻거나 주식을 양도하는 방식으로 수익을 얻는다.[3]

오늘날, 80여 개의 기금이 사회적이고 경제적인 목적에 따라 소액금융기관에 투자하고 있다. 급성장하는 아주 커다란 소액금융기관들에게 자금 지원을 하거나, 소액금융기관들이 보다 저렴한 비용으로 자본금을 마련하고 서로 이익을 얻을 수 있는 경쟁 환경이 생겨나도록 투자금을 사용한다.

금융 시장이 새로운 동시에 완전하고 독립적인 하나의 경제주체로 간주되는 소액금융에 대해 점차 큰 관심을 갖고 있다는 사실은 주목할 만하다. 이런 현상이 생겨날 수 있는 이유는 소액금융이 한 국가의 사회적·경제적 발전과 크게 상관없이 수익을 창출하기 때문이다. 그렇기 때문에 소액금융기관의 채권은 채권시장에서 가장 우대를 받는다.

결론적으로, 소액금융기관들은 특수 기금과 자본시장 덕분에 보다 저렴한 비용으로 새로운 자금을 마련할 수 있게 될 것이고, 이런 혜택은 특히 영세사업자에게 돌아가게 될 것이다(소액금융기관들 사이에서 경쟁이 강화되기 때문이다).

---

3. 더 자세한 내용을 위해서는 Sébastien Boyé, Jeremy Hajdenberg et Christine Poursat(2005)의 『소액금융 가이드 *Le guide de la microfinance*』 참조.

IV

소액금융: 혁명의 한가운데로의 여행

　오늘날, 경제 발전과 세계의 가난 문제를 다루는 책들이 소액금융을 언급하지 않기란 쉽지 않은 일로 보인다. 그래서 많은 경제학자들, 심지어 가장 저명한 경제학자들이 소액금융의 문제를 환기하지 않고 자본주의와 국제기구들의 폐해를 언급하는 걸 볼 때는 놀라움을 느낀다. 그런데 실제로는, '2006 소액대출 정상 회의'의 보고서가 보여 주는 대로, 현재 아시아에서 가장 가난한 가구들의 40%(즉, 약 세 가구당 한 가구)가 소액대출을 이용하고 있다. 앞으로는 아프리카와 중동(현재는 5%만이 이용하고 있다), 특히 가난한 인구 중 1%밖에 소액금융 서비스를 이용하지 못하는 유럽에서도 발전이 이루어질 것이다. 지금부터는 세계 전역을 답사하며 어떻게 이 기관이 생겨났고, 오늘날 우리가 진정한 혁명이라고 부를 수 있는 것이 어떻게 이뤄질 수 있었는지 살펴보려 한다. 이 혁명을 이끈 핵심 인물 무하마드 유누스는 자신의 활동으로 노벨평화상을 수상했다.

I. 사하라 이남 아프리카

세네갈: 소액금융의 고용 창출

세네갈에서는 2004년에 예금과 대출 서비스 기관, 상호공제조합, 조합 네트워크, SFD(Social Fund for the Development의 약자. 주로 아프리카 국가들에서 정부의 지원 아래 경제적 약자를 돕는 활동을 한다: 옮긴이) 등 소액금융기관으로 부를 수 있는 단체가 700개 이상 있는 것으로 조사되었다. 이 중 CMS, 아셉ACEP, 윔-파메카UM-PAMECAS가 주도적인 위치를 차지한다. 통계에 의하면,[1] CMS가 소액금융 전체 고객의 35%, 전체 예금액의 51%를 유치하고 있는 것으로 나타난다.

세네갈에서는 대부분의 소액금융기관이 특히 도심이나 도심 주변에 위치해 있다. 그 지역의 그물망 같은 거리들에서는 주민들이 쉽게 이용하는 마을금고나 여러 금융기관의 지점들을 쉽게 볼 수 있다. 그중 소액금융 활동을 하는 주요 기관을 꼽는다면 CMS, 파메카PAMECAS, 아

---

1. 통계 자료 출처: AT/CPEC 2004. 6., BCEAO, UEMOA (탈중심화된 금융 시스템에 대한 조사) 2001.

셉, 위메퀴 데프UMECU DEF, 위메크 세디우UMEC SEDHIOU 등이 있다. 가장 최근에 나온 통계에 따르면, 소액금융 고객의 수는 510,833명인 것으로 추측된다.

파메카가 추진한 프로그램 AFSSEF(세네갈 여성들의 금융 서비스 접근권 운동Accès des Femmes Sénégalaises aux Services Financiers), PLCP가 추진한 프로그램 클레크CLEC(지역 예금 대출 은행Caisses Locales d'Épargne et de Crédit), 액션 플러스 Action Plus의 프로젝트 엘파드AILPAD(가난과 싸우려는 지역적 시도에 대한 지지와 개발 실천의 지속Appui aux Initiatives Locales de Lutte contre la Pauvereté et Pérennisation d'Actions de Développement)가 이곳에서 상당히 모범적인 사례에 속한다.

세네갈의 최우선 과제 중 하나는 탈중심화된 대출 서비스를 계속 시행하는 것이다. 그런데 소액금융기관이 합리적인 기간 안에 보조금을 받는 형식에서 벗어나기 위해서는 재정적으로 균형 상태를 유지할 수 있어야 한다. 이와 동시에, 가장 가난한 인구의 필요성에 맞추어 금융 서비스를 제공할 능력을 갖추어야 한다. 경제적 생존력과 사회적 사명의 실천 사이에서 소액금융이 직면하는 딜레마는 바로 이 두 가지 조건에서 생겨나는 것이다.

대출 서비스의 경우, 아셉이 가장 큰 시장을 차지하고 있다. 아셉은 CMS의 16%, 윔-파메카의 18%와 비교하여 33%의 고객을 유치하고 있다. 다른 세 기관(위메퀴 데프, FDEA, 위메크 세디우)도 의미 있는 시장점유율을 기록했다.

토고: 톤티조합의 유효성

토고에서는 오래전부터 "톤티조합"이라 불리는 예금과 대출 시스템이 존재해 왔고, 그 조합은 상인들로부터 아주 높은 평가를 받아왔다. 톤티조합의 수혜자들은 연대를 이루어 정기적으로 돈을 모은다. 이렇게 모은 돈은 순번대로 수혜자들에게 돌아가고, 수혜자들은 다시 이 돈을 중요한 사업에 투자한다. 토고의 영세사업자들은 은행 대출을 이용할 능력이 없다. 이런 이유 때문에, 과거부터 내려온 이 시스템이 소액금융 시스템의 여러 측면을 도입해 강화되었고, 이 과정에서 국가, NGO, 국제기관들이 지원을 했다. 그 결과, 상호공제조합 유형의 예금 대출기관이 생겨나 고객에게 직접 대출을 하거나 연대 대출을 하게 됐고, 부분적으로 소액금융 활동을 펼치는 NGO가 생겨났다.

가장 중요한 기관은 퓌세크FUCEC(예금 · 대출 협동조합 연맹Fédération des Unions Coopératives d'Épargne et de Crédit)이다. 퓌세크는 토고의 5개 지방에서 운영하고 있고, 그 최초의 협동조합은 1969년에 창설됐다. 최근 들어 현장에서 활동하는 다른 기관들도 생겨났지만, 대개 제한된 지역에서만 활동한다. 대출 서비스는 대다수가 단기 소액대출로 진행된다. 이 서비스로부터 혜택을 보는 고객들은 소상인이나, 비공식 섹터나 지방에서 활동하는 사람들이다. 수공업자 같은 소제조업자들도 이 서비스를 이용한다.

고객층의 대다수가 여성들인데다가, 아주 많은 소액금융기관들이 이 여성들에게 직업교육을 제안한다. 실제로 적용되는 이자율은 연 10%에서부터 20%까지 편차가 큰 편이다. 영농인에게는 일반적으로 가장 낮은 이자율이 적용된다. 토고의 소액금융 섹터는 상호공제 기관과 예금·대출을 시행하는 협동조합을 규제하기 위해 1995년부터 생겨난 법에 의해 국가적 차원에서 법 적용을 받는다. 예를 들어, 카이메크CAS-IMEC(상호공제 기관과 예금·대출 협동조합 지원 및 통제 기관Cellule d'Appui et de Suivi des Institutions Mutualistes et Coopératives d'Épargne et de Crédit)가 감독 및 통제 기구이다. 그리고 토고는 BCEAO의 회원국이 준수해야 할 금융법인 파르메크 법, 그리고 특히 소액금융 섹터가 유리한 환경에서 발전할 수 있도록 마련한 MRDM(소액금융의 발전과 규제를 위한 사명Mission pour la Réglementation et le Développement de la Microfinance) 법의 적용을 받는다.

부르키나파소: 주민을 위한 구조적 다양성

부르키나파소에는 328개의 소액금융기관이 있고, 그중 35개 기관이 2001년에 정부로부터 공식 인가를 받았다. 총 예금액은 1,950만 CFA 프랑(아프리카재정금융공동체Communauté Financière Africaine에서 사용하는 화폐 단위. 고정 환율제를 도입하고 있고, 1유로는 655,957CFA프랑: 옮긴이)에 달하고, 총 대출액은 1,830만 CFA프랑에 이른다. 이곳에서 소액금융 활동은 1970년대부터 시작했고, 특히 지난 10년간에 걸쳐 활성화되었다. 오늘날, 부르키나파소의 거리는 이곳저곳서 생겨난 여러 기관들의 건물 때문에 마치 모자이크처럼 보인다고 말할 수 있다. 그 기관들은 마을금고에서부터 NGO에 이르기까지 공식적으로 혹은 비공식적으로 대출 서비스를 포함한 여러 프로그램을 시행하는 기관들이다. 지금껏 지방에 소액금융기관을 만들려는 수많은 시도가 있었고, 그 결과 현재 400여 개의 지점들이 있다. 2001년과 2002년 사이에 대출 서비스 사례는 18.3% 증가했고, 결과적으로 약 602,000명의 영세사업자들이 사업을 시작할 수 있었다. 2002년 현재 1,950만 CFA프랑의 예치금을 기록하고 있는 예금 서비스 시장은 특히 활발한 움직임을 보인다. 부르키나파소의 총 45개 구역 중에서 44곳이 소액금융을 실시하고 있다. 1,300만의 영세사업자들이 있을 것으로 추정되는 이 시장에서 두 가구 중 한 가구가 소액금융으로부터 도움을 받고 있다.

이곳의 주요 소액금융기관인 FCPB(부르키나 서민은행연맹Fédération des Caisses Populaires de Burkina)는 가장 많은 30만 명의 회원들을 두고 있고, 이 중 4만 명 이상이 2002년 현재 대출 서비스 이용자다. 또한 FCPB는 소액금융 전체 고객의 50%를 유치하고, 전체 대출 서비스의 69%를 시행하고, 전체 예금액의 84%를 보유하고 있다. 이 기관은 도시와 지방 모두에서 활동하기 때문에 부르키나파소에서 지리적으로 가장 넓게 활동하는 소액금융기관이라 할 수 있다.

2003년 10월에 소액금융을 주제로 열린 국가 회의 이후, 앞으로 이 섹터가 개선해야 할 측면들이 명확하게 지적되었다.

• 증가하는 대출 서비스를 취급할 정보와 경영 시스템을 도입해야 할 필요성.
• 영세사업자들의 특수성에 적합한 새로운 상품을 개발해야 할 필요성.
• 소액금융기관의 직원들을 교육해야 할 필요성(대출 서비스 직원들의 능력을 향상시키고, 직원들로 하여금 신뢰 있는 금융 보고서를 작성하도록 하고, 엄격한 내부 감독 등을 시행하기 위해 필요하다).
• 특히 전문가 연합 단체 APIM-BF를 중심으로 섹터를 결집해야 할 필

요성.

- 이 섹터에 대한 출자나 자금 지원이 쉽게 이뤄지도록, 전통적인 은행 섹터와 소액금융 섹터 간의 관계를 개선해야 할 필요성.

사실상, 이 섹터 전체가 특히 파르메크 법의 규제를 통해 보다 제도화될 필요가 있다.

말리: 소액금융기관의 급성장

말리에서 소액금융은 1980년대에 생겨났는데, 이후로 즉시 급성장을 기록했다. 2005년에 이 나라의 소액금융 섹터는 도시와 지방에 흩어져 있는 714개의 창구를 통해 평균적으로 총인구에서 6명당 1명꼴로 고객을 두고, 총 320억 건 이상의 대출 서비스와 240억 건의 다른 금융 서비스를 제공했다. 두 소액금융기관 카포 지기뉴KAFO JIGINEW(이 기관은 주로 면화 재배 지역에서 활동한다)와 니에시지소NYESIGISO가 소액금융 전체 수혜자의 반(47.6%)에게 서비스를 제공하고, 총 예금액의 59.5%를 유치하고 있다.

말리의 소액금융기관들은 UEMOA의 회원국들처럼, 파르메크 법의 규제 환경 내에서 발전한다. 전체적으로 이 섹터는 정부 지원의 혜택을 입는다. 예를 들어, 1998년 1월에 '소액금융을 위한 활동 전략과 계획'이 채택된 것과 함께, GCNM이라 불리는 소액금융을 위한 국가 자문 그룹Groupe Consultatif National pour la Microfinance이 설립됐다.

니제르: 예금과 대출을 위한 서민 은행의 설립

니제르에서는 1980년대 말에 예금과 대출 서비스를 시행하는 서민 은행이 생겨나면서 처음으로 소액금융 활동이 시작됐다. 하지만 1990년대에 원조금이 끊기면서 이 섹터는 불규칙적으로 성장했다. 1994년과 1995년에 이 섹터는 다시 크게 성장했지만, 1996년의 쿠데타로 그 성장세는 멈춰 섰다. 이 시기에 수혜자의 수와 대출과 예금 서비스 사례는 아주 급격히 감소했다. 이 하락세를 회복하기는 힘든 일이었고, 그 결과로 오늘날 소액금융상품에 대한 니제르 국민의 수요는 그 주변 국들과 비교할 때 적은 편이다. 소액금융이 경제적으로 가장 취약한 환경에 있는 사람들, 특히 지방 주민의 수익을 높일 효과적인 수단인데도 불구하고, 니제르의 소액금융기관들은 1백만의 수요자가 있을 것으로 추정되는 시장에서 단지 156,000명에게만 서비스를 시행하고 있다. 따라서 니제르는 UEMOA의 회원국들 중에서 가장 낮은 8% 미만의 시장점유율을 기록하고 있다. 많은 수의 예금 및 대출기관들이 문을 닫은 오늘날, 전반적으로 공급은 부족한 실정이다.

현재 니제르에서 활동하는 기관들은 세 가지 유형으로 구분할 수 있다: (1) 상호공제조합이나 협동조합, (2) 직접 대출 서비스를 시행하는 기관, (3) 여러 종류의 대출 서비스 프로젝트를 시행하는 기관. 수많은 기관들이 법적인 인가를 받지 않고 영업하고 있다. 이 섹터를 선도해 나가는 몇 개의 기관이 있다. PMR, 타이마코Taïmako, MCPEC에 가입한 회원 수는 전 조합 회원의 88%에 이른다. 2005년에, 상위 7개의 상호공제조합이 소액금융을 이용한 사람들의 68.9%에게 서비스를 제공했고, 전체 대출액의 49%를 대출하고 전체 예금액의 94.3%를 유치했다.

아프리카의 다른 많은 국가들과 마찬가지로, 상호공제조합들은 파르메크 법의 규제 환경 내에서 발전한다. 니제르 정부는 소액금융을 활성화하기 위해 2001년에 국가 전략을 개발했다. 마찬가지로, 1999년에 설립한 ANIP-IMF(소액금융기관 전문가 전국연합Association Nationale Professionnelle des Institutions de Microfinance)도 소액금융 활동을 구조화하는 데 기여했다. 결론적으로, 이곳 소액금융 섹터가 새로이 활발해지리라는 걸 전망케 하는 요소들은 그만큼 많다.

케냐

케냐에는 두 가지 유형의 소액금융기관이 있다. "고객-기반client-based" 유형의 기관은 공식적인 동시에 비공식적인 기관(브로커나 대출업자, 혹은 가족이나 친구)이고, "회원-기반member-based" 유형의 기관은 공식 기관 SACCOS나 순번식 예금 · 대출 서비스 조합(영어로는 "ROSCAs: Rotating Savings and Credit Associations"라 부른다)의 운영 원칙에 따라 사업을 한다.

2004년에 케냐에서 활동하는 공식적인 소액금융기관의 수는 약 3,500개인 것으로 추정된다. 한편으로, 케냐에는 17,300개의 ROSCAs가 있고, 여기에는 115,900개의 여성 회원 그룹들이 있다. UNCDF는 금융 서비스 때문에 NGO를 이용하는 케냐인의 수를 4백만 명으로 추정하고, 동일한 이유로 비공식 조합이나 단체들을 이용하는 케냐인의 수를 1백만 명 이상으로 추정한다.

이 조합들은 대개 국제 기부금을 통해 지속적으로 운영되고 있다. 이 조합들의 접근법은 독창적이다. 내무부가 잠재적으로 차용인이 될 수 있는 사람들의 리스트를 내놓으면, 조합들이 이 리스트를 참고하는 것이다. 이 조합들 이외에도, 다른 여러 소액금융기관들이 있다. 예를 들어, 1999년에 인가를 받은 K-REP(Kenya Rural Enterprise)는 소액 차용인과 예금자에게 금융 서비스를 제공한 최초의 상업 은행이다. K-REP를 이어 에쿼티 뱅크Equity Bank도 소액금융 영역에 진입했다.

오늘날에는 케냐의 대표적인 소액금융기관(약 9만 7천 명의 고객이 있다)인 동시에 혼합형 기관인 AMFI(Association of Micro Finance Institutions)에 주주들이 투자를 하고 있다. 1999년에 인가를 얻은 AMFI의 목표는 이 섹터의 여러 문제들을 해결하는 것이다. 특히 미국의 유명한 NGO인 USAID가 이 기관의 활동에 자금 지원을 한다.

콩고민주공화국: 기업 창출에 기여해야 할 금융

콩고민주공화국에서 소액금융에 대한 수요는 굉장히 많지만, 공급은 극히 적다. 지역의 인프라가 파괴되고 정치적 전망이 불안정하고 매우 어둡기 때문에, 주민들은 지역의 소비를 진작시키는 작은 사업들을 벌이며 수익을 창출할 필요성을 느꼈다. 그 결과, 스스로 비공식적인 전략들을 개발하게 됐다. 그래서 실제로 콩고에서는 기업을 창립하려는 문화는 아주 크게 발달했지만, 소액대출기관의 수는 매우 적다. 그 섹터에 200개(이 수치는 수많은 비공식 시스템은 고려하지 않은 것이다)의 기관이 있지만, 그중 24개의 기관만이 콩고의 중앙은행으로부터 인가를 받았다. 그러나 몇몇 시도가 이뤄지는 것을 관찰할 수 있다. 예를 들어, 2003년에 사업을 시작한 펭카FINCA는 이미 1만 5천 명 이상의 고객을 두고 있다.

가봉: 기업을 창업하려는 역동적 움직임의 결여

가봉에서는 소액금융이 현실적으로 필요한데도 불구하고, 그 활동이 거의 개발되지 않았다. 여기에는 몇 가지 이유가 있다. 우선, 주민들 사이에는 기업을 만들려는 문화가 거의 정착되지 않았다. 다음으로, 시장의 80%가 도시에 있다. 끝으로, 가봉에서는 잠재적으로 소액금융기관의 고객이 될 사람들 중에 외국인의 비율이 매우 높다. 이 외국인들은 석유라는 신기루를 좇아 기니 만으로부터 이 나라로 온 사람들이다.

오늘날, 가봉에는 20여 개의 소액금융기관이 있다. 이 기관들은 모두 회사 내 조합 형식으로 형성되어 있고, 기술이나 노하우를 거의 갖고 있지 않다. 각 기관마다 10여 명의 회원이 있을 따름이다. 상당히 우울한 전망이다. 나아가, 가장 큰 기관인 코페크COPEC는 부채 상환을 중단했다. 두 번째로 큰 기관인 크레디 뮈튀엘Crédit Mutuel은 대출 서비스를 시행하지 않는다. 그럼에도 불구하고, 몇 가지 시도가 생겨나는 듯 보인다. 코시가COSYGA(가봉노동조합연맹Confédération Syndicale Gabonaise)가 수천 명의 회원을 두고 있는 것으로 보이긴 하지만, 아직까지 구체적인 결과는 나오지 않았다. 그렇지만 지금 UNDP가 니앙가라는 외딴 지방에서 200명의 여성들을 대상으로 시범적인 사업을 하는 것을 주목할 필요가 있다.

중앙아프리카공화국

중앙아프리카의 경우, 소액금융 상품은 상업 은행 섹터의 그것만큼 다양화되지 않았다. 이곳에서 소액금융 서비스는 이중 시스템으로 이루어진다고 말할 수 있다. 한편에서는 NGO가 서비스를 제공하고, 다른 한편에서는 CMCA(중앙아프리카 상호공제신용금고Crédit Mutuel de Centrafrique) 은행 네트워크와 UCACEC(예금·대출 금고연합Union des Caisses d'Épargne et de Crédit) 네트워크, 이 두 가지 네트워크의 공적 섹터가 서비스를 제공한다. 결과적으로, 현재 소액금융 활동을 하는 기관의 3/4이 상호공제조합이나 연합 기관들로 구성되어 있다.

예금·대출 금고(혹은 상호공제조합)나 NGO를 포함한 약 30여 개의 소액금융기관이 주민에게 서비스를 제공하고 있다. 자금 규모의 측면에서 보면, 이 섹터는 2005년에 총 225만 2천 CFA프랑의 예금을 유치하고 있었는데, 이 액수는 중앙아프리카공화국 은행 섹터 총 예금액의 약 7%에 이르는 것이다(2002년에는 10%를 기록했다). 같은 시기에, 총 대출액은 102만 8천 CFA프랑으로, 이 액수는 은행 총 대출액의 1.9%에 이른다.

2003년에 재무부 내에 만든 CMF(소액금융 특별감독기구Cellule de micro-finance)가 이 섹터의 규제 환경을 관리한다. CMF는 국가 전역에서 펼쳐지는 소액금융 활동에 대해 감독과 통제를 실시한다. 2006년 5월에는

APEMF-CA(소액금융기관 전문가협회Association des Professionnels des Établissements de Microfinance)와 CNMF(소액금융 국가위원회Comité National de Microfinance)도 창립되었다.

그러나 이러한 초기의 고무적인 시도에도 불구하고, 이곳 소액금융 섹터의 전반적 성과는 여전히 상당히 미흡하다. 1999년부터 2006년까지 실제적으로 활동하는 기관의 수가 계속 줄어든 현상을 관찰할 수 있다. 1999년에는 62개의 단체가 있는 것으로 조사됐지만, 2006년에 그 수는 36개로 감소했다. 즉, 2003년에 45개의 기관이 있었는데도 불구하고, 10년이 채 안 되는 시간에 41% 이상의 감소율을 보였다. 개발 프로젝트들이 중단되고, CMCA와 UCACEC의 상당히 많은 은행들이 영업을 하지 않게 된 것이 부분적으로 이러한 감소의 원인이다.

1999년부터 2003년까지 고객 또는 회원 수는 4만 9천 명까지 꾸준히 증가했지만, 그 시기가 지난 다음 2006년에는 그 수가 1999년 수준까지 다시 감소해 3만 4천 명이 됐다. 그러니까 30%가 줄어든 것이다. 그런데 이 상황과는 반대로, 1999년부터 2006년 사이에 총 예금액과 대출액은 꾸준히 크게 증가했다. 그런데 채무불이행의 사례도 계속 증가했다.

2. 마그레브

모로코: NGO의 추진력

모로코에서는 NGO 가운데 하나인 암세드AMSED의 활발한 활동으로, 1990년대 중반에 소액대출 활동이 시작됐다. 최초의 소액대출 서비스는 한 여성을 대상으로 1993년에 시행됐다. 이어서 자신들의 사업 분야를 전국적으로 넓히겠다는 야심을 가진 여러 기관들이 생겨났고, 이러한 여러 결과들로 인해 모로코의 소액금융기관들은 보다 전문성을 띠게 되었다. 오늘날, 모로코에는 13개의 소액대출 단체가 있고, 그 중 12개가 전국 곳곳에서 활동한다. 1998년 UNDP의 '마이크로 스타트' 프로그램이 이 섹터의 탄생에 기여했다. 그 프로그램을 통해, 여러 방식으로 운영되는 5개의 소액금융기관에 총 110만 달러가 출자됐다.

2000년에, 핫산펀드 II(Fonds Hassan II)는 이 섹터에 1억 디람(dirham, 모로코의 화폐 단위: 옮긴이)(1천만 유로)의 보조금을 지원했다. 이 보조금 때문에 대출 서비스 사례와 그 총액이 증가했고, 특히 3개의 주요 소액금융기관인 알 아마나Al Amana, 퐁다시옹 자쿠라Fondation Zakoura, FBPM(소액대출을 위한 서민은행재단Fondation Banque Populaire pour le Microcrédit)이 혜택을 입었다.

2006년 3월 31일에 모로코에서 소액대출을 이용하고 있던 고객의 수는 673,862명이었다. 10년 전에는 그 수가 1천 명을 겨우 넘을 뿐이었다. 현재, 그 수는 80만 명에 이르고, 이 중 66%가 여성이고, 총 대출액은 1억 6천만 유로 이상이다. 이런 커다란 수치에도 불구하고, 소액금융 서비스에 대한 공급은 여전히 매우 부족한 실정이다. 몇몇 전문가들은 영세기업을 운영하는 사람들의 수를 320만 명으로 추정하고 있고, 그중 120만 명이 지방에 살고 있다.

다른 나라들과 비교할 때, 상대적으로 모로코의 소액금융 섹터는 생겨난 지 얼마 되지 않는다. 하지만 이 섹터는 국제사회에서 아주 역동적인 성장을 기록하고 크게 성공한 모범으로 인용된다. 예를 들어, 이곳의 채무이행률은 아주 훌륭하다(대부분 99%가 넘는다).

오늘날 모로코의 소액금융 섹터를 이끄는 FNAM(소액대출기관전국연맹Fédération Nationale des Associations de Microcrédit)은 18/97 법에 의해 인가를 받아 2001년에 창설됐다. 이 기관의 운영 목적은 소액금융 섹터를 결집하고, 모로코 내의 주요 소액금융기관은 물론 이제 이 섹터에 진입하려는 기관이나 단체들에게 협력하는 것이다. 그러나 FNAM은 생겨난 지 얼마 되지 않았기 때문에, 소액금융 섹터를 위해 충분한 영향력을 행사하기 위해서는 여전히 많은 부분에서 지원을 필요로 한다.

그리고 현재 모로코는 플라넷 피낭스와 FNAM이 개발한 '고객신용정보기관'을 갖추려 하고 있다. 이 기관은 주요 소액대출기관 내에서 그 운영 능력과 실효성을 테스트 받는 단계에 있다.

앞서 언급한 출자 사례 이외에도, 두 개의 큰 지방 은행(SGMB, 서민 은행Banque Populaire)이 많은 기관들에게 상업적 출자를 했다.

알제리: 일자리가 없는 지방 여성들에 대한 지원

알제리 정부는 중대한 실업난의 여파로 생겨날 사회적 불안을 막기 위해 영세기업 개발 정책을 시행해, 청년 취업 지원을 위한 국가 기구 Agence Nationale de Soutien à l'Emploi des Jeunes와 농업 지도와 개발을 위한 국가 기금Fonds National de Régulation et de Développement Agricole을 신설했다. 소액대출 서비스 수혜자의 1/3 이상이 일자리가 없는 사람들이지만, 근로자도 21%에 이르고, 이어서 세 번째로 영세사업자가 17%를 차지한다.[1] 2002년에 소액금융기관인 ADS는 약 12만 건의 소액대출 서비스를 시행했는데, 이 중 1/3은 여성들을 위한 서비스, 1/2은 지방 거주자들을 위한 서비스였다. 2001년과 2002년 사이에, 소액대출을 통해 생겨난 사업 영역은 주로 서비스업(37%), 가내 수공업(23%), 농업(5%), 건축(3%)이었다. 소액대출 서비스와 관련해서, 85%의 경우에는 1~2개의 일자리, 15%의 경우에는 3~5개의 일자리가 창출되는 것으로 추정된다.

하지만 알제리에서는 이 섹터와 관련된 정책들이 상당히 중앙집권적인 방식으로 이루어진다. 그 결과, 민간 단체는 소액금융 활동을 하도록 동기 부여되지 않는다. 통화 및 대출 서비스와 관련된 법에 따라,

---

1. ADS가 소액금융을 주제로 열린 국가적 차원의 세미나를 위해 2002년 12월에 발표한 보고서.

은행과 금융기관들만이 대출 서비스를 시행할 권한을 갖고, 소액금융기관은 법적 권한을 갖지 못한다. 개발 정책과 소액금융에 대한 수요가 아주 많이 존재하는데도 불구하고 상황이 이렇다. 그리고 알제리에서는 소액금융기관이 5년 동안만 활동하도록 규정되어 있기 때문에, 이 영역에서 활동하려는 사람들은 이렇게 전망이 없는 영역에서 적극적으로 활동하기를 꺼린다. 나아가, 오늘날 알제리의 상업 은행들은 소액대출에 대한 수많은 수요를 충족시키는 데 무능력하다.

3. 카자흐스탄

카자흐스탄은 중앙아시아에서 가장 훌륭한 은행 섹터를 갖고 있는 나라 중 하나다. 그럼에도 불구하고, 주변국들과 비교할 때 소액금융기관의 수는 많지 않다. 반면, 많은 수의 은행들이 협소한 지리적 공간 내에서 아주 경쟁적으로 영업하기 때문에, 가장 큰 상업 은행들도 중소기업을 위한 지원 프로그램들에 관심을 갖는다. 경제적으로 안정되어 있는 카자흐스탄은 소액금융 활동이 발전하는 데 있어 유리한 환경을 제공한다. 정부도 중소기업 섹터를 개발하고 소액금융기관에 유리한 규제 환경을 마련하기 위해, 강력한 개입 정책을 펴겠다고 밝히고 있다.

카자흐스탄공화국은 은행권 밖의 금융기관들의 발전을 적극적으로 장려하려는 목적에서, 2003년에 소액대출기관에 대한 법을 채택했다. 카자흐스탄 국립은행(BNK: Banque National du Kazakhstan)과 USAID가 공동으로 노력하여 만든 이 법은 소액대출기관을 위해 최소한의 규제만을 적용한다. 그리고 이 법은 BNK가 소액금융 활동에 최소한으로만 개입할 것을 규정하고 있다. 이 법은 소액금융기관의 특정한 법적 자격을 보장하고, 소액대출을 시행하는 공식적이거나 비공식적인 기관 창립과 관련한 규제 사항을 명시하고 있다. 이렇게 소액금융의 법적 환경을 개선한다면, 미래의 영세사업자는 대출 서비스에 보다 쉽게 다가갈 수 있을 것이다.

4. 남아시아

인도: 국가의 역할을 이어받은 NGO의 활동

　1969년, 인도 정부는 가난한 인구가 대출 서비스를 쉽게 이용할 수 있도록 국내의 모든 상업 은행을 국유화했다. 이 정책으로, 특히 지방에서 은행 지점 수가 빠른 속도로 불어났다. 이때부터, 가난한 인구에 대한 대출은 대부분 정부에 소속된 상업 은행과 권역의 지방 은행(RRB: Regional Rural Bank)의 중개에 의해 시행됐다. 소액금융 활동은 정부에 의해 1980년대에 처음 시행됐다.

　인도의 NGO인 사단Sa-Dhan은 주요 소액금융기관들의 대표 역할을 하며 그들의 이익을 보호한다. 하지만 국가도 아주 커다란 역할을 수행한다. 국가는 몇몇 공공 기관을 통해 소액금융 섹터를 돕는 동시에 규제하는데, 이 공공 기관들은 다양한 인구층의 특성을 고려해 활동한다. 일반적으로 여러 정부들(인도의 국가 체제는 연방 공화제의 형태를 지니고 있다: 옮긴이)은 이 섹터의 발전에 대해 상당히 호의적이지만, 그들이 소액금융 활동에서 관심을 갖는 영역은 저마다 다르다. 가령, 나바르드

NABARD(농업과 지방 개발을 위한 국립은행Banque Nationale pour l'Agriculture and le Développment Rural)는 지방 인구를 지원하기 위해 활동한다. 이 기구는 은행이 상호공제 단체에 대출할 경우 대출금을 100% 지원하고, 은행으로 하여금 상호공제 단체에게는 12%의 이자율, NGO에게는 10.5%의 이자율로 대출하도록 장려한다. 여성들을 위한 국가기금(RMK: Rashtriya Mahila Kosh)은 여성들에게만 서비스를 시행한다. 이 기금은 NGO에 8%의 이자율로 대출을 하는데, 그러면 NGO는 이 돈을 자금으로 12%의 이자율로 상호공제 단체나 개인 고객에게 대출한다. 다시 상호공제 단체는 이 돈을 회원들에게 정해진 이자율 상한선(17%) 내에서 대출하게 된다. 원래 SFMC(소액금융재단Fondation pour la microfinance)는 1999년에 시드비SIDBI(소기업 개발을 위한 인도 은행Banque de l'Inde pour le Développement de la Petite Industrie)가 변모해 생겨났다. 시드비의 목적은 앞서 언급한 두 기관 나바르드와 RMK가 금융 서비스를 제공하지 않는 영역에서 서비스를 제공하고, 더불어 소액금융 섹터를 전반적으로 개발하는 것이었다. 현재 SFMC는 지방이나 도시의 소액금융기관이나 NGO에 대출을 한다. 앞의 두 기관과는 반대로, SFMC는 보조금을 받지 않는다. SFMC는 11%의 이자율로 대출 서비스를 시행하고, 이 돈을 다시 대출에 사용하는 기관에 대해 이자율 상한선을 제시하지 않는다.

인도에는 약 10만 개의 NGO가 있고, 그중 10%가 소액금융 프로그램을 개발했다. 그 기관들 대부분이 흔히 "자조 집단self help groups"이라 부르는 상호공제 그룹을 모델로 하여 발달했다. "자조 집단"은 지방에서 살고 동일한 사회적 계급에 속하는 사람 15~20명이 모여 만드는 그룹이다. 이 그룹은 집단의 의견을 중심으로 운영되고, 그 이익은 회원들에게 돌아간다. 여기서 특징적인 면은 그룹이 약 6개월의 감독 기간을 거치고 난 뒤에 수익이 발생했다고 판단되면 금융 서비스를 시행할 수 있다는 것이다. 동시에, 이 그룹은 정부로부터 여러 사회적 의무사항들을 부과 받는다. 이런 시스템에 따라, 그룹의 회원은 사회적이고 경제적인 차원에서 책임감 있는 생활을 하게 된다. 이 그룹을 공적 섹터의 은행과 연결시키는 프로그램이 나바르드에 의해 1993년에 시행됐다. 그럼에도 불구하고, 약 25만 개의 그룹 중에서 단지 3만 개의 그룹만이 실제로 은행과 거래할 수 있었다. 은행이 채무를 이행할 수 없다고 판단한 그룹들에 대해 불신의 태도를 취했기 때문이다.

이 프로그램이 갖는 다른 한계는 보조금에 너무 많이 의존한다는 것이다. 그래서 대부분의 소액금융기관이 "자조 집단"을 모델로 성장한 것이 사실이긴 하지만, 최근에는 다른 모델이 될 만한 금융기관들이 탄생했다. 공제단체연맹이나 (SEWA나 노동여성포럼Working Women Forum 같은) 협동 은행이 탄생했고, 1995년에 국가의 "상호원조 협동 단체 법령 Mutually Aided Cooperative Societies Act"에 따라 만든 협동조합이나, (Basix, Cashpor, Share 같은) 민간 섹터에 대한 규제를 따르는 소액금융기관들이 생겨났다.

인도에서는 여전히 인구의 25%가 가난의 문턱을 넘어서지 못하는 수준(이 책의 서두에서 언급한 대로 하루에 2달러 미만으로 살아가는 상황을 말한다: 옮긴이)에서 살아가기 때문에, 소액금융 서비스에 대한 수요는 굉장히 크다. 오늘날, 그곳에서는 가난한 인구의 수요의 약 80%가 비공식 시스템에 의해 충족되고 있는 것으로 추정된다. 이러한 통계 자료는 물론 인도 시장의 잠재성이 아주 크다는 사실을 가리킨다. 특히 가난한 지역인 북부(우타르프라데쉬Uttar Pradesh, 오리사Orissa, 비하르Bihar)의 몇몇 지방 정부들은 소액금융을 절실하게 필요로 하는데, 그곳에서는 공급이 부족한 실정이다. 나아가, 소액대출만이 아니라 소액금융과 소액 보험에도 커다란 수요가 존재한다.

  인도는 국내에서 소액금융 활동이 시작된 이후로 이 섹터에 강력하
게 개입했다. 따라서 장래에도 국가의 강력한 개입이 있을 것으로 예
측할 수 있기 때문에, 이제는 탈중심적 정책을 고려해야 할 때이다. 국
가의 강력한 개입이라는 장애 요인 이외에도, 다른 몇 가지 장벽과 장
애들이 있다. 인도에서 소액금융기관들은 적절한 이자율을 책정할 수
없고, 따라서 그들의 생존이 이따금씩 위협받는다. 나아가, 정부들은
소액금융기관과 공식 금융 섹터 사이를 밀접하게 연결하는 프로그램
들을 개발하고 있지만, 후자는 수익성이 없다고 판단한 고객들로부터
는 고개를 돌리고 있다.

인도네시아, 그리고 예금 서비스가 영세사업자와 작은 소액금융기관에 미치는 영향: BRI의 유니트 데사의 예

  BRI와 관련한 이야기는 예금 서비스가 영세사업자와 소액금융기관
모두에게 중요하다는 사실, 소액금융기관의 경영자와 감독 당국이 서
로를 이해하는 일이 중요하다는 사실을 예증한다.

  간략한 역사: 뱅크 라캬트 인도네시아Bank Rakyat Indonesia — 즉, BRI
— 는 상업적으로 운영되는 국책 은행으로, 그 역사는 100년 전 이상으
로 거슬러 올라간다. 초기에, BRI는 지방 개발을 지원하는 일을 담당
했다. 이어서 BRI는 금융 활동과 관련된 모든 분야에서 발전하였다.
1970년대 초반에, 인도네시아 정부는 쌀 생산과 관련하여 자국의 자급

자족 능력을 확보하기 위해, BRI로 하여금 지방 지점 — 유니트 데사 Unit Desa라는 이름을 붙였다 — 을 운영하게끔 했다. 이렇게 생겨난 — 비마스BIMAS라는 이름의 — 대출 프로그램은 인도네시아 정부로부터 충분한 보조금을 지원받았다. 이어서 1980년대 초반까지 다른 프로그램들이 추가적으로 생겨났다. 그런데 이 시기에, 정부와 정책 담당자들은 유니트 데사와 관련된 시스템 전반이 결함을 갖고 있다는 사실을 확인한다. 약 3,600개의 유니트 데사(총 3,500명의 직원을 고용하고 있었다)를 통해 국내 중요 지역에 충분한 은행 서비스를 계속 제공하기를 바란 인도네시아 정부는 1983년부터 유니트 데사를 구조조정하기로 결정 내린다. 이때 대출과 예금 서비스를 제공하는 새로운 시스템이 생겨났다. 이 시스템은 두 가지 중요한 특징을 지녔다. 첫째, 새로운 형태의 지점은 보조금 없이 운영된다. 둘째, 특히 예금 서비스와 관련하여 영세사업자의 필요를 최상으로 충족해야 한다. 이 시도에 확신을 가진 인도네시아 정부는 2년 동안만 운영비를 지원하기로 결정했다. 지점이 전혀 보조금 없이 운영될 수 있는 재정적 균형 상태에 이르기 위해서는 2년의 시간이 필요하다고 판단했기 때문이다. BRI는 이런 식으로 지원을 받으며, 유니트 데사에 심도 있는 구조조정을 시행했다. 아주 엄격한 회계 규칙을 채택하고, 새로운 직무 교육을 시행하고, 은행 업무 시간과 요일을 준수했다. 그리고 채무이행률을 높이기 위해 고객들에게 여러 인센티브를 부여하는 정책을 실시했다. 새로운 형태의 지점은 사전에 정한 대로 11~13명의 직원 규모로 운영됐다. 만일 이 규모를 넘어서면, 지점은 두 개의 지점으로 나뉜다. 이는 인접성의 전략으로 인해 충분히 작은 규모의 기관을 운영하는 것이 필요했기 때문이다.

이 정책은 커다란 성공적 결과를 낳아, 빠른 시간 안에 BRI의 유니트 데사는 소기업과 영세기업에 대한 대출 분야에서 가장 놀라운 성과를 기록한 기관으로 변모했다. 따라서 1986년부터 유니트 데사의 소액금융 사업은 재정적 균형을 이루는 데까지 이르렀고, 나아가 상당한 수익을 올렸다.

그런데 1997년에 인도네시아에 금융 위기가 닥친다. 루피(인도, 파키스탄, 네팔, 인도네시아 등의 화폐 단위: 옮긴이)의 가치는 폭락하고, 인플레이션은 급등하고, 수많은 은행이 파산하거나 파산 직전의 상황에 놓였다. BRI도 이 금융 위기의 영향에서 벗어날 수 없었다. 그러나 하버드 국제개발연구소Harvard Institute for International Development의 패튼Patten, 로젠가드Rogengard, 존스턴Johnston이 1999년 7월에 시행한 연구에서 강조했듯이, 이 은행의 네 가지 전략적 사업 영역(소액금융, 일반 금융 서비스, 기타 세부 금융 서비스, "투자와 재무" 부서)에서 금융 위기를 가장 잘 견뎌낸 것은 소액금융을 시행한 유니트 데사였다. 예를 들어, 채무이행률은 위기 이전 수준과 거의 비슷한 수준에서 유지됐다.

이처럼 인도네시아의 BRI는 아주 가난한 고객을 대상으로 서비스를 시행하는 국책 은행으로서 많은 수익을 올렸고, 나아가 공적 프로그램을 시행하는 기관으로서도 훌륭한 모범이 되었다. 1983년부터 BRI는 벼농사를 하는 농부들에게 대출 보조금 프로그램을 시행했다. 이어서 다음과 같은 목표가 설정되었다. "농업을 넘어 지방의 모든 경제활동에 대해 대출 서비스를 시행하는 것, 보조금 대출 제도를 비非보조금 대출 제도로 바꾸는 것, 지방 인구에 대해 (대출 서비스와 예금 서비스를 포함한) 모든 종류의 금융 서비스를 제공하는 것. 예금을 유치하는 일이 이 전략의 성공 여부를 결정한다."[1]

방글라데시, 혹은 개발 정책을 시행하는 보다 포괄적인 틀 내에서 소액금융이 갖는 잠재성: 그라민 은행의 예

그라민 은행이 예증하는 것: 개발 정책의 틀 내에서 소액금융이 갖는 잠재성.

간략한 역사: 1976년, 치타공 대학의 경제학 교수 무하마드 유누스는 자신이 학생들에게 가르치는 이론과 방글라데시의 수많은 사람들이 경험하는 현실 사이에 커다란 차이가 있다는 사실을 발견했다. 그는 특히 수많은 여성들이 자신들의 상업적·수공업적 활동에 필요한 자금을 마련하지 못하는 현실을 관찰했다. 이때부터 그는 소액대출 프로그램을 실시하여, 서로 보증을 선 몇몇 여성들이 만든 그룹에 소액 대출을 하기 시작했다. 만일 그룹의 한 회원이 채무를 이행하지 않으면, 다른 회원들이 대신 대출금을 상환해야 했다. 이 방법은 몇 가지 시도를 거친 이후 커다란 성공을 거두었고, 그라민은 NGO로서 성장했다. 1983년에 이 NGO는 변모하여, 그라민은 은행의 지위를 얻었다. 이런 성공에 병행하여, 그라민의 업적은 국제사회도 인정하는 모범적 사례가 됐다. 차츰 세계 각지로부터 지지를 받은 그라민은 금융 서비스를 다양화시켰다.

일반적으로 그라민 은행은 본받아야 할 모델로 인식된다. 그런데 어떤 사람들은 비슷한 지원이 없이는 다시 생겨나기 어려운 기관으로 그라민 은행을 소개하기도 한다.

---

1. Joanna Ledgerwood, 『소액금융 핸드북: 제도적·금융적 전망 *The Microfinance Handbook: an Institutional & Financial Perspective*』.

소액대출의 창시자이자 아버지로 인식되는 무하마드 유누스가 1970년대에 그라민 은행을 창립한 다음부터, 방글라데시에서 소액금융의 성공은 더 이상 이론의 여지가 없는 현상이 됐다. 그라민은 2003년과 2004년에 4억 137만 달러를 지출했다. 그라민 주식의 94%를 그라민 은행의 차용인들, 나머지는 정부가 보유하고 있다.

이 "가난한 사람들의 은행"은 창립된 이후로, 1983년, 1991년, 1992년을 제외하고, 매년 흑자를 실현했다. 그라민이 적용하는 이자율은 정부가 지정한 이자율보다 낮다. 그 성공이 매우 큰 것이었기 때문에, 오늘날 그라민 은행은 하나의 네트워크를 이루는 회사들, 그러니까 '그라민 은행이 만든 회사들Grameen Bank-Created Companies'의 대장 격이 됐다. 이 네트워크 중 그라민 폰Grameen Phone은 벽지僻地 개발에 기여하기 위해 각 마을마다 전화를 설치하는 작업을 시행한다. 다른 한편으로, 그라민 은행은 혁신적인 프로그램들을 계속 연구 중이다. 예를 들어, 걸인들에게 무이자로 대출하는 동시에 그들을 보험에 가입시킨다. 또한 그라민 은행은 가난한 사람들이 주택을 구입할 때 대출을 쉽게 이용할 수 있도록 한다. 그리고 회원의 자녀들에게 장학금을 수여하는데, 특히 여학생들에게 우선적으로 혜택을 준다. 고등 교육을 받는 학생에게도 낮은 이자율로 대출을 하는 혜택을 부여한다. 차용인이 사망하는 경우, 가족들이 대출금을 상환하는 대신 생명보험 지급액으로 그 돈을 충당케 하는 시스템도 또 다른 혁신이다. 이는 차용인이 그라민 은행의 주주가 되는 동시에 보험에 가입하기 때문에 가능하다. 연금 기금도 마련되어 있다. 회원은 연금을 위해 10년 동안 매달 0.86달러를 저축한다. 그 기간이 지나면, 회원은 총 예금액의 거의 두 배가 되는 돈을 연금으로 받을 수 있다.

5. 팔레스타인과 인접성의 전통

웨스트뱅크와 가자지구에서는 많은 비공식 사업자들이 사업을 시작할 때 자신들이 저축해 놓은 돈에 의지했다(웨스트뱅크 71%, 가자지구 63%). 그 다음으로는 가족이나 친구들에게서 돈을 빌렸다(웨스트뱅크 19%, 가자지구 26%).

팔레스타인에서 공식 기관들이 자금을 마련하고 소액대출 프로그램을 개발한 것은 최근의 일이다. 1990년대 초반에 은행과 NGO 섹터에서 소액대출 프로그램이 공식적으로 시작되었다. 그리고 1993년의 오슬로 협정 이후에는, 아주 많은 은행과 NGO들이 국제적인 출자 기관들로부터 지원금과 보조금을 받아 다양한 대출 프로그램을 개발할 수 있었다. 하지만 그 성과가 미흡하다는 건 인정하지 않을 수 없다. 새 사업을 시작할 때 가족, 은행, (저당을 잡는) 개인 대출업자, 거래 기업, NGO, 그리고 여타의 다른 금융기관으로부터 돈을 빌리는 기업은 전체의 16%를 넘지 않는다. 은행과 NGO와 다른 금융기관에서 돈을 빌리는 경우는 단지 6%에 그치고 있다.

팔레스타인에서는 두 가지 유형의 대출 서비스가 존재한다:

가구와 영세사업자를 위한 소액대출이 존재하는데, 개인당 총 대출금은 300달러부터 1,000달러에까지 이른다. 그 다음으로 영세기업과 소기업을 위한 대출 서비스가 있는데, 이 경우 2/3의 대출이 18개월을 주기로 이루어지고, 기업당 총 대출금은 8,000달러에 이른다. 이때, 웨스트뱅크(평균 4,000달러)와 가자지구(평균 2,300달러) 간의 차이점을 관찰할 수 있다.[1]

2006년 6월 30일 현재, 소액금융기관들은 약 29,600명의 고객에게 서비스를 제공하고 있고, 총 대출액은 3,920만 달러이다. 이 섹터에는 주로 세 기관 UNRWA, FATEN, CHF Palestine이 활동하고 있는데, 이 기관들은 외국 원조 기관들과 긴밀한 관계를 맺고 있다. 그 세 기관들이 소액금융 섹터의 고객 중 90%를 유치하고 있고, 그 섹터의 총 대출액 중 80%를 대출했다. 주로 그 영토에서 일하기가 매우 어렵다는 이유 때문에, 대부분의 기관들이 여전히 자립하지 못한 상태이다. 또한 이곳의 금융 섹터는 안정적인 구조를 갖추려고 많은 노력을 해도 빈번히 중대한 금융적 위기를 경험하며, 채무불이행의 사례도 높다.[2]

팔레스타인에는 모두 합하여 11개의 기관들이 활동하고 있고, 그 위상은 다양하다. FATEN, ASALA, UNRWA…가 있다. ASALA와 FATEN은 주로 여성들을 대상으로 활동한다. '소기업과 영세기업 금융지원을 위한 팔레스타인 네트워크Palestinian Network for Small and Microfinance'는 소액금융 섹터의 여러 주체들이 국가적 차원에서 연합하여 만든 연맹이다.

---

1. 팔레스타인의 컨설팅 기업 Massar Associates가 USAID가 자금을 지원한 ISAMI Project를 위해 6,000가구를 대상으로 시행한 연구 「팔레스타인의 비공식적 기업들Palesitnian Informal Entreprises」.
2. Planet Rating, CGAP.

6. 남아메리카

볼리비아, 남아메리카 소액금융의 선구자

　방코솔은 1992년에 볼리비아에서 창립되었다. 이 사건으로 볼리비아는 남아메리카의 상업적 소액금융 시장에서 선구자로 부각했다. 그러나 소액대출 서비스와 관련한 혁신적 기술들은 (1986년부터 1991년까지의) 초기 단계에서 이미 NGO들을 통해 마련되어 있었다. 이어서 1992년부터 1997년까지, 많은 금융 서비스를 제공하는 FFP(민간 금융기금Fonds Financiers Privés)로 변모하려는 수많은 NGO들에 대해 법적 환경을 마련해 주려는 움직임이 생겨났다. 그런데 소액금융은 1998년과 1999년에 위기를 경험했다. 이 시기에 볼리비아는 경제적 불황을 경험했고, 결과적으로 소액금융기관의 상당수 고객들이 과채무를 지게 됐다. 2000년대부터 이 섹터는 다시 활성화되어 새로운 확장 시기를 맞았다.

　볼리비아의 금융권에 존재하는 336개의 기관은 SBEF(은행 · 금융기관 최고감독기구Super-intendance de Banques et Entités Financière, 은행과 금융기관들을 지원하는 동시에 규제하기 위해 1993년에 제정된 법에 따라 생겨난 기구. 이 법은 2003년에 수정됐다)의 규제와 감독을 받는 정도에 따라, 두 개의 큰 범주, 그러니까 SBEF의 규제를 받는 기관과 SBEF의 규제를 받지 않는 기관으로 나눌 수 있다. SBEF의 규제를 받는 기관은 다시 은행, 주택 구입 자금 대출을 위한 상호공제조합, 공개 예금·대출 협동조합(이 조합은 회원뿐 아니라 일반 서민들에게도 서비스를 제공한다), FFP(민간 금융 기금)의 네 개 그룹으로 나눌 수 있다. SBEF의 규제를 받지 않는 기관은 공식적이고 법적인 자격을 갖출 수도 있고, 그렇지 않을 수도 있다. 이 마지막 카테고리는 (예를 들어, 고리대금업자처럼) 개인적으로 금융 중개 기능을 수행하는 사람들을 가리킨다. 법적 자격을 갖춘 공식적인 기관은 SBEF의 감독을 받지 않는 대신, 일반적인 법(법, 명령, 규정 등) 적용을 받는다. 이 범주에는 두 개의 그룹, 즉 금융 활동을 하는 NGO와 비공개 예금·대출 협동조합(이 조합은 회원에게만 금융 서비스를 제공한다)이 존재한다.

이런 형태의 규제는 특히 소액금융 섹터를 일반적인 은행 섹터와 비슷하게 구조화하려는 볼리비아 감독 기관의 의지를 보여 준다. 규제를 통해 특히 소액금융이 제도적 환경 내로 쉽게 편입될 수 있고, 이렇게 되면 궁극적으로는 개발원조 활동이 보다 투명하게 이루어진다. 나아가, (소액대출 활동을 포함한) 여러 금융 활동을 제도적으로 구조화하려는 이런 정부의 의지는 시장이 왜곡되는 일을 방지하면서도, 무엇보다 은행과 자본시장의 공적 성격을 유지하기 위해 감독 기관이 개입하겠다는 뜻을 나타내는 것이다.

프로뎀-방코솔

프로뎀-방코솔의 사례가 보여 주는 것 : NGO로부터 상업 은행을 만

들 수 있다는 것. 소액금융에 전문화된 아주 훌륭한 기관이라면 상업
은행과 동일하게 자금 시장을 이용할 수 있다는 것.

간추린 역사: 원래, 프로뎀은 소액대출에 전문화된 NGO였다. 1987
년에 창설된 이 NGO는 고객의 필요를 충족시키면서도 동시에 기관의
비용을 절감하는 운영 방식을 점진적으로 개발했다. 고객의 욕구를 충
족시키는 여러 대출 서비스를 개발한 프로뎀은 1992년 2월에 방코솔
이라는 이름의 은행을 설립해 소액대출 사업을 넘겼다. 이 당시 프로
뎀의 총 대출액은 약 4백만 달러였고, 차용인 수는 대략 1만 4천 명이
었다.

NGO로부터 은행으로 변모한 방코솔은 예금을 유치할 수 있게 되
어, 결과적으로 다양한 자금원을 마련할 수 있게 됐다. 하지만 몇몇 연
구가들이 강조한 대로, 은행이 NGO의 금융 활동을 맡게 되는 과정에
서 문제가 발생하지 않았던 것은 아니다. NGO 직원의 업무나 문화가
은행 직원의 그것들과 같지 않았기 때문이다.

아무튼 정확한 변모가 이루어졌지만, 프로뎀이 실제로 완전히 사라
지는 대신 계속 존속했다는 사실을 강조할 필요가 있다. 그러니까 프
로뎀은 방코솔이 영업을 하지 않는 지방을 찾아 그곳을 개발하는 작업
을 했다. 따라서 프로뎀은 NGO로서 사회 지원의 사명을 계속 이행하
였고, 이와 동시에 방코솔은 은행으로서 전문적 역할을 수행했다. 실
제로, 남아메리카의 소액금융 영역에서 가장 훌륭한 모범의 하나로 간
주되는 방코솔은 이 섹터의 제도화 과정에서 생겨날 수 있는 긍정적인
면을 보여 준다.

1992년에서 2005년 사이에, 방코솔의 고객 수는 26,200명에서 85,000명으로 늘어났고, 총 대출액은 880만 달러에서 1억 3천만 달러 이상으로 증가했다.

방코솔은 이런 성과를 달성하기 위해 초기에는 다른 은행들과 관계를 맺고, 또한 지방의 자금 시장에서 보증을 제시해야 했다. 그러나 이후 방코솔은 고객의 예금을 자금으로 이용할 수 있게 됐고, 국제 자금 시장에도 보증을 제시하는 동시에 채권을 발행할 수 있게 됐다.

방코솔은 1998년 이후로 주식시장에 상장하고 있다. 이 기관은 소기업과 영세기업에 금융 서비스를 제공하기 위해, 시장에서 이용할 수 있는 모든 도구를 이용한다. 1998년에 방코솔은 3년 연속 볼리비아에서 가장 큰 수익을 올린 은행으로 인정받았다.

페루

페루는 현재 남아메리카에서 소액금융 활동이 두 번째로 크게 활성화된 나라이고, 2000년 이후로는 상업 은행도 그 섹터에 진입하기 시작했다. SBS(페루 은행·보험 최고감독기구Superintendencia de Bancos y Seguros de Perú)가 전문 소액금융기관을 대부분 규제하고 있다. 2004년 말에 이 섹터는 40개의 기관을 두고 페루 금융권 총 자산의 5.8%를 보유하고 있었다. 페루의 소액금융 섹터는 다음과 같은 구조를 갖추고 있다:

예금·대출 지역 금고Les Cajas Municipales de Ahorro y Crédito (CMAC).

1980년대 초반에 창설된 선구적인 소액금융기관 네트워크. 이 네트워크가 생겨날 때 독일 정부가 협력하고 컨설팅 회사 IPC(Interdizciplinaire Projekt Consult)가 기술적인 지원을 하였다.

예금·대출 지방 금고Les Cajas Rurales de Ahorro y Crédito (CRAC). 1993년에 주요 공공 은행이 파산했을 때, 농업부가 기술 지원의 사명을 계속 수행하기 위해 설립한 소액금융기관 네트워크. 이 네트워크는 소농들에게 서비스를 제공하는 작은 민간 기관들로 구성되어 있었는데, 1997년에 7개의 기관이 영업을 중단하며 중대한 위기를 경험했다. 이후로, 구조조정과 정책 변경을 실행해 계속 활동하고 있다.

중소기업개발협회Les Entidades de Desarrollo de PYMES (EDPYME). 1980년대 중반에 창설한 이 네트워크는 SBS에 의해 규제를 받았는데, NGO와 비슷한 자격을 가졌기 때문에 예금을 유치할 수는 없었다. 최근에 SBS에 의해 이러한 규제가 풀렸지만, EDPYME는 여전히 많은 수익을 내지 못하고 있고, 다른 네트워크의 기관들보다 규모도 작은 편이다. 하지만 몇몇 기관(예를 들어, "콘피난사 이 에디피카르Confinanza y Edificar")은 모범적인 성장을 하였고, 뛰어난 전문성을 갖추었다.

전문 소액금융기관들이 SBS의 규제를 받는 것과 비슷하게, 비공식 섹터에는 약하게나마 SBS의 규제를 받는 NGO와 협동조합들이 존재한다. 그런데 이 NGO와 협동조합들은 1995년 이후로 총 대출액이 빠르게 증가하고 있다.

페루의 공공 정책은 소액금융 섹터에 대해 상당히 호의적이었고, 그 결과 소액금융기관들이 일반적인 금융 감독이 시행되는 시스템 내로

용이하게 통합되는 아주 뚜렷한 추세가 나타났다.

나아가, 2000년 이후로 이 섹터 내에서 상업 은행이 출현하는 두드러진 현상이 나타난다. 가장 모범적인 예의 하나가 미방코MiBanco이다. 미방코는 소액대출기관 네트워크인 악시온 인터내셔널에 속해 있던 NGO인 ACP(Acción Comunitária Perú)가 변모하여 1998년에 태어난 진정한 상업 은행이다. 미방코의 출현 이후로, 상업 은행이 이 섹터에서 가장 활동적으로 영업하는 기관인 것으로 보인다.

멕시코, 혹은 서민 예금 대출 서비스의 역할

소액금융은 멕시코 정부가 2000년부터 2006년까지 시행한 다양한 정책의 중요 대상 중 하나였다. 정부는 소액금융 서비스를 직접 제공하는 일에서부터 소액금융기관의 활동을 적극적으로 지원하는 일에 이르기까지 많은 일을 했다. 바로 이러한 정부 전략의 일환으로, 2001년 4월에 서민 예금 · 대출 서비스 섹터를 규제하기 위한 '서민 예금 · 대출에 관한 법(Ley del Ahorro y Crédito Popular: LACP)'이 공포됐다.

멕시코에서는 다양한 기관들이 사업의 전 영역이나 그 일부를 소액금융 활동에 바치고 있다. 그 기관들로는 대출기관연합, 예금 · 대출 회사, 예금 · 대출 협동조합, 서민 금고, 지방 금융기관, 연합 금고, 제한적인 금융 서비스를 수행하는 금융회사(Sofol: Société Financière à Objet limité), NGO, 소액금융기관 등이 있다.

멕시코에는 300개가 조금 넘는 신용협동조합이 있는 것으로 추정되는데, 나라의 크기를 생각할 때 그 수치는 상당히 작은 편이다. 멕시코 서민금고Caja Popular Mexicana가 가장 큰 신용협동조합 네트워크로, 이 네트워크에는 거의 전체의 반수에 해당하는 조합이 가입해 있고, 회원 수는 55만 명 이상이다. 이 조합들을 지배하는 원칙(자유 가입, 1인 1표의 투표권을 갖는 것, 투자금을 반환해 주지 않는 것, 이윤을 사회적 목적으로만 사용하는 것) 때문에, 조합들의 발전이 상당히 제약받고 있다.

대출기관연합union de crédit은 1932년부터 존재했다. 원래, 이런 유형의 조직은 보조 대출금 제도로부터 이익을 얻기 위해 생산업자들끼리 조합을 형성하려는 목적에서 생겨났다. 1990년대 초반에 멕시코 정부는 이 조직에 할당하는 지원금의 액수를 아주 크게 늘렸다. 이후로 대출기관연합은, 기회주의에 편승하는 사람들이 반복적으로 입회와 탈퇴를 거듭하면서, 일반적으로 수명이 매우 짧아졌다. 대체로 회원들은 공공 은행들로부터 장기 대출을 받은 다음 대출금을 상환하지 않았고, 그 결과 궁극적으로 채무불이행의 비율이 상당히 높아져 이 시스템의 효율성이 위협받게 되었다.

협동조합 네트워크인 솔리다리다드Solidaridad는 국가 연대 프로그램 Programa Nacional de Solidaridad에 등록하여 활동한다. 그중 한 조합은 아주 가난한 농민들에게는 보증 없이 대출을 시행하기로 결정했다.

멕시코에서 대부분의 NGO는 1985년의 지진 참사 이후에 생겨났다. 가장 유명한 NGO는 엠프렌데도레스Emprendedores, CAME, 콤파르타모스Compartamos이고, 이 기관들의 수익성은 상당히 좋은 편이다. 콤파르타모스는 멕시코의 NGO인 겐테 누에바Gente Nueva와 함께 시범 운영을 위해 1990년에 태어났다. 1993년에 콤파르타모스는 치아파스와 오악사카 주州까지 활동 영역을 넓히고, 프랑스의 '마을금고'를 모델로 삼았다. 초기에는 소액금융이 부분적으로만 시행되었기 때문에, 그것이 콤파르타모스의 지배적인 활동 영역은 아니었다. 1997년에 콤파르타모스는 악시온의 주도 아래 변모하여 금융적으로 독립적인 기관이 됐다. 오늘날, 콤파르타모스는 남아메리카에서 가장 많은 수익을 창출하는 소액금융기관 중 하나이다. 2004년에 그것은 CGAP가 수여하는 '2004 투명금융상'과 BID가 수여하는 '소액금융 우수상'을 받았다. 또한 스탠더드 앤드 푸어스Standard & Poor's와 피치Fitch로부터 높은 평가를 받기도 했다. 최근에 악시온이 내놓은 보고서 통계에 의하면, 오늘날 콤파르타모스의 144개 자회사가 멕시코의 총 31개 주 중 25개 주에서 활동하고 있다. 나아가, 2004년 12월 31일 현재, 콤파르타모스의 고객 수는 30만 명 이상, 총 대출액은 1억 1백만 달러에 이른다.

몇 해 전부터 상업 은행들은 이 섹터를 자신들의 활동 영역 내로 통합하기 시작했다. 주로 외국계 은행들과 경쟁해야 하는 상황이 되었기 때문이다. 중간 규모의 몇몇 은행들도 가난한 인구 층과 영세기업들에게까지 서비스를 확대했다.

국내 일자리의 약 2/3가 영세기업에 의해 창출된다는 사실을 보여주는 몇몇 연구가 나온 이후로, 몇 해 전부터 멕시코 정부는 소액금융 섹터에 특히 커다란 관심을 쏟고 있다. 멕시코 정부는 일자리를 창출하는 영세기업의 능력을 인정했다.

지난 6년 동안(2000~2006), 멕시코 정부는 소액금융 활동을 제도적으로 구조화하기 위해 두 가지 주요 프로그램인 프로나빔PRONAFIM(영세기업 대출 국가 프로그램Progamme national de financement de la microentreprise)과 파트미르Patmir(지방소액대출 기술 지원을 위한 권역 프로젝트Projet régional d'assistance technique au microfinancement rural)를 시행했다.[1]

소액금융이 전통적인 도구(개발 은행, 국가 원조 프로그램 등)를 대체하려던 시기에, 파트미르는 두 가지 야심을 갖게 된다. 하나는 지방의 금융 서비스를 개발하고 개선하는 것이고, 다음은 소액금융 시스템을 지속시키고 고객의 안전을 확보할 법적 환경을 마련하는 것이다. 그래서 파트미르는 사람들이 가장 소외된 곳으로 간주하던 오악사카, 산 루이스 포토시, 베라크루즈, 푸에블라, 치아파스, 구에레로, 모렐로스 주에서 프로그램을 시행한다.

2001년의 법으로 인해, 방세피BANSEFI(예금 · 금융 서비스를 위한 국가 은행Banque nationale de l'épargne et des services financiers)가 예금 업무를 주로 하는 국가 은행인 파날Pahnal을 대체하게 됐다. 일종의 개발 은행인 방세피는 LACP(서민의 예금 · 대출에 관한 법)가 정한 기준을 국가 전역에 적용하기 위해, 소액금융 활동을 하는 기관에 금융 서비스 · 기술 지원 · 기술 인프라 · 정보를 제공하는 소액금융의 은행이 됐다. 방세피는 영세 기업 섹터에 일관된 질서를 부여하고, 그 섹터를 제도화한다는 목표도 갖고 있었다.

방세피는 서민 금융기관을 개선하는 동시에 그 건전성을 확보하고, 또한 서민 금융기관이 LACP를 준수하며 운영하도록, 2004년부터 2006

---

1. 더 자세한 내용을 위해서는 Chritophe Le Picard Ducroux et Karin Barlet의 논문 「멕시코의 소액금융과 PATMIR의 예Microfinance au Mexique et l'exemple du PATMIR」(BIM, N° 106, 06. 02. 01) 참조.

년까지 한 가지 프로젝트를 시행했다. 세계은행도 이 프로젝트에 4,250만 달러를 대출했다. 플라넷 피낭스, 데자르뎅Desjardins, WOCCU, 독일의 협동조합과 저축금고연맹도 멕시코가 필요로 하는 기술 지원을 제공하기 위해 이 프로젝트에 참여했다.

브라질, 혹은 불평등을 해소하기 위한 소액금융의 첫 걸음

몇몇 연구에 따르면, 브라질에는 1,100만 개 이상의 영세기업이 존재하는 것으로 보이지만, 소액금융을 이용하는 사람의 수는 잠재적인 전체 수요의 2%에 불과한 20만 명뿐이다.

소액대출 서비스를 제공하는 주요 공공 은행인 방코 디 노르데스치Banco de Nordeste는 악시온 인터내셔널로부터 기술적 지원을 받으며 소액대출 프로그램을 시작했다. 초기에, 이 프로그램은 연대 대출 서비스만을 제공하는 특정한 성격을 갖고 있었다. 자기 자본으로 사업을 영위하는 모범적인 경험을 거친 다음 방코 디 노르데스치는 세계은행으로부터 특수 기금을 지원받은 데 이어, 크레디아미고CrediAmigo 프로그램이 아주 커다란 성공을 거두어 확실한 구조적 모습을 갖추게 됐다.

브라질은 "테르세르 섹토르Tercer Sector"에 관한 법(1999년, N° 9,790)을 통해 비영리 단체들에게 일정한 법적 자격을 부여했다. 그래서 이 기관들은 민간 투자금을 통해서나 공적 기부금을 받아 자본을 마련할 수 있다(그러나 이런 경우에 대개 그렇듯, 예금은 유치할 수 없다). 그리고 브라질에는, 특히 남부 지방에는 비슷하게 소액금융 활동을 하는 1,418개의 협동조합 시스템이 있다.

아르헨티나: 급등하는 인플레이션과 반복되는 금융 위기에
대처할 소액금융기관 운영의 필요성

아르헨티나에서는 1987년에 소액금융 활동이 처음 이루어졌고, 약 5,000명의 고객을 둔 푼다시온 훈토스Fundación Juntos가 발전했다. 그러나 이 기관은 1990년대 초에 주로 인플레이션 때문에 폐업했다.

두 번째로 기억할 만한 시도는 푼다시온 엠프렌도르Fundación Emprendor였다. 1992년에 생겨난 이 NGO는 아르헨티나의 금융 위기로 2002년에 문을 닫을 때까지, 전국에 걸쳐 수천 명의 고객에게 소액금융 서비스를 제공했다. 1990년대 중반에 생겨난 프로 비비엔다 소시알 Pro Vivienda Social과 방코 무헤르Banco Mujer 같은 규모가 작은 기관들은 2002년의 금융 위기에서 성공적으로 벗어날 수 있었다. 아르헨티나의 의회와 감독 기관들은 이 섹터의 제도적 환경을 개선하고, 소액금융과 영세기업이 발전하도록 여러 차원에서 노력하고 있다. 의회는 2년 전부터 몇 가지 법을 표결에 붙였다. 카하스 데 크레디트Cajas de Credit법 (법 25.782. 2003년 말에 의회가 가결하고, 2004년에 중앙은행이 적용했다)과 방카 솔리다리아Banca Solidaria법(법 695.02. 2002년에 상원이 승인했지만, 2004년에 하원이 기각했다)이 그것이다. 나아가, 전국소액금융연합을 설립하기 위한 몇몇 토의도 진행됐다. 가장 최근의 연구들에 의하면, 아르헨티나에서는 약 400만 명의 사람들이 영세기업과 직접 관련되어 있다. 그중 200만 명의 사람들이 영세사업자이고, 나머지 반이 영세사업자에 의해 고용된 사람들이다.

사정이 이런데도 불구하고, 아르헨티나의 대출 서비스 시스템은 아직도 완전히 민주화되지 않았다. 전체 영세기업 중 1만 5천 개(1% 미만)의 영세기업만이 공식 대출 서비스를 이용한다. 소액금융 섹터가 여전히 거의 발달하지 않은 만큼, 가난한 사람들은 더욱 불리한 환경에 놓인다. 비교를 한다면, 볼리비아에서는 소액금융 섹터가 전체 150만 개의 영세기업 중 50만 개의 기업에 대출을 한다. 부에노스아이레스는 전국 영세기업의 1/3 이상이 존재하고, 그중 약 87%가 직원을 두지 않고 있다. 영세사업자의 총 대출액은 평균 500페소이다. 대출금 상환은 1일이나 1주 단위로 이뤄진다. 아르헨티나에서는 총 인구의 30% 미만만이 공식적인 은행 서비스를 이용하는데도 불구하고, 소액금융 섹터에서 활동하는 상업 은행은 전혀 없다. 비공식적인 대출자들은 이런 제도적 틈을 이용해 월 20% 이상의 고리로 대부업을 시행한다. 그러나 다른 비공식 자금원도 존재한다. 90만의 가구들이 지역 상점이나 친구, 혹은 가족에게서 돈을 빌린다.

여러 연구에 의하면, 아르헨티나의 소액금융 섹터는 여전히 작고, 지나치게 특정 지역에 치중되어 있고, 지방에서는 실제로 거의 서비스를 제공하지 않는다(즉, 1만 5천 명 미만의 사람들이 소액금융을 이용한다). 약 30개의 기관이 이 섹터에서 활동하고 있는데, 그중 6개 기관이 시장의 59%를 점유하고 있다. 아르헨티나는 상대적으로 높은 실업률(13%. 극빈 계층의 사람들이 대부분을 이룬다)에 직면하고 있고, 자신의 돈으로 사업을 하려는 사업자들의 수가 증가하고 있기 때문에, 영세기업이 발전할 가능성은 아주 높다. 그러나 소액금융 섹터는 이미 존재하지만 여전히 변동을 겪고 있고, 현재 약 6개의 기관만이 실제 수요에 대한 서비스를 공급하고 있다.

지난 몇 년 사이에 몇 가지 모범적인 사례가 있었지만, 이런 긍정적인 변화를 지속하기 위해서는 혁신적인 해결책을 고안하여 실행에 옮겨야 한다. 다행히도, 공적 섹터에서 (폰카프FONCAP와 국가나 지방의 공공 기관들을 통해) 새롭게 태동하는 이 섹터를 지원하고 있고, 소액대출을 대중화하기 위해 적극적인 프로그램들을 시행하고 있다. 외국(특히 이탈리아와 스페인)이나 지역의 수많은 민간 기부자들이 아르헨티나의 소액금융 섹터에 관심을 갖고 있고, 다양한 프로그램을 통해 이 섹터를 강화하려는 인터아메리칸 개발은행, 코르포라시온 안디나 데 포멘토 Corporacion Andina de Fomento, UNDP 같은 많은 국제 금융기관들이 현실적으로 관심을 갖고 있다는 사실도 또 다른 긍정적인 측면이다.

칠레

칠레에서는 1980년대에 NGO들이 기부금이나 국제 원조금을 통해 자금을 마련하며 소액금융 활동이 시작됐다. 이어서, 1990년대 초반에는 소액금융기관이 경제적 자립성과 생존력을 갖추어야 한다는 의식이 생겨났다. 정부도 이 섹터의 발전을 위해 지원을 하며, 동시에 기관들에 상업적 목표치를 설정했다.

주요 공공 기관은 실행 및 협력부에 속한 포시스FOSIS(연대 및 사회 투자기금Fondo de Solidaridad e Inversión Social)로, 소액금융 활동에 자금의 전부나 일부를 지원하는 일을 목적으로 생겨났다. 1990년에 영세기업을 위한 소액대출 프로그램에 지원을 했다.

포시스는 자금 대출을 하는 것 이외에도 기술적 지원을 제공했다. 지원 대상은 일반적으로 협동조합과 NGO였다.

1990년대에 포시스는 연금 기금이 보유한 돈이 불어나고 자본시장이 활성화되는 국면을 맞게 된다. 이런 상황은 전통적인 대출 서비스 시장에서 경쟁이 강화되고, 고객의 예금액도 상당히 증가하게 되는 걸 의미했다.

방코 델 데사르롤로Banco del Desarrollo는 비공식적인 경제 섹터에 대해 소액금융 프로그램을 실시한 최초의 민간 기관으로, 상당히 오랜 시간 동안 방데사르롤로 미크로엠프레사스Bandesarrollo Microempresas라는 특별 부서를 둔 유일한 은행이었다.

1995년에 바네페Banefe가 특별히 영세기업을 위한 독립 기관을 만들고, 국책 은행도 시범 프로그램을 실시한다. 구조적인 측면에서 볼 때, 영세기업만을 위해 새로운 자회사를 둔 바네페의 접근법은 소액금융에 특화된 기관을 설치했다는 점에서 전략적인 특징을 찾을 수 있다. NGO 출신의 전문가들이 소액금융 섹터가 발전하는 데 도움을 주었다.

은행까지 소액금융 활동을 떠맡음에 따라, 포시스의 중요성은 감소했다. 비록 소액금융 섹터가 처음 출현할 때 이 기구가 결정적인 역할을 했지만, 섹터의 환경이 변했다. 포시스는 교외 지역을 대상으로 계속 활동하고 있다.

국내 은행들의 총자산 대비 자기 자본 비율이 1~5%인 은행은 SBIF(은행 및 금융기관 최고감독기구Superintendencia de Banco e Instituciones Financieras)의 규제를 받는다. 이 기구는 다운스케일링에 대한 승인 권한을 가졌다.

SBIF는 소액금융 활동을 장려하기 위해, 기관이 소액대출을 시행할 때 일반 은행과 마찬가지로 고객의 이력과 채무불이행 방지 전략에 근거한 대출 서비스도 실시할 수 있도록 허용했다.

콜롬비아: 악투아르 보고타 ― 코르포솔 ― 피난솔 ―핀아메리카의 예

콜롬비아의 사례가 예증하는 것: 과도한 성장이 갖는 위험, 경영의 중요성, 적합한 규제의 필요성.

간추린 역사: 1988년 7월 7일에 보고타를 위한 악시온의 기업Corpo-ración de Acción por Bogota인 악투아르Actuar가 창설됐다.

원래, 이 기관은 콜롬비아의 몇몇 사업가들이 모여 만들었다. 그들의 생각은 단순했다. NGO가 3년 후에 경제적으로 자립한다는 조건 아래, 그 기간 동안 NGO를 지원하겠다는 것이다. 몇몇 사람들이 한 그룹을 이뤄 이 계획에 참여하면서 NGO 활동이 시작됐다. 당시 자본금은 오늘날의 가치로 환산해 약 2만 달러였다. 초기에는 대출 서비스와 (영세기업의 필요에 맞추어 특별하게 고안된) 직업 프로그램 두 가지 활동만을 했다. 당시에 임원과 직원들은 강하게 동기부여되어 있었고, 빠른 시간 안에 성공이 찾아왔다.

몇 년 사이에 악투아르-보고타는 심지어 콜롬비아 내에서도 영세기업을 지원하는 주요 기관 중 하나가 됐고, 총 대출액도 인상적인 속도로 증가했다. 이전까지 악투아르-보고타는 주로 상업 은행을 통해 대

출 자금을 마련했는데, 이제는 이따금씩 보증을 제시하며 국제 자금
시장에서까지 돈을 빌려 고객에게 대출 서비스를 시행했다.

그러나 너무 빠르게 성장한 악투아르-보고타는 또 다른 자금원들을
찾아야 했다. 이 NGO가 자금난에 처했다고 판단한 상업 은행들은 어
떤 수준 이상으로는 대출하기를 거부했다. 따라서 악투아르-보고타는
법적 자격을 갖추어 자본시장을 이용할 수 있는 기관을 두고 이 기관
을 통해 대출 서비스를 시행하기로 결정했다. 이렇게 하면 "자금줄"을
가질 수 있을 거라고 판단했다. 피난솔Finansol은 이런 식으로 1993년에
태어났다.

이와 병행하여, 악투아르-보고타는 프로그램과 프로젝트들을 수정
하고 그 규모를 늘리며 강력하게 변모한다. 그 결과, 중요한 직업교육
프로그램 이외에도 다양한 프로그램들을 실행하는 독립된 부서들이
설치된다.

이 NGO는 이런 식으로 (아그로솔Agrosol이라는) 지방 대출 프로그램을
만들고, (콘스트루솔Construsol이라는) 주거 환경 개선을 위한 대출-카운슬
링 시스템을 조직하고, 영세기업에 도매상 역할을 할 (메르카솔Mercasol
이라는) 구매 전담 네트워크를 조직했다. 악투아르-보고타는 1994년에
이름을 코르포솔Corposol로 바꾸고, 콜롬비아의 영세기업들을 지원하
는 진정한 지주 회사가 됐다.

자국에서 소액금융기관들이 다양한 형식으로 발전하면서, 콜롬비아
는 빠른 시간에 남아메리카의 소액금융 분야에서 모범적인 국가 가운
데 하나로 인식됐다. "영세기업을 위한 국가 개발 계획Plan Nacional de

Desarrollo para la Microempresa"은 콜롬비아에서 활동하는 가장 중요한 소액금융기관들의 모임인데, 이 중에서도 코르포솔이 가장 활동 영역이 큰 기관으로 분류됐다.

1995년에 코르포솔은 도시에 20만 개의 일자리, 지방에 5만 개의 일자리를 창출하기로 콜롬비아 정부와 협약을 맺는다. 외국의 지원도 큰 역할을 담당해 많은 개발원조 프로젝트가 시행됐다. 주로 바스크(피레네 산맥 서쪽 지역. 이 지역은 스페인의 영토에 속하지만, 바스크 자치 공동체가 운영하고 있다: 옮긴이), 스페인, 네덜란드 정부가 이 프로젝트에 참여하였다. 나아가, 코르포솔은 방코솔과 마찬가지로 악시온 인터내셔널의 회원이 됐다.

1995년은 코르포솔 그룹이 급성장을 이룬 해였다. 그해 3월 말, 직원 수는 약 600명이 되었고, 도시에 23개의 지점(그중 18개가 보고타에 있었다)을 두고 5곳의 농촌에서 활동하게 되었다.

1995년 말, 코르포솔의 총 대출액은 한 해 전보다 거의 세 배 증가한 3천만 달러 이상이었다. 하지만 차츰 문제가 나타나기 시작했다.

코르포솔 그룹이 시행한 몇몇 프로그램에서 커다란 적자가 발생하고 이 그룹의 자산 구조가 회사가 주장하는 것보다 좋지 않다는 사실이 알려졌다. 피난솔은 경영진을 교체했고, 코르포솔 그룹에 대해서는 심도 있는 감사를 실시했다.

그 결과, 수많은 결함이 드러났다. 이미 저지른 실수들을 수정하기에는 시기가 너무 늦었고, 결과적으로 1996년부터 코르포솔은 중대한 위기를 겪는다. 사태를 바라보고 있던 콜롬비아의 금융 감독 기구는 코르포솔 그룹에 대한 대출을 금지시킨다. 그때까지 코르포솔은 대출 서비스를 받는 영세사업자 고객에게 직업교육을 실시하며 수익을 마련해 왔다. 그런데 갑자기 자금을 구할 수 없는 상황에 빠졌고, 부채가 눈덩이처럼 불어났다. 결국, 코르포솔 그룹은 채무를 더 이상 상환할 수 없게 되어 파산했다. 반면 피난솔은 오래전부터 지원을 해주던 기관들의 개입으로 구제됐다. 이후 피난솔은 차츰 완전히 다른 유형의 기관으로 발전하게 된다.

피난솔은 이름을 핀아메리카Finamerica로 바꾸고, 건물을 이전하고, 아주 많은 수의 직원을 교체한다. 핀아메리카는 영세기업뿐 아니라 중소기업에도 대출 서비스를 제공하며 금융 상품을 다양화시켰다. 2005년에 핀아메리카의 총 대출액은 (1998년의 1,300만 달러와 비교하여) 3,700만 달러 이상이 됐고, (1998년의 9,798명과 비교하여) 27,723명의 고객에게 서비스를 제공하면서 (1998년의 157명과 비교하여) 295명의 직원을 두게 됐다.

파나마, 혹은 수익성 있는 소액대출 시장에 대한
상업 은행의 관심: 멀티-크레디트 뱅크의 예

1990년에 창설된 멀티-크레디트 뱅크Multi-Credit Bank(MCB)는 원래 한 가족이 운영하던 상업 은행이었다. 모든 계층의 고객에게 서비스를 제공하던 MCB는 1991년 5월부터 한 개의 독립적인 프로그램을 개발했다. 처음에 그 프로그램은 "악시온 엠프레사리알Acción Empresarial"로 불렸지만, 이후에 "영세기업 및 소기업을 위한 은행Banca para la Micro y Pequeñ a Empresa"으로 이름이 바뀐다. 이 프로그램의 목적은 영세기업과 소기업들에게 서비스를 제공하는 것이었다.

MCB는 이 프로그램의 목적을 이루기 위해, 악시온 인터내셔널 네트워크의 방법론과 (도미니카 공화국의 중요한 소액금융기관인) 아데미ADEMI와 협력하는 과정에서 배운 방법론을 적용했다. 1,200만 달러의 자산으로 출발한 MCB는 큰 성장을 기록해, 1998년 말에는 총 자산이 약 3억 달러에 이른다. 1999년 7월에 영세기업과 소기업에 대한 대출 서비스는 약 3천 건이었고, 총 대출액은 3,100만 달러였다.

그런데 다음과 같은 사실은 흥미롭다. 소액대출 서비스는 전체 서비스에서 약 8%밖에 차지하지 않았지만, 전체 수익의 약 21%를 실현하는 데 기여했다.

이런 결과 때문에, 파나마의 소액금융계에서는 '제도화의 과정에 호의적인 지배적 경향'이라 부를 만한 현상이 나타났다. 일반적으로, 제도화란 금융 감독 기관의 보호와 감독을 받지 않는 NGO나 다른 기관들을 위한 것이다. 파나마의 예도 그런 기관들이 국가의 보호와 규제를 받는 진정한 금융기관으로 변모하는 것이 중요하다는 사실을 보여준다.

결론: 남아메리카의 경우

전반적으로, 남아메리카는 비공식 섹터가 영세기업을 위한 소액대출 활동을 통해 공식 섹터로 통합된 가장 좋은 예다.

전체적으로 볼 때, 남아메리카의 소액금융은 상업적 성격을 띤다. 소액금융은 우선 남아메리카 중남부의 작은 국가들(볼리비아, 페루, 니카라과)에서 발달했고, 브라질, 아르헨티나, 베네수엘라, 멕시코(이 국가들은 아주 발달된 일반 은행 대출 같은 다른 공적 대출 서비스 시스템을 갖고 있다) 같은 큰 국가들은 이 대열에서 뒤쳐져 있는 편이다. 처음에 소액금융은 공식적인 금융 서비스에 대한 대체 요소의 이미지를 갖고 있었다. 하지만 소액금융의 상업적 모델, 다시 말하면 빈곤 감소와 수익 창출의 목적을 결합한 전략적 모델이 확장되면서, 소액금융은 남아메리카에서 중요한 경제활동 영역이 됐다. 시장점유율이 보여 주는 대로, 이 시장은 계속 발달해 왔다. 미방코나 콤파르타모스 같이, 특히 변모한 NGO들이 수익과 관련해 좋은 성과를 내고 있고, 볼리비아 같은 몇몇 국가의 시장은 활발한 경쟁 환경이 형성되어 있다.

7. 유럽

일반적 경향

소액금융은 개발도상국들에서 생겨났고 또한 그들을 위한 도구이다. 하지만 소액금융은 수많은 서구 국가에도 진입했다. 유럽에서는 2,050만 개의 중소기업들 중 93%가 영세기업과 비슷한 규모(직원 수가 약 0~9명)를 갖고 있고, 매년 약 200만 개의 벤처 기업이 생겨난다. 그래서 유럽은 소액금융이 역동적으로 발전할 수 있는 희망적인 곳이다. 그 경제 시스템의 핵심부에서 중소기업들이 중요한 역할을 담당하고 있고, 실업자들이 새로이 생겨나는 기업의 1/3을 만들고 있다.

유럽에서는 2만 5천 유로 이하의 돈을 대출하는 경우를 소액대출로 정의하기 때문에, 대출금 최소 총액은 나라마다 다르지만, 일반적으로 50~5,000유로 정도인 사실은 이해할 만하다. 평균 연이자율은 8%이지만,[1] 나라마다 법에 따라 아주 큰 차이가 있는 걸 확인하게 된다. 이자

---

1. Sylvain Allemand, 『소액금융은 더 이상 유토피아가 아니다*La microfinance n'est plus une utopie*』, Autrement.

율이 가장 높은 나라는 영국이다. 상환하지 않고 남아 있는 대출액으로 총 대출액을 나눠서 얻은 상환율은 평균적으로 90%인 것으로 추정된다. 평균 대출금 총액은 2,000유로를 넘지 않고, 상환율은 다른 대륙보다 낮지만 90%에 머물고 있다.[2] 하지만 연대 대출금 총액은 유럽이 세계에서 가장 높아 1인당 평균 1,658유로이다. 이는 유럽의 생활비가 세계의 다른 지역보다 월등히 높다는 사실로 설명된다.

유럽은 소액금융이 다양한 경로를 통해 발전했기 때문에, 전체적인 경향을 일반화하기는 어렵다. 연구 대상이 된 모든 국가들이 동일한 발전 단계에 있는 것도 아니다. 네덜란드와 독일에서는 소액금융이 첫걸음을 내딛고 있다. 그 이유는 대체로 이 두 국가에서 은행법과 관련한 규제가 엄격하고, 가난의 문제를 다룰 때 민간 기관보다는 국가가 월등히 큰 역할을 담당하기 때문이다. 이와 반대로, 앵글로-색슨 계열의 국가(특히 미국), 퀘벡, 프랑스에서는 소액금융이 이미 상당히 발전했다. 그 이유는 개발도상국의 경험이 전달되었고, 그라민 은행의 성공 사례가 미디어들을 통해 아주 크게 부각됐기 때문일 것이다.

현재는 동유럽에서 소액금융 섹터가 가장 활성화되어 있다. 나아가, 서유럽에서는 그 섹터가 최근에 생겨난 동시에 제한적으로 발달하고 있다면, 동유럽에서는 그 섹터가 체계적으로 구조화되어 있다. 1989년에 베를린 장벽이 붕괴된 이후, 중앙유럽과 동유럽의 구 공산국가들로 소액금융이 유입됐다. 중앙유럽과 동유럽의 정부들은 수익 창출 활동을 하려는 사람들에게 강력한 지지를 보냈다. 또한 당시 그곳의 상업은행 섹터는 새롭게 태어나는 영세기업을 지원하기에는 적합하지도

---

2. 같은 책.

않았고, 그럴 능력도 없었다. 중앙유럽·동유럽·신생독립국의 소액금융기관들이, 단지 5년 만에, 170만 명 이상의 차용인과 230만 명 이상의 예금자를 두게 됐다. 해마다 평균 30%의 성장을 이룬 셈이다. 동유럽에서는 소액금융기관과 소액금융 활동을 하는 NGO들 이외에도, 상업 은행들이 소액대출 서비스에 점차 큰 관심을 갖고 있다. 몇몇 은행들은 이러한 목적으로 다운스케일링을 시행했다.

그런데 유럽에서 소액금융 섹터가 차츰차츰 구조화되어 간다 하더라도, 이 섹터는 여전히 특정 지역에 치우쳐 있고, 또한 몇 개의 대형기관이 섹터를 점유하고 있다. 서유럽의 경우, 두 개의 주요 기관(이 중 하나는 프랑스에, 다른 하나는 핀란드에 있다)이 연간 총 대출 서비스의 70%를 시행한다.

유럽의 소액금융은 몇 가지 도전 과제와 대면해야 한다. 유럽의 금융권에는 이미 발달한 금융 서비스 산업이 존재하는 동시에 그 경쟁도 심화되고 있다. 그리고 높은 이자율로 일반 대출 서비스를 제공하는 금융 중개업자(기관)의 수가 차츰 증가하고, 과채무를 진 가구의 수도 증가하고 있다.

나아가, 사회복지 시스템 때문에 시민들이 기업을 창업하려는 적극적인 동기도 결여되어 있다는 사실을 강조할 필요가 있다. 사회의 모든 영역에서 기업을 창조하려는 문화가 부재하고, 그에 대해 자극 역할을 하는 것도 거의 없다. 여기에 덧붙여, 소액금융기관이 영업비용을 충당할 만큼 자기 자본이 충분한 것은 아니라는 걸 지적해야 한다. 소액금융기관이 어떤 외부 기관으로부터 장기간에 걸쳐 지속적으로 자금을 지원받는 일은 매우 드물다. 끝으로, 그 기관이 자금을 조달할 때 공적 섹터에 아주 많이 의존하고 있고, 제도적 환경 자체도 종종 소

액금융 산업의 발전에 도움이 되지 않는 경우가 많다는 사실을 주목해
야 한다.

프랑스, 혹은 소액금융의 성공

프랑스에는 현재 (마리아 노바크가 운영하는) 아디Adie, 피낭스 악티브
Finance Active, 프랑스 이니시아티브 레조France Initiative Réseau(프랑스의 경
제적 자주성을 위한 네트워크)와 같은 3개의 커다란 연대 금융 네트워크
가 있다. 지역의 경제 발전과 고용 창출에 기여하는 자립과 연대
Autonomie et Solidarité · SIFA · 피낭시테Financité, 협동조합처럼 운영되며
회원을 지원하는 NEF, 주민의 주거 환경 개선을 위해 노력하는 주거와
인본주의Habitat et Humanisme, 기업을 창설할 때와 기업이 위기를 겪을
때 협력하는 경영 부티크Boutiques de gestion 같은 다른 단체들의 활동도
정착하고 있다. 여기에 지방의 현장에서 활동하는 여러 단체들도 덧붙
여야 한다. 전통적인 금융기관들도 얼마 전부터 이러한 연대 활동에
참여하기 시작했다. 신용협동조합Crédit Coopérative, 저축금고Caisse
d'Épargne, 베엔페 파리바BNP Paribas, OSEO 등이 그 경우이다.

현재 연대 금융을 통해 8,000여 개의 기업을 만들거나 발전시키는
데 대출 서비스가 이루어지고 있다(이를 통해 1만 2천 개의 일자리가 창출
된다). 2002년에는 연대 금융의 지원 덕분에 장기 실업자들이 새로운
시도를 하여 4천 개의 기업이 생겨났다(출처: INSEE). 연대 금융에 의해
지원을 받거나 자금을 대출받은 기업들 중 54%가 5년이 지난 후에도
영업을 계속하고 있다(국가 전체로 볼 때, 기업을 설립한 다음 3년이 지난 후

에도 영업을 계속하는 경우는 평균적으로 전체의 50%이다).[3] 그러나 현재 이 연대 금융기관들의 경영 구조와 서비스가 질적으로 훌륭한데도 불구하고, 또한 일자리를 구하는 사람들의 수가 많은데도 불구하고, 소액 금융의 시장점유율은 낮다. 기업을 만들려는 많은 사람들이 자신들을 위한 기관들을 이용하지 않거나 그 존재를 모르고 있다. 이는 창업 활동을 지원하는 기관들이 종종 서민들이 사는 지역과 동떨어져 있어 영세사업자들이 찾기 힘들기 때문이다. 또한 영세사업자의 경제 섹터 편입을 도와야 할 기관의 직원들이 훌륭한 카운슬링 능력을 갖추어야 하는데도 불구하고, 그렇지 못한 경우가 있다.

프랑스에서 소액금융의 혜택을 받은 개인들이 특징적으로 지적하는 사항 중 하나는, 소액금융이 대부분 은행 시스템을 이용할 수 없는 실업자나 RMI(Revenu Minimum d'Insertion 최저 통합 수당. 수익이 없는 사람들에게 제공하는 수당: 옮긴이) 수혜자들을 대상으로 한다는 것이다. 그들은 소액대출의 도움으로 경제 섹터에 다시 통합될 수 있었고, 상업 은행의 대출 서비스도 이용할 수 있었다. 연대 대출과 무이자 대출(이것들이 현재 프랑스에서 시행하는 소액대출의 두 형식이다)이 이런 식으로 소기업과 영세기업들에게 자금을 지원하고 일자리를 창출한다.

하지만 오늘날 소액금융의 역할은 여전히 거의 알려져 있지 않고, 인정도 받지 못하고 있다. 앞서 언급했듯이, 현재 소액금융을 실시하는 기관들의 경영 구조와 서비스가 질적으로 훌륭한데도 불구하고, 또한 일자리를 구하는 사람들의 수가 상당히 많은데도 불구하고, 소액금융기관의 시장점유율은 낮다. 하지만 아디는 35,425개의 새로운 기업이

---

3. 같은 책.

창업하는 데 기여했다. 현재 프랑스는 전체 노동 인구 중 12%가 실업 상태를 겪는 고통스런 상황에 직면해 있으며, 26세 미만 젊은이들의 실업률은 평균 20%가 넘고, 경제적 취약 지역에서는 50%까지 올라가는 곳도 있다….

변화, 혁명?

시라크 대통령의 제안으로 2005년 6월 20일에 파리에서 '소액대출 정상 회의'가 열렸다. 이 자리에서 시라크 대통령은 가난과 계속 싸우기 위해 프랑스 정부가 소액금융의 발전을 지원할 거라는 의지를 밝혔고, "오늘날에는 그 수혜자의 수가 수만 명이지만, 미래에는 수백만 명에 이를 것"이라고 말했다. 시라크 대통령은 세법을 포함한 제도적 환경을 개혁하고, 민간 자금도 동원해 소액금융의 발전에 이바지하겠다고 약속했다.

2005년 여름, 직업교육기금으로 기업을 만들려는 사람에게 자금 대출을 하는 '중소기업법'이 생겨났다. 이 법으로, 영세기업 창업 활동에 제공하는 대출 서비스에 대한 이자율 상한선도 높아져, 은행은 영업비용을 충당하면서 서비스를 제공할 수 있게 됐다. 아디의 의장이자 이자율 상한제에 열렬하게 반대하는 마리아 노바크가 정당하게 언급한 대로, "사람들이 돈을 빌릴 수 없는 상황에서 낮은 이자율을 지키는 게 무슨 소용이 있을까?"

2006년에 공탁소가 운영하는 사회결합기금Fonds de Cohésion Sociale은 소액대출이 프랑스 국내에서 사회적으로나 경제적으로 성공할 수 있도록 지원하겠다는 결정을 내렸다. 나아가, 그 기금은 플라넷 피낭스('대도시 교외에서 창업하기Entreprendre en Banlieu' 프로그램)와 아디를 포함한 여러 기관에, 그 한 해 동안 수행할 50차례의 프로젝트나 프로그램에 기금을 전달할 거라고 밝혔다.

포르투갈, 혹은 제도적 파트너의 창설

포르투갈의 지방에서는 소액금융이 오랜 역사를 갖고 있지만, 그 활동은 20세기 후반에 거의 중단됐다. 그 과거의 역사에 참여했던 미제리코르디아스Misericórdias, 카이사스 드 크레디토 아그리콜라Caixas de Crédito Agricola, 카이사스 에코노미카스–무투아스Caixas Económicas-Mútuas 같은 기관들은 오늘날에도 계속 존재하지만, 그 성격은 완전히 변했다.

그럼에도 불구하고 포르투갈의 소액대출은 1999년부터 다시 조직되어, 은행권에서 배제된 사람들에게 5,000유로까지 대출하고 있다. 사람들은 영세기업을 만든다는 조건 아래 돈을 차용한 다음, 36개월에 걸쳐 매달 조금씩 대출금을 상환한다. 비영리단체인 ANDC가 상업 은행과 협약을 맺어 이 대출 서비스를 시행한다. ANDC는 아디를 모델로 하여 생겨난 단체이다. ANDC는 (상업 은행인) 밀레니엄 BCP와 노동부와 제휴를 맺어 활동한다. ANDC는 영세사업자를 위해 소액대출 활동을 직접 하는 것 이외에도, 토론회나 회의(가장 최근에 열린 회의는 무하마드 유누스가 참석한 가운데 2006년 1월에 열렸다)를 개최해 여론의 관심을 모으는 작업도 하고 있다.

2005년은 포르투갈의 소액금융에 있어 매우 중요한 해였다. 가장 큰 국립은행인 카시아 게랄 드 데포지투스Caxia Geral de Depósitos가 100만

유로를 들여 대출 서비스를 시행하기 시작했고, ANDC · ANJE(청년기업인전국연합Assocaition Nationale de Jeunes Entrepreneurs) · '난민을 위한 예수회 수도사 활동 모임Services Jésuites aux Réfugiés'과 협약을 맺었다. 다른 단체와의 협약도 고려중이다….

가장 크고 가장 많이 알려진 산타 카자 다 미제리코르디아Santa Casa da Misericórdia 같은 기관들은 상업 은행과의 제휴 가능성을 탐색하고 있다… 포르투갈에서는 사회단체, NGO, 금융기관들 사이에서 제휴를 맺는 형식이 아주 널리 정착되었고, 오늘날에는 하나의 모범이 되고 있다.

그러나 2005년에 포르투갈에 아주 놀라운 소식을 가져다준 건 가장 큰 상업 은행인 밀레니움 BCP였다. 이 은행은 이전까지 ANDC와의 제휴를 통해 소액금융 활동에 참여했는데, 스스로 독립적인 소액대출 분점을 만들기로 결정했다. 총 4개의 분점들은 소액대출 활동만을 전문적으로 수행했다. 이 분점들이 2005년의 활동을 통해 처음 내놓은 성적표는 아주 큰 흑자였다.

다른 한편으로, 밀레니움 BCP는 극빈 계층의 사람들을 돕는 가톨릭 단체인 카리타스Caritas와도 제휴를 맺었다. 또한, 이 가톨릭 단체와 활동하며 영세사업자들에게 경영 교육을 하기 위해, (대학들과 연합 활동을 하는) 굴벤키안Gulbenkian 재단으로부터 지원을 약속받았다.

끝으로, 포르투갈 정부는 중소기업을 고무하고 돕기 위해 수많은 프로그램을 실시했다. 다음의 프로그램들이 그중 가장 유명하다: 영세기업에 특별한 지위를 부여하기 위한 RIME 프로그램, 지역 활동을 지원하는 ILE 프로그램, 일자리 창출 기업을 지원하기 위한 CPE 프로그램. 최근에는 경제부가 'FINICIA' 프로그램을 시작했다. 정부가 '테크놀로지 플랜' 정책의 일환으로 실시한 이 프로그램은, 아주 소규모이지만 혁신적인 프로젝트들에 대해 자금 지원을 한다. 또한 2005년에는 아가 칸Aga Khan 기금과 마이리에 드 리스본Mairie de Lisbonne이 K'CIDADE 프로젝트를 위해 협력 관계를 맺었다. 이 프로젝트는 소액대출 개발만을 목적으로 하지 않고, (도시의 취약 지역을 재정비하는) 도시 공동 개발과 관련한 보다 큰 프로젝트에 소액대출 서비스를 연계시킨다. 이 프로젝트에도 제휴를 맺은 다른 기관들이 참여한다.

스위스, 혹은 대출금 총액을 조정할 필요성

스위스의 소액금융? 많은 측면에서, 개발도상국들에나 적합한 이 개념은 금고에 금덩어리를 쌓아 둔 나라에는 어울리지 않는다. 헬베티아(알프스 지방을 가리키는 고대 로마어: 옮긴이)의 땅에서 (아시아의 평균 소액대출 금액인) 400달러로 기업을 만든다는 건 분명히 생각하기 어렵다. 그럼에도 불구하고, 스위스 경제의 중심축을 이루는 것은 30만 5천여 개의 중소기업이다. 가장 최근에 나온 연방 통계청의 자료에 따르면, 10명 미만의 직원을 둔 중소기업이 약 27만 개 있다. 이 중 대부분의 기업들이 사업 초기에 자본금을 마련하기 위해 혹독한 어려움을 경험했으리라는 건 두말할 필요도 없다. 나아가, 사업 자금을 마련할 수 없어 도중에 포기할 수밖에 없었던 기업들도 있다. 그러나 (크레디 스위스Crédit Suisse에 2억 달러 이상을 투자한 기관인) 리스폰서빌러티responsAbility 의장 클라우스 티슈하우저Klaus Tischhauser는 다음과 같이 말한다. "소액금융에서 개발도상국과 스위스의 큰 차이점은 시장이 얼마나 포화되어 있는가에서 옵니다. 그런데 스위스 시장의 경쟁은 치열하기 때문에 섹터에 거의 틈이 존재하지 않고, 따라서 높은 이자율을 요구하기가 불가능합니다." 영세기업에 굳이 좋은 서비스를 제공하려 하지 않는 은행에게는 기업의 성공 가능성의 정도를 평가하는 일이 너무 많은 노력과 에너지가 드는 일이다. 크레디 스위스에서 프랑스어권 지역의 "기업 고객들"을 담당하고 있는 안드레아스 기스브레히트Andreas Giesbrecht는 "제 경험에 비추어볼 때, 비록 주요 어려움이 대출금 총액보다는 상환율에 있다 하더라도, 5만 프랑 미만의 프로젝트에 자금을 대출한다는 건 매우 어려운 일입니다"라고 말한다. 또한 스위스 국립은행의 통계 수치에 따르면, 큰 은행이 직원 10명 미만의 기업에 대출하는 사례가 2002년 1월부터 2006년 6월 사이에 19.8% 감소했다. 왜 이렇게 커다란 차이가 생겼을까? "그 이유는 불경기로 수요가 감소했기 때문이기도 하지만, 또한 공급이 증가한 이유도 있습니다. 다른 자금처, 예를 들어 리스lease를 하는 다른 유형의 기관이나, 리스크에 따라 이자율을 조정하는 모델을 도입한 기관들이 실제로 소위 전통적인 대출 서비스의 매력을 감소시킬 수 있습니다"라고 크레디 스위스의 경제학자 세자르 라바라Cesare Ravara는 정확하게 지적한다.

경제 주체들 사이의 시너지가 부족하다

스위스에서는 은행들이 소액대출 시장에서 철수하고 있기 때문에, 5만 프랑 미만의 돈을 대출 받으려는 사업자는 대출받을 가능성이 몇몇 기관으로 한정되는 상황을 경험한다. ASECE 재단(200개의 일자리를 창출했다) 외에는, 그런 액수로 대출 서비스를 제공할 기관의 수는 사실상 극히 적다. 그럼에도 불구하고 제닐렘Genilem의 사장 피에르-이브 타폰니에Pierre-Yves Tapponnier는 다음과 같이 말한다. "몇 해 전부터, 기

업의 잠재성에 대해 아주 정확한 분석을 시행하는 대출 시스템이 전문
화되었고, 따라서 뛰어난 능력을 가진 젊은이라면 개인 사업자로서 크
게 두각을 나타낼 수 있을 겁니다.” 카피탈프록시미테Capitalproximité의
의장 마르크-에티엔 베르도즈Marc-Étienne Berdoz는 “스위스의 경우, 새
로운 기업을 만드는 일과 관련한 중요 문제는 명백히 투자자와 기업인
들 사이에 시너지가 부족한 데서 생겨납니다”라고 명확하게 지적한다.
벤처랩Venturelab과 제닐렘 같은 컨설팅 회사들은 금융가들에게 자금을
구하는 사람들에게 가교 역할을 하거나 카운슬링해 줄 것을 제안하지
만, 현재 분명히 존재하는 수요에 지원을 하기에는 금융가들이 기업가
의 역동적 정신과 앵글로-색슨 민족에 특유한 과감성을 너무 결여하고
있는 실정이다.

V

소액금융: 개발의 문제에 대한 해결책

　　개발 영역에서 활동하는 모든 기관들이 소액금융에 대해 커다란 관심을 갖는 경향이 생겨나고 있다. 이런 이유에서, 원래 금융 활동과는 관련 없는 국제기관이나 개발원조 프로젝트들도 차츰 소액대출 서비스를 제공하게 될 것이다. 그런데 소액금융이 아주 가난한 사람들의 삶의 환경을 개선하는 도구이긴 하지만, 그것은 여전히 가난의 문제에 대한 하나의 해결책으로 남아 있고, 국가가 가난의 문제를 위한 정책을 펼칠 때도 대개 보완적인 역할을 한다.

　　이러한 사실 때문에 우리는 다음과 같은 어려운 질문을 하게 된다. 소액금융은 개발에 지속적인 기여를 할 수 있을까? 만일 그렇게 하지 못할 거라면, 우리는 어떻게 그것이 여러 매체에서 성공의 사례로 소개되는지 질문할 필요가 있다.

　　그 세계에 수많은 "성공 이야기"가 있다 하더라도, 아주 큰 수익을 낳는 기관의 수는 소액금융 서비스를 제공하는 전체 기관의 수와 비교할 때 상대적으로 적은 편이다.

　　이런 이유 때문에, 1998년 9월에 프랑크푸르트 대학에서 '새로운 개발 금융에 관한 제2차 연례 세미나Second Annual Seminar on New Development Finance'가 개최됐을 때, 몇몇 참석자들은 다음과 같은 사실을 인정했다. 즉, 소액금융기관은 프로그램의 수를 늘릴 방법만을 생각해서는 안 되고, 오늘날 그 섹터에서 리더 역할을 하는 기관들처럼, 현재 시행하는 프로그램의 상당 부분을 경제적·조직적·금융적 개발의 차원에서 수행해야 한다.

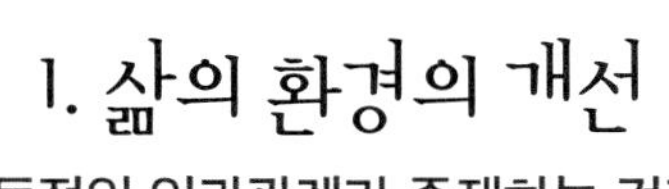

1. 삶의 환경의 개선
자동적인 인과관계가 존재하는 걸까?

"영세사업자는 소액금융을 통해 생산적인 활동에 투자할 수 있다."

소액금융은 일반적으로 영세사업자를 대상으로 서비스를 제공한다. 그런데 영세사업자는 소액금융기관으로부터 인정받기 위해, 사업할 능력을 갖추었다는 증거를 이따금씩 제시해야 할 때가 있다. 따라서 모든 사람이 소액대출을 이용할 수 있는 게 아니라, 대개 생산 활동 능력을 가진 사람만이 이용할 수 있다. 예를 들어, 수공업자나 상인이 그렇다. 이와는 대조적으로, 가끔씩 주택비에 대한 소액대출 서비스는 평등하고 실효성 있는 기회를 제공하는 수단으로 인식될 것이다.

"영세사업자는 생산 활동을 통해 대출 원금과 이자를 지불할 수 있는 돈 이상의 수익을 창출한다."

이 명제는 부분적으로는 정확하다. 특히, 상업과 수공업 분야에 종사하는 사람인 경우에 그렇다. 하지만 수많은 연구에 따르면, 금융 서비스가 실제로 아주 중요한 역할을 하는 건 사실이지만 유일한 해결책은 아니다. 원활한 생산 활동을 방해하는 다른 어려운 문제들이 있다.

전문 기술의 결여, 원재료를 마련하는 문제, 상품화의 문제가 중요한
예이다.

"(대출 원금과 이자를 상환하고 남은) 잉여의 돈은 영세사업자와 그 가족
의 삶의 환경을 개선하는 데 쓰인다."

우리는 이런 사실을 확인할 수 있다. 하지만 이러한 결과가 부가 축
적되는 과정에서 반드시 생겨나는 것은 아니다. 달리 말하면, 그러한
결과는 삶의 환경과 힘겹게 투쟁하는 과정에서 생겨나는 것일 수 있
다. 여기서, 우리는 영세사업자의 수익이 일시적으로만 존재할 수 있
다는 현실과 마주친다.

"한 공동체에서 몇몇 영세사업자들의 삶의 환경이 개선되면, 그 공
동체의 삶의 환경도 개선되는 결과가 나타난다."

만일 한 공동체의 모든 구성원들이 잠재적으로 영세사업자라고 한
다면, 그곳 영세기업들의 사업이 전반적으로 성공적으로 운영된다면,
공동체의 상황은 나아질 것이다. 혹은 몇몇 영세사업자들만이 나은 상
황을 경험하더라도, 이런 결과가 모든 구성원에게 간접적으로 영향을
미치고, 결과적으로 공동체 전체에도 간접적으로 혜택을 주게 될 것이
다. 개발도상국 내 가난한 공동체의 모든 구성원들이 (소액금융이 정의
하는) 영세사업자가 될 수 있다고 생각하는 것은 지나친 일로 보일 수
있다. 또한 몇몇 개인들의 삶의 환경이 개선된다고 해서 공동체 전체
가 빠른 시간 안에 발전할 수 있다고 주장하는 게 순진한 생각으로 보
일 수 있다. 그럼에도 불구하고, 세계적으로 수익이 분배되는 과정을
살펴보면, 특히 개발도상국에서 그 과정을 살펴보면, 반대의 사실이

증명되고 있다. 아주 많은 경우, 공동체의 구성원들은 시간이 지나는 동안 적어도 소액금융 서비스를 필요로 하는 것만큼이나 공동체 인프라의 개발을 필요로 하게 된다.

2. 가난과 투쟁하는 공정하고 유효한 도구

소액금융은 경제적으로 아주 열악한 상황에 놓인 모든 시민들에게 서비스를 제공하는 걸까? 몇몇 연구자들은 소액금융이 극빈 계층에 유용한 도구가 될 수 있을 뿐 아니라, 그 계층을 서비스의 대상으로 정하는 일이 우선 과제가 되어야 한다고 주장한다. 다른 연구자들은 소액금융의 성격을 고려할 때, 소액금융이 극빈 계층의 사람들이 아닌, 사업을 운영하며 서비스 비용을 충당할 만큼 수익을 남기는 사람들에게 제공되어야 할 거라고 생각한다. 이렇게 생각한다면, 소액금융은 사업을 하여 수익을 남길 수 있는 사람들을 대상으로 할 때 공정한 도구이다. 그러나 그것이 배제하는 계층이 있는데도 진정으로 공정한 도구일까?

1996년에 헐미와 모슬리[1]는 소액금융을 이용할 때, 특히 이미 가난의 문턱을 넘어서 있는 사람들 사이에서는, 수익이 증가하는 현상이 나타난다는 걸 보여 주었다. 그러나 극빈 계층의 사람들의 경우, 금융 서비스를 이용하지 않은 대조군의 사람들과 비교할 때 그 서비스에서

---

1. Hueme et Mosley, 『금융 대對 가난 *Finance against Poverty*』.

아주 적은 혜택을 경험하고, 나아가 부정적인 영향을 받는 경우도 있다. 더구나, 대체로 우리가 갖고 있는 이미지와는 반대로, 헐미와 모슬리의 연구는 소액금융의 고객 중에서 (가난의 문턱을 넘어서지 못하고 살아가는 인구로 정의되는) 극빈 계층의 인구가 차지하는 비율이 일반적으로 아주 적다는 사실을 명확하게 보여 준다. 방글라데시의 사례는 특수한 경우이다. 실제로, 소액금융기관들은 가난의 문턱을 넘어서 있는 인구만을 겨냥한다.

3. 가난에도 여러 차원이 있다

오늘날, 10억의 사람들이 하루에 (극빈의 문턱으로 인식되는) 1달러 미만의 돈으로 살아가고, 하루에 2달러 미만의 돈으로 살아가는 사람들의 수는 약 30억 명이다. 후자의 경우는 현재 보편적으로 볼 수 있는 가난이다.

현재, 개발 금융을 실시하는 국제기관들은 대부분 가난을 보편적 현상으로 인정한다. 그런데 가난은 수입만을 기준으로 평가되지 않는다. 그 기준에는 교육, 건강, 인프라, 양성평등, 개인적 삶을 개선할 수 있는 능력… 같은 요소들이 포함된다. 나아가, 이러한 요소들은 매우 복잡한 상호 관계를 맺고 있다.

따라서 세계의 가난을 이해하기 위해서는 여러 기준들을 고려할 필요가 있다. 예를 들어, UNDP는 웹사이트(www.undp.org)를 통해 다음과 같은 사실들을 상세하게 제시했다.

2006년에 UNDP가 제시한 내용들:

- 세계 인구의 20%가 세계 전체 부의 90%를 소유하고 있다.
- 다섯 명의 어린이 중 한 명의 어린이가 초등 교육을 받지 못하고 있다.
- 세계 난민의 80%가 여성과 어린이들이다.
- 여성은 자신과 동일한 능력을 가진 남성이 얻는 수익보다 25% 적은 수익을 얻는다.
- 4억 4,800만의 어린이들이 체중 미달로 고통을 받는다.
- 8억 7,600만의 성인들이 문맹이고, 그중 2/3가 여성이다.
- 매일 3만 명의 5세 미만 어린이들이 사전에 예방할 수 있는 병으로 인해 죽는다.
- 개발도상국에서는 10명 중 1명 이상의 어린이들이 5세에 이르기 전에 죽는다.
- 매년 50만 명 이상의 여성들이 임신 기간이나 출산 과정에서 죽는다.
- 오늘날 4,200만의 사람들이 에이즈 바이러스 보균자이고, 이 중 3,900만 명이 개발도상국에 살고 있다.
- 사하라 이남 아프리카에서는 에이즈 바이러스가 주요 사망 원인이다.
- 2020년에 아프리카의 몇 개 나라에서는 에이즈 때문에 총 인구의 1/4 이상이 사망할 것이다.
- 10억 이상의 사람들이 위생적인 물을 마시지 못하고 있다.
- 사하라 이남 아프리카에서는 전체 인구의 약 반이 식수를 이용하지 못하고 있다.
- 24억의 사람들이 적합한 위생시설을 갖추지 못하고 있다.
- 사하라 이남 아프리카에서는 3명 중 1명이 만성적인 기아로 고통 받는다.

UNDP는 가난을 정의하는 보다 큰 기준을 만든 최초의 기관들 중 하나다. UNDP는 한 국가의 생활수준(1인당 국내총생산) · 교육 수준(문맹

퇴치율과 취학률) · 건강 수준(평균 수명)을 종합해 가난의 정도를 측정하는 IDH(인간개발지수Indice de Développement Humain)를 만들었다. 이 지수는 1991년에 '인간 개발 보고서Rapport Mondial sur le Développement Humain'라는 연례 보고서가 출판되면서 널리 알려졌는데, 이후로 이 보고서는 하나의 준거 역할을 하고 있다(몇몇 국가들은 국가적 차원에서 이 보고서를 작성한다).

UNDP의 보고서가 나온 이후, 한 국가의 개발 수준을 측정할 때 새로운 요소들(환경오염, 고용의 안정성 등)을 고려하는 일이 조금씩 증가하게 됐고, 오늘날에도 보다 완전한 지수를 만들기 위한 시도가 증가하고 있다.

가난의 여러 차원들

방금 언급한 바로 그 이유 때문에, 단순한 거시경제적 지수만으로는 가난을 측정할 수 없다. 우리가 이미 언급했듯이, 일반적으로 가난을 측정하기 위해서는 영양 부족, 유아 사망률, (깨끗한 물, 위생시설, 기본적인 의료 서비스, 교육 같은) 근본적인 요소들의 이용 실태를 고려해야 한다. 아주 많은 수의 어린이들이 죽 한 그릇으로 하루 끼니를 때우는 데 만족해야 하고, 봄베이 · 다카 · 그밖의 빈민굴에는 수백만의 사람들이 살고 있다. 아프리카의 여성들은 우물물을 길어 나르기 위해 가시덤불을 헤치고, 때로는 자신들의 목숨을 희생하며 매일 여섯 시간씩 긴 길을 걸어야 한다. 어떤 가난한 지역에서는, 환자가 가장 가까운 진료소를 찾기 위해 50km를 걸어가야 한다… 이제 이런 모든 일들이 선진국에서는 사라졌거나, 거의 사라지고 있다.

영-유아 사망률은 국가마다 크게 다르다. 그것은 우리에게 어머니의 건강, 보육의 질, 유아의 영양에 관해 많은 내용을 시사한다. 43개 개발도상국에서 영아 사망률이 증가하지는 않더라도 여전히 같은 수준에 머물러 있는 것을 확인할 수 있다. 에이즈에 걸린 수백만의 사람들 중 95%가[1] 소득이 아주 적거나 중간 수준인 나라에서 살고 있고, 64%는 아프리카 대륙에서 산다.

2002년의 IDH 분류에서 상위 10개국은 다음과 같다.[2] 노르웨이, 스웨덴, 호주, 캐나다, 네덜란드, 벨기에, 아이슬란드, 미국, 일본, 아일랜드. 프랑스는 16위를 했다. 최하위 10개국은 다음과 같다. 콩고민주공화국, 중앙아프리카공화국, 에티오피아, 모잠비크, 기니비사우, 부룬디, 말리, 부르키나파소, 니제르, 시에라리온.

그럼에도 불구하고, 희망을 가질 만한 이유들은 있다. 1980~90년대 동안, 하루에 1달러 미만으로 살아가는 인구의 수가 세계 인구의 40%에서 21%로 감소했다. 심지어 하루에 2달러 미만의 돈으로 살아가는 인구 중 3억 9천만 명이 삶의 환경을 상당히 개선했다.[3] 1981년에 세계에서 가장 가난한 지역들은 (중국을 포함한) 동아시아에 모여 있었는데, 그 인구의 58%가 하루에 2달러 미만의 돈으로 살았다. 그 다음으로 남아시아, 사하라 이남 아프리카, 남아메리카, 중동, 북아프리카 순이었

---

1. AIDS info-service의 통계에서 인용.
2. UNDP의 2004년 보고서.
3. Chen, S., Ravallion, M.의 「1980년대 초반 이후로 세계의 가장 가난한 사람들은 어떻게 살아 왔을까How have the world's poorest fared since the early 1980's?」(Development research group, World Bank, 2000)에서 인용.

다. 20년 후, 상황은 매우 달라졌다. 가난한 인구가 끊임없이 증가한 사하라 이남 아프리카가 가장 나쁜 상황에 있고, 그 다음으로 남아시아, 동아시아, 중동이다. 남아메리카는 정체 상황에 있다.

세계은행 소속의 경제학자 첸Chen과 러밸리언Ravallion은 지금부터 2015년까지 세계의 몇몇 지역에서는 가난이 감소할 것으로 예측한다. 동아시아에서는 두드러진 감소세가 나타날 테지만, 중동과 남아메리카에서는 감소세가 약해 여전히 6,200만의 사람들이 하루에 1달러 미만으로 살아가게 될 것이다. 사하라 이남 아프리카는 경제 상황이 오히려 더 악화되어, 2015년에 극빈자 수가 4억 명으로 증가할 것이다.

좋은 소식이 있다면, 하루에 1달러 미만으로 살아가는 사람의 수가 앞으로 10년간 13억에서 9억 1,300만 명으로 줄 것으로 첸과 러밸리온이 추정하고 있다는 것이다. 나쁜 소식은 2달러 이하로 살아가는 사람의 비율이 증가해 약 40억 명에 이른다는 것이다… 그리고 앞으로는 가난을 감소시키는 문제가 제2차 세계대전 이후로 국제적 의제로서 가장 크게 부각될 것이다.

2000년 9월에 세계 191개국 중에서 145개국의 국가 원수들이 '밀레니엄' 선언을 채택했다. 이후, 여러 부분으로 이뤄진 이 선언의 목표들은 '밀레니엄 발전 목표'라는 이름 아래 재편성됐다. 여덟 개의 조항으로 구성된 이 "헌장"은 기아로 고통 받는 인구의 수를 1/2로 줄이고, 성性 구별 없이 모든 어린이들에게 초등 교육과정을 완전히 이수하게 한다는 것을 목표로 삼고 있다. 다른 목표들도 있다. 가능하다면 2005년까지 초·중등 교육과정에서 성비性比의 불균형을 제거하고, 늦어도 2015년까지는 모든 교육과정에서 그 불균형을 없애겠다는 야심찬 목표를 세웠다. 건강과 관련된 환경을 개선하여, 5세 미만의 유아 사망률을 현재의 2/3, 산모의 사망률을 현재의 3/4 수준으로 감소시킨다는 목표도 세웠다.

끝으로, 이 헌장은 선진국들이 가난한 국가를 황폐화시키는 에이즈, 말라리아, 전염병의 전파를 저지할 수단을 마련하고, 가난한 국가가 항상 식수를 이용하도록 지원해야 한다는 걸 명시하고 있다. 이기적이지 않고 야심 찬 계획이다. 비현실적? 오늘날, 갈 길이 멀다는 건 인정할 수밖에 없다. 영국의 재무장관 고든 브라운은 2005년에 다음과 같이 말했다. "가난은 세계에 대한 의식에 가해진 상처다." 상황을 바라볼 때, 우리는 아무리 잘해도 "2150년에야" 그 상처를 치료할 수 있을 것이다.

오늘날 모든 사람들이 새로운 전략을 채택할 필요가 있다는 사실에 동의한다. 선의를 가진 모든 선언들에도 불구하고, 우리는 항상 다음과 같은 질문을 염두에 두어야 한다: "그 상처를 치료하기 위해 무엇을 해야 할까?" 국민 투표를 통해 예측가능하고 차별성이 없는 규칙을 가진 열려 있는 상업·금융 시스템을 만들자고 주장하는 사람들은 수없이 많다. 그러나 이전에 UNDP의 행정관이었고 코피 아난 유엔 사무총장의 비서실장이기도 했던 마크 맬러크 브라운Mark Malloch Brown은 2006년에 이렇게 언급했다. "선진국들이 보조금제를 포기하지 않고, 관세를 낮추지 않고, 공정한 거래의 규칙을 정하지 않는 한, 모든 시도와 다른 선의의 의도들은 실패하게 되어 있다."

새로운 전략을 시행하기 위해서는 우선 세계적 차원에서 가난한 국가들의 부채를 다루어야 한다. 무엇보다도, 그 부채가 가난한 국가들이 장기적으로 감당할 만한 수준이어야 한다. 이 문제와 관련하여 이미 첫 조처가 내려졌다. 2005년 6월 11일에 세계의 재무장관들은 18개 PPTE(과다채무빈국Pays Pauvres Très Endettés)의 400억 달러의 외채를 전액 탕감한다는 협정을 맺었고, 이 협정에는 "역사적"이라는 수식어가 붙었다. 18개국 중 14개국은 총 400억 달러의 빚을 진 아프리카 국가들이었다. 이후로 몇 달에 걸쳐, 다른 11개국에도 동일한 조처를 적용한다는 결정이 내려졌다. 확실히 만족스런 정책인 건 틀림없어 보인다. 하지만 가난한 국가들이 번영을 위해 새로운 출발을 하기에는 여전히 불충분한 정책이다.

이제는 모든 국가가 APD(공적 개발원조Aide Publique au Développement)를 두 배 늘리는 데 합의할 때이다. 많은 연구자들이 지금부터 2015년까지 가난을 감소시키고자 원한다면, 적어도 매년 500억 달러의 돈이 더 필요하다는 사실을 인정한다. 글렌이글스(Gleneagles, 2005년에 G8 정상회담이 열린 영국 스코틀랜드의 산악지대: 옮긴이) G8 정상회담 직전에 나온 아프리카 위원회Commission Afrique 보고서는 "오늘날 원조금이 너무 불충분하기 때문에, 결국 그 돈이 사소한 작업들에나 쓰이고 있다"고 지적했다. 그 보고서는 영국 총리 토니 블레어가 전문가 패널로 참가하여 지휘, 작성했다.

유럽 국가들은 지금부터 2010년까지는 국내총생산의 0.56%, 2015년까지는 국내총생산의 0.7%(그러나 이 수치는 국제사회가 30년 전에 합의했던 수치이다)를 공적 개발원조에 할당하기로 약속했다. 그사이에 세계 경제가 큰 성장을 경험하지 않는 한, 매년 320억 달러의 돈이 추가적으로 생겨나고, 그중 반이 아프리카 대륙에 지원될 것이다. 결국 연쇄 효과가 생겨났다. 이런 활동에 참여하기를 거리던 미국이 원조금을 두 배 늘려 86억 달러를 지원하기로 발표했다. 이런 자금 관련 활동은 칭찬할 만하지만, 여전히 충분한 거라고는 말할 수 없다.

개발원조를 위해서는, 이제 개발도상국의 젊은이들이 적합한 생산적 일자리를 가질 수 있도록 전략을 개발·적용해야 한다. 그 비공식 섹터를 개발하기 위해서는 신기술, 특히 정보와 통신 기술의 모든 가능성을 이용해야 한다.

이런 모든 활동도 역시 소액금융을 통해 이루어진다. 유엔 사무총장인 코피 아난이 언급한 대로, "소액대출은 자선 활동이 아니다. 그것은 가난한 사람들이 문젯거리가 아니라 해결책이라는 사실을 인식하는 활동이다."

너무 큰 희망은 희망을 질식시킨다

소액금융은 이렇게 아주 크게 발전하고 있다. 하지만 그것이 장기적인 부의 축적에 항상 도움을 주는 건 아니다. 실제로는 많은 영세사업자들이 단기적인 전망 아래서 생존 투쟁을 벌인다. 이런 이유에서 소액대출은 진정한 개발을 촉진하는 도구라기보다 생존 수단처럼 간주되기도 한다. 순전한 고리대금의 그것만큼 높지 않더라도, 그 이자율은 대개 아주 높다. 사실, 이런 부정적 요소들 때문에 소액금융기관이 현실적으로 계속 영업할 수 있는가가 문제되고, 여기서 우리는 모든 것을 쉽게 예단할 수 없다는 걸 이해하게 된다. 이에 덧붙여, 소액대출에 의해 현실적으로 부정적인 결과가 생겨난다는 주장도 있다는 걸 언급한다.

나아가, 궁극적으로 소액금융과 가난 사이의 관계는 상당히 복잡하다. 방금 언급했듯이, 아주 긍정적일 수도 있는 동시에 부정적일 수도 있는 소액대출이 여러 영향을 낳기 때문이다. 지금 말하려는 것은 금융 서비스를 통한 영세기업 지원이 현실적으로는 부정적인 결과를 낳지 않는가를 자문할 필요가 있다는 것이다. 이런 이유에서 우리는 몇 가지 현상을 고찰해야 한다. 그러니까 여성들이 소액대출의 혜택을 입으면서 나타나는 가정 내의 새로운 지배 구조, 아동노동 환경, 환경에 부정적인 영향을 주지 않는 기술의 이용 등과 관련한 문제를 생각할 필요가 있다.

새로운 지배 구조

잡지 『세계 개발*World Development*』의 한 기사는 방글라데시에서 연대보증(그룹의 회원들이 상호 보증을 서는 시스템)을 토대로 소액대출을 시행함에 따라 여성이 가정에서 받는 압력이 증가하고, 그 결과 가정에서 새로운 지배 구조가 나타나고 있다는 사실을 보여 주고 있다(Rahman, 1999).

아동노동

우리는 앞서 언급한 가난과 싸우는 문제 이외에, 상대적으로 단기적인 관점에서, 아동노동 환경과 영세사업자가 이용하는 기술의 생태학적인 문제에 대해 질문할 수 있다.

대부분의 개발도상국에서, 많은 영세기업이 가내 수공업 형태로 이루어지고, 따라서 아동이 그 노동력의 일부분을 제공한다. 그러나 노동의 내용이 질적으로 아주 떨어지는 것도 아니고, 많은 경우에 그 노동이 착취로 간주될 수 있다고 말할 부분은 전혀 없다. 유니세프는 다음과 같은 경우에는 아동의 노동을 착취로 간주할 수 있다고 언급한다. "아주 어린 나이에 성인과 동일한 시간을 노동하는 경우; 노동에 너무 많은 시간이 할애되는 경우; 노동에 의해 육체적·사회적·심리적 활동에 과도한 제약이 생기는 경우; '거리 노동과 생활,' 즉 위생적이지 못하고 위험한 환경에서 노동하는 경우; 보수가 충분하지 않은 경우; 과도한 책임을 부가하는 경우; 노동으로 인해 학업을 진행할 수 없는 경우; 고용주에 의해 속박되어 있거나 노예처럼 부려지는 예에서처럼, 아동의 존엄성이 상처 받는 경우; 노동으로 사회적이고 심리적인 인격 완성이 방해받을 경우"(UNICEF, 1997, 25). 영세기업에서 노동하는 아동은 명백히 이 경우들 중 어떤 것에도 해당하지 않는다. 그럼에도 불구하고, 몇몇 경우에는 어쨌든 재고의 여지는 있다. 그만큼 세계의 어떤 지역에서는 아동노동을 필수적으로 필요로 한다. 따라서 계속 유니세프에 따르면, "남아메리카와 마찬가지로 아프리카에서도, 제도화된 섹터에서 아동노동이 차지하는 비율은 극히 적다. 노동을 하는 아동은 대부분 가족과 함께 일을 하거나, 가내 공장이나 거리에서 일한다"(UNICEF, 1997). 아동권리조약 32조에 의하면, 아동의 권리는 "경제적 착취로부터 보호 받아야 하고, 아동은 그의 교육받을 권리를 침해하거나 그의 건강이나 육체적·정신적·도덕적·사회적 성장에 해를 가할 요인이 있는 어떤 노동도 강요받아서는 안 된다"(UNICEF).

지금 사람들은 경제활동을 촉진하고 구조화하기 위해 노력 중이다. 따라서 우리에게는 영세기업의 노동에서 아동이 차지하는 위치를 고찰하는 일이 완전히 정당한 일로 보인다.

생태적 영향

영세사업자의 활동은 소규모로 이뤄지고 노동 집약적이기 때문에, 이따금씩 긴 전통의 낭만적 유산, 그러니까 "작은 것이 아름답다"는 시각에서 다루어지곤 한다. 정의상 영세사업자의 활동은 대형 공장의 그것과는 다른 생산방식을 따르기 때문에, 우리는 그 생산방식을 환경을 존중하는 개발 논리에 쉽게 편입시킬 수 있는 요소로 바라볼 수 있다. 그 생산방식은 미래 세대를 보호하기 위해 천연자원도 보전한다.

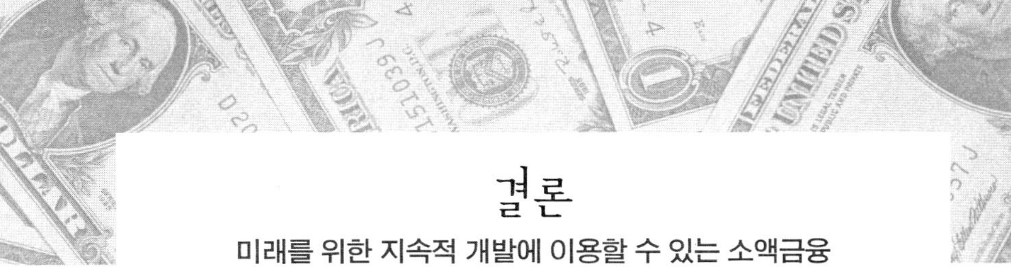

결론
미래를 위한 지속적 개발에 이용할 수 있는 소액금융

소액금융기관이 지속적인 개발을 하나의 정책으로 시행하는 경우는 드물다. 한편으로, 소액금융기관에게 중요한 일은 아주 적은 소득으로 살아가는 많은 인구에게 필요한 금융 서비스를 제공하는 것이다. 다른 한편으로, 가난과 싸우는 "만능" 도구가 되지 않는 것이다. 어떤 경우라도, 소액금융이 교육과 보건에 관계된 정책을 대신할 수는 없다.

세계에는 소액금융 활동이나 이와 유사한 활동을 시행하는 기관 혹은 프로그램이 수없이 많지만, 현재 그중 극소수만이 경쟁력 있고, 윤리적 목적을 지속적으로 실천할 수 있고, 적합한 금융 서비스를 제공할 능력을 갖춘 진정한 소액금융기관으로 성장할 수 있을 것처럼 보인다.

새롭게 부각되는 문제 중 하나는 소액금융기관들 사이의 합병이다. 경제적으로 안정된 상태에 이른 소액금융기관은 기술이나 자금을 지원하는 방식을 통해, 어려운 상황을 겪는 다른 기관을 도와줘야 한다. 아주 단기적인 관점에서는, 경제적으로 안정된 기관이 어려움을 겪는 소액금융기관과 합병을 하고, 나가서는 금융권으로 통합되는 것이 좋을 듯 보인다.

다른 문제는 수요를 충족시키는 것이다. 소액금융을 이용하는 고객의 수와 총 잠재적 수요 사이의 비율은 연구에 따라 1:5, 심지어는 1:6이나 1:7인 것으로 추정된다. 따라서 시장이 존재하는 셈이다. 그러나 첫 번째 문제가 해결되지 않은 채, 즉 경제적인 수익성을 낳을 수 있는 구조 내에서 최상의 경영 구조를 갖추지 않은 채 현재 소액금융의 장벽을 넘겠다는 건 유토피아적인 생각으로 보인다.

이 섹터 내에서 합병이 진행되는 과정에서, 상업 은행들도 어떤 역할을 담당할 수밖에 없을 것으로 보인다. 그 은행들도 차츰 소액금융 섹터로 진입하거나, 믿을 만한 중개 기관을 찾고 있다. 초기에 시티은행이나 도이체방크Deutsche Bank 같은 은행들은 스폰서 역할을 하는 것으로 만족했다. 이어서 몇몇 은행들이 소액금융을 간접적으로 실시하는 내부 부서를 운영하기 시작했다. 이런 현상은 특히 유럽·중동·북아프리카에서 나타났다.

오늘날 소시에테 제네랄Société Générale, 에코 뱅크Ecobank, BMCI, 와파 뱅크Waffa Bank, 브라데스코Bradesco, BNB, 방코메르Bancomer, 스탠다드 차티드Stantard Chartered, 카이로 은행Banque du Caire, 방코 데 크레디토 페루Banco de Credito Peru 같은 대규모 네트워크를 둔 은행들이 지역망을 통해 소액금융에 관심을 보이고 있다. 덱시아Dexia, 크레디 스위스, 퍼스트 보스턴First Boston, 로스차일드Rothschild, 도이체방크 같은 몇몇 은행들은 심지어 특수 투자 기금을 만들었다.

다른 은행들은 "다운스케일링"을 한 다음 지방의 지점을 통해 그들

고유의 소액금융 프로그램을 실시하거나, 아니면 소액금융기관에 경영 참여를 하고 있다. 칠레의 방코 델 데사롤로Banco Del Desarollo, 베냉·차드·토고의 파이낸셜 뱅크, 몽골의 농업은행 등이 그 예이다. 그런데 종종 자금 지원이 단기적으로 이루어지기 때문에, 이 기관들의 활동은 여전히 충분치 못한 실정이다.

두 번째로, 대출 서비스의 틀을 벗어나는 일이 필요하다. 예금과 주거 환경 개선에 관련된 금융 서비스를 실시하고, (금융 위기, 전쟁, 자연재해가 발생했을 때는) 장기적인 수익의 측면에서 재건설 작업에 투자할 필요가 있다. 반면, 현재는 특히 기업을 만드는 경우에 단기적이거나 중기적인 전망에 따라 대출하는 경우가 많다.

끝으로, 소액금융은 지속적인 개발 정책이라는 보다 큰 활동에 통합되어야 한다… 이 정책은 세계적 차원에서, 특히 경제적 도구를 이용해 다음의 두 가지 목적을 실현하기 위해 노력하고 있다. 첫 번째는 우선권을 부여해야 하는 아주 가난한 사람들의 필요를 충족시키는 일이다. 두 번째는 우리의 환경이 갖는 한계적 능력을 존중하는 일이다. 환경의 능력 역시 우리의 기술과 사회적 기구들이 어떤 실천을 하는가에 따라 달라진다. 따라서 이 두 가지 목적을 고려할 때, 각 개인마다 어느 정도의 재원財源을 이용할 수 있는 동시에 어느 정도의 권리를 행사할 수 있는 다차원적인 시스템이 마련되어야 한다. 그런데 이따금씩 우리는 소액금융이 유행을 탄 주제가 됐고, 그것이 과장된 희망을 갖게 한다는 인상을 받는다. 이런 이유에서 소액금융기관은 개발을 지지할 보다 완전한 정책을 만들 필요가 있다. 다른 한편으로, 소액금융의 진정한 쟁점에 관한 토론은 다음에서 제시하는 질문들을 토대로 이루어져야 할 것이다.

- 소액금융기관의 구조가 국가의 제도적 환경과 수요·공급의 변화에 적응하고, 성과나 수행 능력을 측정하는 여러 기준들을 만족시킬 수 있을까?
- 소액금융기관이 국가의 법적 환경 내에서 경제적으로 취약한 개인에게 금융 서비스를 공급할 여러 전략을 개발할 수 있을까?
- 소액금융기관이 운영 방식과 전략적인 우선 과제를 변경할 때 직원 문화가 이 변화에 적응할 수 있을까?
- 소액금융기관의 주주와 제휴사들이 실제로 감독 기능을 수행할 능력을 갖고 있을까?
- 소액금융기관이 훌륭한 운영 방식을 손상시키지 않으면서, 성장을 유지하거나 심지어는 성장을 가속화시킬 수 있을까?
- 요약: 소액금융에 적합한 (금융과 관련한) 경영 방식이 있는가?

가난을 극복하기 위한 실제적인 노력과 희망

2010년을 전후로 세계에는 침울한 경제적 상황이 펼쳐지기 시작했다. 그리고 미국에서 시작된 금융 위기의 영향에서 가까스로 벗어나고 있다고 판단한 시점에, 다시 유럽으로부터 재정 위기에 대한 전망이 계속 쏟아져 나오고 있다. 이런 상황을 반영하듯, 얼마 전 IMF 총재는 각 국가가 입장차를 해결하고 유럽의 심화되는 재정 위기에 대처하지 않을 경우, 세계경제가 30년 이전으로 후퇴했던 30년대의 대공황이 재연될 수 있다고 강력히 경고했다.

그러나 IMF 총재에게서 이런 내용의 발언이 나오기 전부터, 많은 국가의 국민들은 점증하는 경제 위기를 이미 피부로 느끼고 있었던 것처럼 보인다. 우리나라에서는 '중산층의 몰락'에 대한 우려의 목소리가 높아져 왔고, 미국에서는 시민들이 월가를 점령하라며 오랫동안 시위를 벌이고 있다. 예전에 '잘 사는 나라'라고 간주했던 여러 국가들이 파산 위기에 몰리고 있는 상황도 매체를 통해 자주 접한다. 이런 현상들을 보면서, 경제 위기나 가난이 우리나라를 비롯해 선진국에서도 차츰 중대한 문제가 되고 있다는 걸 느끼게 된다. 여기에 더해, 이 책에서 언급하는 한 연구는, 아프리카 국가들을 포함한 개발도상국들의 인구 증가율을 감안할 때 앞으로 10여 년 후에는 전 세계 인구의 반에 가까운 사람들, 즉 40억의 사람들이 하루에 2달러 이하의 돈으로 살아가게 될 거라고 예측하고 있다(5부, 3장). 이러한 연구 결과는 현재 우리나라의 상황과는 다소 거리가 멀지만, 앞으로 이 세계에서 가난이 크게 증가할 거라는 비관적인 전망을 시사하고 있다. 곧, 암울한 미래이긴 하지만, 이 세계에서는 가난이 보편화될 가능성이 높다.

이렇게 가난과 경제 위기가 일반화되고 있는 가운데, 프랑스의 경제학자 자크 아탈리Jacque Attali는 이 책『혁명의 한가운데로의 여행』을 통해 소액금융microfinance이 오늘날 가난과 싸우게끔 도와주는 가장 중요한 도구라고 언급한다. 경제학자 마르크 라비Marc Labie도 소액금융이 개발도상국에서의 큰 성공으로 말미암아 선진국에까지 널리 전파되고 있다고 지적한다. 한 예로, 프랑스에서는 소액금융 활동이 매우 활발히 진행되고 있고, 자크 아탈리 자신이 소액금융을 연구하고 전 세계 소액금융기관을 지원하는 플라넷 피낭스의 의장이다. 실제로 이 책에서 인용되는 여러 통계 수치들은 소액금융이 개발도상국과 몇몇 선진국에서 매우 크게 성공했거나, 긍정적으로 발전하고 있다는 사실을 보여 준다. 몇몇 실패의 사례들이 있긴 하지만, 대부분의 사례들은 소액금융이 30여 년의 짧은 역사 안에 성공적인 금융 서비스로 자리 잡고 있다는 것을 시사한다. 만일 이 책이 언급하는 내용들이 지속될 수 있다면, 다행히도 우리 세계는 가난을 벗어나게 도와주는 소중한 도구를 발견한 것이라고 말할 수 있다. 하지만 우리는 자크 아탈리의 또 다른 언급에 주목할 필요가 있다. "소액금융은 많은 국가에서 거의 개발되지 않은 상태에 있다." "매우 높은 성장률에도 불구하고, (…) 소액금융이 현재의 발전 속도로 가난한 인구 수를 줄이는 데 기여할 수 있을지는 확실하지 않다. 가난과 극빈을 줄일 수 있을지는 더욱 불확실하다. 결론적으로 말하면, 소액금융이 지속적으로 발전하도록 만드는 것이 최우선의 과제다." 『혁명의 한가운데로의 여행』이 경제와 관련하여 매우 현실적인 동시에 실용적인 접근법을 취하고 있는 것도 가난한 사람들이 부를 획득하거나 그렇게 하게끔 도와주는 일이 어떤 식으로든 쉽지 않다는 현실적인 인식 때문일 것이다. 이 책은 소액금융기관이 '경제적 생존 능력,' '경쟁성'을 갖출 것을 반복적으로 요구하고 있다.

그럼에도 불구하고 저자들은 무엇보다도 가난한 사람들을 돕는다는 소액금융의 사회적 목적에 가장 큰 의의를 부여한다. 결국 소액금융기관이 '경제적 생존 능력'과 '경쟁성'을 갖출 필요가 있는 것도 가난의 극복이라는 사회적 목적을 지속적으로 실천할 필요가 있기 때문이다. 이러한 소액금융을 이해하기 위해서는 우선 몇 가지 큰 특징을 이해할 필요가 있을 것 같다.

먼저, 이 책에서 소개되고 있는 (대출 서비스를 중심으로 한) 소액금융의 가장 큰 세 가지 특징 중 두 가지 특징을 살펴보면 다음과 같다: 1) 무보증으로 대출을 하지만, 무보증으로 인해 발생할 수 있는 위험을 예방하기 위한 보완적인 제도를 갖추고 있다. 2) 이자율은 일반 은행의 그것과 고리대금(혹은 사채)의 그것 사이에서 높게 정해진다. 1)의 경우, 일반적으로 알려진 것과 달리 소액금융기관이 조건 없이, 곧 무보증으로 대출 서비스를 시행하지 않는다는 사실을 알게 된다. 2)의 경우도, 가난한 사람들에게는 낮은 이자율로 대출해야 한다는 일반적인 통념과는 반대되는 현상이 나타난다. 이런 일이 발생하는 이유는 소액금융기관도 운영 및 영업 비용을 충당해야 하기 때문이다. 이 두 가지 특징을 생각할 때, 소액금융이 일반 은행의 금융 서비스와 크게 다를 바 없고, 심지어 그 높은 이자율 때문에 가난한 사람들에게는 불리한 제도라고 판단할 수 있을 것이다.

그러나 세 번째인 '인접성'의 개념을 살펴볼 때, 일반 은행과 소액금융기관의 차이가 가장 두드러지게 나타나는 것 같다. 그리고 실제로도 그것이 오늘날 소액금융의 가장 중요한 특징이자 요건이다. 책에서는 다음과 같이 언급하고 있다.

> "이론, 양식, 경청하는 태도, 고객과의 인접성을 모두 중요시하는 기관이 더 능률적이고 효율적인 결과를 낳는다. (…) 소액금융이 성공을 거둘 수 있었던 다른 이유는 제도적 금융권과 경제적으로 불안정한 고객 사이의 문화적인 단절에 대해 해결책을 찾을 수 있었기 때문이다." (서론)

'인접성'의 전략을 시행한다는 것은 소액금융기관이 고객과 직접 접촉하며 금융 서비스를 제공하는 것을 말한다. 예를 들어, 직원은 고객의 사업장을 찾아가 현장조사를 하고 고객과 대화를 나누거나 그가 일하는 것을 보면서 신용의 정도를 파악한다. 대출을 한 이후에는 정기적으로 현장을 방문해 차용인인 고객이 사업을 어떻게 진행하는지 평가한다. 예금 서비스도 고객의 집에서 서비스가 직접 이뤄질 때가 있다. 이런 의미에서 '인접성'은 공간적 '인접성'을 의미하기도 하지만, 관계적 '인접성'을 의미하기도 한다. 앞의 1)과 2)의 경우도 이 '인접성'의 맥락에서 이해할 수 있다. 차용인은 보증을 제시하지 않는 대신, 대출을 받으려는 마을의 몇몇 사람들과 연대를 이룬 다음 소액금융기관으로부터 함께 대출 서비스를 받는다. 그리고 연대를 이룬 사람들은 서로에 대해 보증을 선다. 이런 차용인들에게 가장 중요한 사항은 신뢰에 토대를 둔 인간관계이다. 이자율이 높은 것도 부분적으로는 소액금융기관이 '인접성의 전략'을 반복적으로 시행하면서 많은 비용을 들이기 때문이다. 그런데 여기서 주목할 만한 사실은 차용인들이 돈을 대출받을 수 있는 조건이라면 다소 높은 이자에 대해서는 대체로 거부감을 갖지 않는다는 것이다. 나아가, 많은 연구에 의하면, 소액대출 차용인의 채무이행률은 대부분 95%가 넘는 것으로 나타난다. 이 책에 의하면, 이런 수치는 외국의 일반 은행에서는 결코 생각할 수 없는 것이다. 결국, 소액금융이 영업적 측면에서 성공할 수 있었던 것은 이렇게 '인접성의 전략'을 시행하면서 고객들의 문화와 직접 접촉하고 그들의 상황을 이해하기 위해 노력할 수 있었기 때문이다.

그런데 소액금융의 가장 큰 특징인 이 '인접성의 전략'이 마을 단위로 공동체적인 생활을 영위하는 경우가 많은 개발도상국의 환경에서는 가능하지만, 우리나라나 선진국의 환경에서는 쉽지 않다는 것이 문제가 될 것이다. 이 책에서도 주로 개발도상국의 성공 사례가 많이 소개되는 반면, 선진국의 사례는 상대적으로 적게 소개되고 있다. 그나마 책이 출간된 프랑스의 경우가 다른 선진국들에 비해 조금 더 상세히 소개되고 있을 뿐이다. 따라서 우리나라에서 소액금융을 성공적으로 실시하기 위해서는 선진국의 사례를 더 자세하게 연구하는 일이 필요할 것이다. 우리의 상황을 살펴보면, 2011년 8월에 우리나라를 찾은 무하마드 유누스는 연 4.5% 금리로 대출을 실시하는 한국의 미소금융이 비현실적이라고 지적한 다음, 이자율을 20~25%로 책정하는 것이 이상적이라고 언급했다고 한다. 소액금융기관이 정부의 일회성 사업이 되지 않고 독립기관으로서 지속가능한 생존력을 갖출 필요가 있다고 생각할 때, 무하마드 유누스의 지적은 옳은 것으로 보인다. 그런데 여기서 언급해야 할 사실이 몇 가지 있다. 2011년 11월을 기준으로, 국내 은행의 대출 채권 연체율이 기업과 가계를 모두 고려해 1.43%였다(금융감독원). 그나마 이 수치도 2010년 8월 이후로 가장 높은 것이었다. 국내외의 경제 여건이 악화되면서 연체율이 증가하게 된 것이다. 그러나 이 수치는 개발도상국 소액금융기관의 연체율과 비교할 때 거의 비슷한 수준을 보인다. 물론 어떤 기업과 가계들은 빚을 내서 빚을 갚는 식으로 원리금을 갚고 있을 수 있다. 그럼에도 불구하고 그 수치는, 우리나라에서도 소액금융을 실시하면 많은 개발도상국과 같은 성공적인 결과를 이끌어낼 가능성이 있다는 것을 가리킨다. 우리나라의 기업과 가계들도 부채를 상환하는 일에 있어 불성실하지 않은 것이다. 은행의 문턱이 높을 뿐이지, 대부분의 경우 우리나라 국민은 성실한 상환 능력을 갖고 있는 것이다. 이는 하나의 예이긴 하지만, 우리나라에서도 소액금융을 성공적으로 실시할 수 있다는 걸 가리키는 중요한 지표다. 또한 '인접성의 전략'과 정보 시스템을 적절히 활용한다면 개발도상국과 같은 20~25%의 높은 이자율을 조금이라도 줄이는 일이 가능할 것이다. 그리고 현재 선진국들에서 소액금융이 차츰 발달하고 있는 사실을 볼 때, 우리나라의 경우도 희망적이라고 말할 수 있는 부분이 많다. 결론적으로, 여러 국가들의 성공 사례를 모델로, 영리적인 목적이 아닌 사회적인 목적을 실현할 지속가능하고, 우리나라의 실정에 맞는 소액금융을 만드는 일이 과제라고 할 수 있다.

참고 문헌

Adams, D.W., *Une nouvelle vision de la finance informelle*, in Adams, Fitchett (eds), *Finance informelle dans les Pays en Voie de Développement*, Presses universitaires de Lyon, Lyon, 1994.

Audit externe des institutions de microfinance, CGAP/World Bank, Groupe consultatif d'assistance aux plus pauvres, 1998.

Banque Mondiale, *Microfinancement: essentiel pour le développement et la réduction de la pauvreté en Afrique*, Banque Mondiale, Actualités, 1996, vol. XV, 24, 3.

Barlet K., *Élaborer une stratégie d'offre de services de transfert d'argent*, BIM, octobre 2005.

Barry, N., *Les chaînons manquants: des systèmes financiers au service du plus grand nombre*, Focus, 3 octobre 1995.

Baydas, M., Bahloul, Z., Adams, D.W., *Informal Finance in Egypt: "Banks" within Banks*, World Development, vol. 23, 4, 651-661, 1995.

Bennett, L., *Donor Approaches to Finance Against Poverty: Hydrology or Intermediation?*, Finance Against Poverty Conference, University of Reading, 27-28 mars 1995.

Brugger, E.A., Rajapatirana, S. (eds), *New Perspectives on Financing Small Business in Developing Countries*, International Center for Economic Growth & FUNDES, 1995.

Chaves, R.A., Gonzalez-Vega, C., *Should Principles of Regulation and Prudential*

Supervision Be Different for Microenterprise Finance Organizations?, GEMINI Working Paper 38, Washington D.C., 1993.

Chaves, R.A., Gonzales-Vega, C., *Principles of regulation and Prudential Supervision and Their Relevance for Microenterprise Finance Organisation*, In Rhyne, Otero (eds), *The New World of Microenterprise Finance*, Kumarian Press, West Hartford, 1994.

Cherif, M., Nafii, M., *L'économie informelle au Maghreb: Maroc et Tunisie*, Cahiers du Gratice, 9, 85-116, 1995.

Christen, R.P., *Issues in the Regulation and Supervision of Microfinance*, Communication présentée lors de la conférence *Regulation and Supervision of Microfinance Institutions*, Accion International, Washington D.C., 27-28 novembre 1995.

Gentil, D., Hugon, P. (eds), *Le financement décentralisé, pratiques et théories*, Revue Tiers Monde, IEDES, Tome XXX-VII, 145, 1996.

Germidis, D., Kessler, D., Meghir, R., *Systèmes financiers et développement: quel rôle pour les secteurs financiers formel et informel?*, OCDE, Paris, 1991.

Ghate, P.B., *Interaction Between the Formal and Informal Financial Sectors: The Asian Experience*, World Development, vol. 20, 6, 859-872, 1992.

Gonzalez-Vega, C., *Microfinance: Broader Achievements and New Challenges*, Economics and Sociology Occasional Paper n° 2518, Rural Finance Program, Ohio State University, 1998.

Gulli, H., *Microfinance and Poverty, Questioning the Conventional Wisdom*, Inter-American Development Bank, 1998.

Helms B. & Reille X., *Étude spéciale, Le plafonnement des taux d'intérêts et la microfinance: qu'en est-il à présent?*, CGAP, 2004.

Hugon, P., *Économie du développement*, Mémentos Dalloz, Paris, 1989.

Hugon, P., *L'impact des politiques d'ajustement sur les circuits financiers informels africains*, Revue Tiers Monde, tome XXXI, 122, 326-349, avril-juin 1990.

Hugon, P., *L'économie de l'Afrique*, Collection Repères, La Découverte, Paris, 1993.

Hugon, P., *Incertitude, précarité et financement local: le cas des économies africaines*, Revue Tiers Monde, tome XXXVII, 145, 13-40, 1996.

Hulme, D., Mosley, P., *Finance Against Poverty*, Volumes I & II, Routledge, Londres,

1996.

I.L.O. Mission, *Employment, Incomes and Equality: A Strategy for Increasing Productive Employment in Kenya*, reproduit dans MEIER, *Leading Issues in Economic Development* [1995], OUP, New York, Oxford, 1972.

Jain, P.S., *Managing Credit for the Rural Poor: Lessons from the Grameen Bank*, World Development, vol. 24, 1, 79-89, 1996.

Labidi, M., Marouani, A., *Épargne et finance informelles en Tunisie*, Cahiers du Gratice, 9, 117-139, 1995.

Labié MarC., *La microfinance en question*, Éditions Luc Pire, 1999.

Larraechea, L., *La performance économique des microentreprises populaires au Chili*, thèse de doctorat, Institut des Sciences du travail, Université Catholique de Louvain, Louvain-La-Neuve, septembre 1994.

Lautier, B., De Miras, C., Morice, A., *L'état et l'informel*, L'Harmattan, Paris, 1991.

Lelart, M., *La tontine, pratique informelle d'épargne et de crédit dans les Pays en Voie de Développement*, AUPELF-UREF, John Libbey Eurotext, Paris, 1990.

Marquez, G., *La situation en Amérique latine*, dans Arellano, Gasse, Verna, *Les entreprises informelles dans le monde*, Presses de l'université de Laval, Sainte-Foy, 1994.

Montiel, P.J., Agenor, P.R., Ul Haque, N., *Informal Financial Market in Developing Countries — a Macroeconomic Analysis*, Blackwell Publishers, Oxford UK & Cambridge (Ma), 1993.

Morduch, J., *The Microfinance Schism*, Development Discussion Paper n" 626, Harvard Institute For International Development, Harvard University, February, 1998.

Morrison, C., Solignac Lecomte, H.B., Oudin, X., *Microentreprises et cadre institutionnel dans les Pays en Voie de Développement*, OCDE, Paris, 1994.

Mosley, P., *Metamorphosis from NGO to Commercial Bank: The Case of Bancosol in Bolivia*, Department of Economics, Working Paper 4, University of Reading, 1993.

Navajas, S., Schreiner, M., Meyer, R., Gonzalez-Vega, C., Rodriguez-Meza, J., *Microcredit and the poorest of the poor: Theory and Evidence from Bolivia*, Economics and Sociology Occasional Paper, 2524, Rural Finance Program, Ohio State

University, 1998.

Nowac Maria, *On ne prête (pas) qu'aux riches*, J.C. Lattes, 2005.

Nyssens, M., Larraechea, I., *L'économie populaire: au-delà du secteur informel, vers un secteur d'économie populaire du travail et de la solidarité?*, Contribution à l'atelier du réseau Nord/Sud "Cultures et Développement," 10 décembre 1993.

OCDE, *Les orientations nouvelles de l'aide en faveur des microentreprises*, OCDE, Paris, 1993.

Otero, M., Rhyne, E., *The New World of Microenterprise Finance*, Building, 1994.

Pallen, D., *Environmental Sourcebook for Micro Finance Institutions, Asia Branch*, Canadian International Development Agency, 1997.

Patten, R.H., Rosengard, J.K., Johnson, D.E., *The East Asian Crisis and Micro Finance*, Harvard Institute for International Development — BRI, Jakarta, 1999.

Picard Le C., & Barlet K., *Microfinance au Mexique et l'exemple du PATMIR*, BIM N° 106, 2001.

Rahman, A., *Micro-credit Initiatives for equitable and Sustainable Development: Who Pays?*, World Development vol. 27, 1, 67-82, 1999.

Robinson, M., *The Microfinance Revolution: Sustainable Finance for the Poor*, CGAP, 1999.

Rosenberg Richard, *Mesurer des taux d'impayés en microfinance*, CGAP, Banque Mondiale, décembre 1999.

Roubaud, F., *L'économie informelle au Mexique, de la sphère domestique à la dynamique micro-économique*, Éditions Karthala, Paris, 1994.

Schneider, H. (ed), *Microfinance pour les pauvres?*, OCDE, séminaire du centre de développement de l'OCDE, 1997.

Servet J.M., *Représentation de la monnaie et des supports d'épargne et limites de la mobilisation de l'épargne informelle*, AUPELF-UREF, 1990.

Servet J.M., *Épargne et liens sociaux, études comparées d'informalités financières*, Association d'économie financière -AUPELF-UREF, 1995.

Servet J.M. et D. Vallat, *Exclusion et liens financiers*, rapport du centre Walras (ouvrage réalisé grâce au mécénat de la CDC), Economica, mars 1999.

Thomas, J.J., *Whatever Happened to the Urban Informal Sector? The Regressive Effect of*

Double Dualism on the financial Analysis of Developing Countries, Bulletin of
Latin American Research, vol. 11, 3, 279-94, 1992.

Waterfield Charles, Ramsing Nick, *Système d'information de gestion pour les institutions
de microfinance,* Guide pratique, Groupe Consultatif d'assistance aux plus
pauvres, février 1998.

Waterfield Charles and Ramsing Nick, *Management Information Systems for
Microfinance Institutions,* CGAP/World Bank, 1998.

Yunus Muhammad avec Alan Jolis, *Vers un monde sans pauvreté,* J.C. Lattes, 2006.

1998년에 창설된 플라넷 피낭스PlaNet Finance는 소액금융을 개발함으로써 세계의 가난을 감소시킨다는 목적을 지닌 국제 연대 조직이다.

플라넷 피낭스 그룹은 8년이 안 되는 짧은 시간 동안 다음의 성과들을 이루어 내며 소액금융 섹터를 지지하는 주요 국제기관 중 하나가 됐다.

1. (NGO, 협동조합, 상업 은행 등의) 소액금융기관, 국가적 차원의 소액금융 네트워크, (소액금융을 위해 전략을 개발하고 규제를 정하려는) 정부, 다운스케일링에 관심을 갖거나 소액금융 섹터를 지원하려는 상업 은행, 영세사업자들에 대해 직업교육을 실시하거나 정보를 제공했고, 기술적 지원과 카운슬링을 했다.

2. 소액금융기관을 평가하고 기관이 투명한 운영 방식을 갖도록 카운슬링하는 플라넷 레이팅Planet Rating을 창설했다. 플라넷 레이팅은 플라넷 피낭스의 독립 계열사이다.

3. 새로 생겨난 소액금융기관에 자금 지원을 하기 위해 플라넷 마이크로펀드PlaNet MicroFund를 설립했고, 크게 성장한 소액금융기관에 자금 지원을 하기 위해 리스폰서빌러티responsAbility와 공동 투자 협약을 맺었다.

4. 마이크로크레드MicroCred를 창설해, 소액금융기관을 설립하는 일이
   나 그 섹터에 투자를 했다.

  파리에 본부를 둔 플라넷 피낭스는 2006년 현재, 계열사들로 이뤄진
국제망을 통해 사하라 이남 아프리카(세네갈, 마다가스카르, 베냉), 아랍
지역(모로코, 이집트, 레바논, 팔레스타인 영토, 이스라엘, 요르단, 아랍에미리
트연합), 아시아(중국, 인도, 스리랑카, 네팔, 일본), 남아메리카(아르헨티
나, 브라질, 멕시코, 페루), 북아메리카(미국, 캐나다), 유럽(벨기에, 영국, 프
랑스, 독일, 스위스, 이탈리아, 스페인, 포르투갈) 등 60개 이상의 국가에서
활동하고 있다.
  2006년, (마이크로크레드와 플라넷 레이팅을 포함한) 플라넷 피낭스 그룹
은 400명 이상의 정직원을 두고 있다. 이 그룹에서 지도적인 위치에 있
는 플라넷 피낭스에는 90여 명의 소액금융 분야 전문가들이 활동하고
있다.

  www.planetfinance.org